Hermanos de vez en cuando

«**Drama cubano de la talla de *Los hermanos Karamázov*.** Cuenta una gran historia enfocándose en un pequeño elenco. El Sr. Landau brinda un hilo narrativo lúcido que entrelaza la vida de dos hermanos en los tiempos turbulentos que vivieron»

—**Aram Bakshian Jr.**, *The Washington Times*

«Rigurosamente investigada y escrita magistralmente, *Hermanos* es la historia de una familia cubana en su lucha contra el totalitarismo. La representación del Estado castrista, y de lo que ha significado para el pueblo cubano, permanece en la memoria»

—**Orlando Gutiérrez-Boronat**, autor de *Cuba: una nación en busca de un Estado*

«Un fascinante relato sobre la revolución comunista de Cuba. *Hermanos* es una guía indispensable para la catástrofe que siguió, y por extensión para la izquierda de Bernie Sanders que espera hacer de la Cuba socialista un modelo para el futuro de Estados Unidos»

—**David Horowitz**, autor de *Radical Son*

«Con este libro he descubierto parte de la realidad cubana que desconocía. Muchos cubanos, nacidos en los sesenta o después, sentimos que nos han escamoteado la verdadera historia del país. Aquí está la verdad, al duro y sin guante»

—**Teresa Dovalpage**, autora de *Queen of Bones: A Havana Mystery*

Sobre el autor. Graduado de Harvard College y exeditor del diario *Harvard Crimson*, David Landau escribió y editó varios libros sobre temas cubanos. Ricardo Bofill, quien estableció el movimiento cubano pro derechos humanos, elogió a Landau por su "dedicación, minuciosa y rigurosa, al estudio de la nación y de la sociedad cubana".

Dedicatoria

A un cuarteto de compañeros

Néstor Díaz de Villegas, quien engendró la obra;
Harry Hurt, III, quien me recuerda de quién soy;
Steve Hecht, padrino de esta edición; y
Kiko Arocha, «a friend for all seasons»

Hermanos

⭐

de vez en cuando

—Les pedí que te fusilaran.
—¡Al decirlo me salvaste la vida!

David Landau

Traducción de Alexandria Library, Miami
Edición preparada por Impunity Observer, Guatemala

pureplay press
san francisco

Hermanos de vez en cuando

Primera edición
{*Brothers from time to time*. Spanish}
Esta edición © 2021 Pureplay Press

Los editores agradecemos el apoyo generoso del gobierno estadounidense en la realización de esta obra.

Subtítulo del libro por Harry Hurt, III
Diseño del libro y portadas por Naomi Hirooka

Fotos en las portadas:
(portada) Adolfo, la vieja y Emi, 1947
(contraportada) dibujo de Emi Rivero por un compañero de cárcel; "Castro Talk Shows Him Still a Rebel And Prophet", título del *New York Times*, 3 de enero de 1999; polaroid de los hermanos Rivero, 10 de mayo de 1960; "Cuba's answer to *The Brothers Karamazov*", título del *Washington Times*, 8 de septiembre de 2020; Malecón de La Habana, foto de D. Landau, 2002; los viejos Rivero, Miami Beach, enero de 1961; Adolfo en verde olivo, 1962

Temas principales / palabras clave:
Publisher's Cataloging-in-Publication data
Names: Landau, David, author. | Alexandria Library, Miami, translator.
Title: Hermanos de vez en cuando : — Les pedí que te fusilaran . — ¡ Al decirlo me salvaste la vida ! / by David Landau ; traducción de Alexandria Library, Miami.
Description: Includes bibliographical references. | 1st Spanish language ed. | Edición preparada por Impunity Observer, Guatemala. | San Francisco, CA: Pureplay Press, 2021.
Library of Congress Control Number 2021900091 | **ISBN:** 978-0-9765096-7-7
Subjects: LCSH Rivero, Adolfo. | Rivero, Emi. | Cuba--Politics and government--1959- | Cuba--Economic conditions--1959- | Cuba--History--Revolution, 1959. | Cubans--United States--Biography. | Political refugees--Cuba--Biography. | Political refugees--United States--Biography. | Cuba--Emigration and immigration. | United States--Emigration and immigration. | Political prisoners--Cuba--Biography. | Brothers--Family relationships. | Brothers--Cuba--Biography. | BISAC HISTORY / Caribbean & West Indies / Cuba | HISTORY / United States / 20th Century | BIOGRAPHY & AUTOBIOGRAPHY / Political | BIOGRAPHY & AUTOBIOGRAPHY / Cultural, Ethnic & Regional / Hispanic & Latino
Classification: LCC CT518.C38 R58 2021 | DDC 972.9106/4092--dc23

Derechos exclusivos en español reservados para todo el mundo. Ninguna parte de esta publicación, incluído el diseño de las portadas, puede ser reproducida, almacenada o transmitida en manera alguna ni por ningún medio, ya sea electrónico, químico, mecánico, óptico, de grabación o de fotocopia, sin permiso previo del editor.

Contacto: info@pureplaypress.com

Hermanos de vez en cuando

Riverito en exilio, 1959

«A veces perdiendo se gana»

Hermanos

⭐

de vez en cuando

~ Primera parte: Regímenes ~

La familia Rivero, circa 1950

*Primera parte : **Regímenes***

1. Noches en los jardines de La Habana

Al borde del vórtice

"Inspirada en una historia real" es una frase que se leerá muchas veces al inicio de estos relatos, aunque resulta que cada historia de la humanidad es una historia real, hasta las apócrifas, a menudo más meritorias que las señaladas como verdades literales.

Dicho esto, el presente trabajo es una historia que apunta a la verdad literal. Todos los personajes son retratos reales. Ninguno es ficticio. Todos llevan los nombres que tuvieron en vida, incluidos los apodos, nombres de mascotas y nombres clandestinos.

Casi todo proviene de la experiencia directa y del testimonio de los personajes principales. Todos los diálogos son recuerdos de primera mano. La imaginación se usa para figurar cómo eran las cosas; nunca para construir alternativas.

Es sorprendente la cantidad de material apócrifo que contienen obras venerables de la historia. A propósito de veneración, los únicos que la persiguen en esta historia son los jefes de Estado, que van y vienen.

Los principales participantes de esta historia no fueron presidentes ni nada parecido. Durante su vida tuvieron sueños de gloria, pero ahora, si pudieran hablar desde el más allá, solo pedirían la verdad. Incluso cuando buscaban la gloria, fueron obsesivamente fieles a los hechos. Pagaron un alto precio por sus escrúpulos. Lo menos que uno puede hacer al escribir una historia sobre ellos es seguir esa misma norma.

La Habana, circa 1950. La foto de arriba muestra a los cuatro actores principales de esta historia. Además, otro personaje haría una contribución crucial.

En el centro se encuentra Adolfo Rivero Rodríguez (1904-1975), corresponsal de un periódico cubano. En 1950 se desempeña como jefe del

Hermanos de vez en cuando

cuerpo de prensa acreditado en el Palacio Presidencial. Fuera de la familia le dicen "Riverito" y familiarmente "viejo" o "papá".

Largo fue el camino que Riverito transitó hasta esa mesa. Nació en una familia de campesinos en la provincia de Camagüey, donde el padre y sus hijos cultivaban la tierra. El más joven de nueve hijos, Riverito deseaba otra vida.

A los doce años, después de una paliza que le propinó su hermano mayor cumpliendo la voluntad del padre a la antigua usanza, Riverito huyó de su casa. No regresó al día siguiente. Más tarde su familia se enteraría de que había atravesado cientos de kilómetros hasta la soñada ciudad de La Habana, donde aprendió a ser un ciudadano productivo.

Riverito nunca rompió con su familia. Justo al cumplir los veinte años de edad, en la boda de una hermana mayor, él se enamoró de Delia Caro, a la sazón de quince años, hija del novio de su hermana. En un dos por tres se casaron y tuvieron a su primer hijo Emilio Adolfo (Emi), quien nació en la casa de un antiguo némesis: el hermano mayor de Riverito.

Riverito llevó a su joven familia a La Habana, donde disfrutó de una mejor oportunidad que la de aquella campiña deprimida. Se ganó la vida como fotógrafo en los cafés de la ciudad y como recadero del editor de un periódico. En 1933 consiguió trabajo de reportero asistente en el Palacio Presidencial.

Para 1950, Riverito es uno de los principales periodistas del país, amigo de presidentes y notables actores de la política cubana. Poco tiempo después, cuando cumple su término como jefe del cuerpo de prensa presidencial, sus colegas periodistas le regalarán una placa que menciona sus cualidades: "dinámico, nervioso, incansable, servicial".

En la foto, junto a Riverito, está su esposa Delia Caro Valdés (1912-1983), casi siempre llamada "vieja" o "mamá". Brillante y hermosa, con una impresionante energía personal, ella es el principal motor de la familia, ante la que todos ceden.

Primera parte : **Regímenes**

Al lado de la vieja aparece su hijo menor, Adolfo Rivero Caro (1935-2011), un muchacho en contemplación de lo ignoto. Tímido y reservado, oculta una gran ambición mientras hace apuestas para su padre y su tío en los partidos de jai alai de La Habana. En pocos años se convertirá en revolucionario comunista.

Frente a Adolfo está su hermano mayor y casi tocayo, Emilio Adolfo, al que llaman Emi (1928-2016). Abogado y periodista, Emi todavía es prisionero de su padre. Dos años después, cuando Fulgencio Batista toma el poder con un golpe de Estado, Emi se lanzará por su cuenta. En el fondo, Riverito es un cortesano, mientras que su hijo mayor, un insurgente. A lo largo de la década de los cincuenta Emi luchará por el derrocamiento de Batista. A partir de 1959, cuando un nuevo gobernante llega al poder con otro golpe de Estado y muestra sus colores, Emi luchará aún más para derrocar a Fidel Castro.

En la foto, junto a Emi, está su esposa Lizbet, que no es su nombre verdadero sino el de la hermana del filósofo Friedrich Nietzsche. Emi la rebautizó así durante su romance en la secundaria. Ahora, con un hijo pequeño también llamado Emilio, ambos abandonan el mundo de sus dioses y héroes en medio de las luchas propias de una familia joven.

Pasados unos años, con Adolfo unido al comunismo, orientación política rechazada por la familia, y Emi prometiendo "morir en la calle si fuera necesario", Riverito y la vieja se preguntarán, en palabras de Emi: ¿De dónde vienen estos seres? ¿A quiénes les dimos vida?

Vienen de un vórtice, aún invisible, que está a punto de devorar a su sociedad.

2. Los informantes

Una sociedad de soplones

Bajo el cielo caribeño, miles de personas te observaban aunque tú no vieras a ninguna de ellas, incluso si tuvieras la vaga sensación de ser observado.

Los vigilantes parecían personas comunes con ropa cotidiana: jóvenes con chalecos deportivos, meretrices vestidas como esposas de senadores, médicos en sus batas, conductores de autobuses en uniforme, profesores, rastreadores de playa vestidos a su gusto, vendedores de maní o celebridades locales. Todos mostraban una mirada apacible.

Trabajaban al igual que tú: en oficinas y hospitales, en equipos de béisbol o en prisiones, en clubes nocturnos o salas psiquiátricas; cada uno de ellos era diferente, pero con un sello común. Sin que tú ni nadie lo supiera, los informantes servían como agentes del régimen revolucionario.

Se veían a sí mismos como ciudadanos de la sociedad más avanzada del mundo. Un par de años antes su país había librado una revolución dentro de Estados Unidos, porque ellos, el pueblo de Cuba, eran estadounidenses en todo menos en el nombre. Pero Estados Unidos había respondido a su revolución enviando a un ejército voluntario de cubanos para derrocarla.

Contra este ataque, la isla había reunido a un ejército popular para vencer la invasión y humillar a la superpotencia. Además, sus líderes disfrutaban de una excelente contrainteligencia con métodos prestados por las agencias de espionaje soviéticas.

En la historia de la guerra moderna ningún adversario le había dado tal zurra a Estados Unidos, ni siquiera los imperios británico o español ni el gigante nazi ni la tierra del sol naciente. Sin embargo, la pequeña nación isleña, armada con poco más que una nueva creencia en sí misma, había hecho a Estados Unidos lo que aquellos recios poderes no pudieron.

Primera parte : **Regímenes**

En un instante, Cuba se convirtió en un rugiente ratón. Su victoria sobre Estados Unidos asombró al hemisferio. Algunas naciones recurrieron a Cuba en busca de ayuda y asesoramiento, y el campeón del Caribe ascendió rápidamente al rango de potencia mundial.

Con tal éxito, los gobernantes de Cuba montaron una mayor vigilancia. La revolución no estaba fuera de peligro. Estados Unidos conspiraba su retorno, a la vez que el nuevo régimen enfrentaba enemigos internos que se esforzaban con ahínco por derribarlo.

[La siguiente narración es parte de los recuerdos de Adolfo Rivero, quien a los veintiséis años era un alto funcionario del Partido Comunista de Cuba y un líder de las organizaciones juveniles del régimen.]

La Habana, finales del verano de 1961. Estaba a punto de abandonar la sede de la Juventud Rebelde cuando me dijeron que dos camaradas deseaban verme. Me pareció raro, porque en la oficina yo no recibía visitas de extraños. En la oficina trataba únicamente asuntos del Partido con funcionarios del Partido. Cualquier otra persona que quisiera tratar algún asunto conmigo debería contactar primero al Partido, y si tuviera que responder por algo, un cuadro del Partido vendría a hablar conmigo.

Era notorio que los dos camaradas estaban exentos de esos protocolos. Vestían de civil. A primera vista parecían ciudadanos comunes, pero su seriedad y su forma de mirarme demostraban que no lo eran.

Se presentaron como miembros de la Seguridad del Estado. Me dijeron que eran los interrogadores de mi hermano sin mostrar ninguna identificación. No era necesario.

Uno de ellos, el agente principal que conducía la conversación, era alto, delgado y parecía cansado. No desperdició palabras. Necesitaban mi ayuda para tratar con mi hermano.

—Lo siento por ustedes —les dije—. Tienen un cliente difícil.

Hermanos de vez en cuando

Rieron en señal de asentimiento; sabíamos que hablábamos del mismo hombre.

Les expliqué que mi hermano había luchado contra el régimen de Batista con un grupo de revolucionarios burgueses conocido como la Triple A, gente que no se preocupaba por las reformas sociales y solo buscaba la gloria personal.

Mi hermano había desperdiciado sus energías con esas imposturas. Si hubiera luchado con Fidel, habría tenido contacto con el movimiento campesino; si hubiera trabajado con los comunistas, habría aprendido de los trabajadores y de la población urbana pobre. Pero rechazó el comunismo y, cuando la revolución llegó al poder, también rechazó el liderazgo de Fidel. Mucho peor, pidió ayuda a la Agencia Central de Inteligencia (CIA) y se convirtió en un agente enemigo. Esas fueron las terribles decisiones que llevaron a su arresto.

—Sí, es una pena —dijo el agente principal—. Es valiente.

Sentí poca simpatía por esa idea. El valor en una mala causa no es nada que admirar.

—Para mi hermano el peligro es un deporte —respondí.

—Es muy inteligente —dijo el hombre mayor, sonriendo—. Hemos estado hablando con él por muchas horas. Él dice que puede comunicarse con el presidente John F. Kennedy personalmente y mediar un acuerdo entre Cuba y Estados Unidos. ¿Es confiable lo que dice? ¿Cómo lo evaluarías?

Me percaté de que esos hombres necesitaban orientación política. No conocía su formación, pero sabía que no eran comunistas. Un comunista hubiera sabido que cualquier conversación sobre un acuerdo con Kennedy no tenía sentido. Un comunista no habría tenido dudas sobre cuál era la lucha ni quién era el enemigo.

—Mi hermano adora el honor —dije con energía—. Pero ese no es el problema. El problema es que mi hermano es un agente de la CIA. ¿Qué acuerdo puede existir entre la CIA y la revolución?

Los agentes me miraron sin pronunciar palabra.

*Primera parte : **Regímenes***

—En su opinión, ¿qué debemos hacer? —finalmente preguntó el hombre mayor.

Respondí sin pestañear.

—La revolución no puede tener tratos con mi hermano, ni ahora ni en el futuro. Creo que deberían fusilarlo.

El hombre mayor y yo nos miramos a los ojos. Me pareció que por un instante no pudo encontrar mi mirada.

—Gracias —dijo—. Nos volveremos a ver pronto.

Nos dimos la mano y se fueron. Nunca volvieron. Durante veintisiete años no hablé con nadie sobre esta conversación, excepto con mi compañero César Gómez unos días después.

—Hiciste bien —me dijo mi mejor amigo[1]—. Yo hubiera hecho lo mismo.

★

3. Necesitamos una revolución

Grietas en la familia

[De los recuerdos de Adolfo Rivero]

La Habana, primavera de 1954. Mi hermano y yo no nos veíamos con frecuencia. Entre su adicción al trabajo que todos conocíamos y sus conspiraciones que dábamos por sentado, Emi se perdía por largos períodos de tiempo.

Una mañana de abril o mayo de 1954, regresé de la universidad y me puse a leer en mi habitación un panfleto comunista sobre compañías estadounidenses en Cuba. Como de costumbre, los argumentos eran sólidos,

---

[1] Esta confesión apareció públicamente por primera vez en 2012 en sendas publicaciones, español e inglés, de los hermanos Adolfo Rivero Caro y Emilio Adolfo Rivero Caro, *Las cabañitas* y *The Little Cabins*, Miami: Alexandria Library, 2012.

Hermanos de vez en cuando

las cifras objetivas y las conclusiones angustiantes. Tuve que preguntarme una vez más: si las partes fundamentales de nuestra economía estaban en manos de empresas estadounidenses, ¿quién era dueño del país? Si la respuesta era "los norteamericanos", como seguramente debía ser, entonces, ¿qué tan independiente era Cuba? Parecía que no éramos un país libre sino todavía una colonia.

En sus conversaciones políticas, los cubanos comentaban: Batista está equivocado, es un malvado, tenemos que deshacernos de él. Pero si Cuba era propiedad de los norteamericanos, ¿qué importaría un nuevo presidente?

Casi nadie parecía percatarse de este problema. Muchos hablaban de "revolución". Algunos incluso estaban dispuestos a luchar por ella, sin embargo, pocos podían explicar qué haría esa "revolución", excepto deshacerse de Batista. Los únicos que veían el asunto en su dimensión real y que hablaban de cambios que pudieran tener importancia eran los comunistas.

La pregunta que me hice al leer el panfleto no fue sobre el argumento, que consideraba válido, sino más bien lo que esto implicaba para mí. ¿Cuál sería mi contribución a esos próximos cambios? ¿Qué puedo hacer? ¿Qué debo hacer?

Por regla general mi padre venía a almorzar alrededor de la una. Ese día, por alguna razón, vino antes y acompañado de mi hermano. Yo estaba sumido en mis pensamientos. Hacía mucho calor y encendí el aire acondicionado.

—¡Trabajadores del mundo, uníos! —gritó Emi al entrar.

A veces la actitud de mi hermano tenía el efecto de ponerme nervioso. Por su saludo deduje que nuestra madre le había contado sobre mí. Durante meses yo había estado leyendo en mi habitación documentos del Partido Comunista que ella desaprobaba firmemente.

Dejé mi folleto en la cama esperando que no reparara en él y me levanté para saludar a Emi.

Se quitó el reloj y me lo mostró.

—Un Movado. Es nuevo, de oro sólido. ¿Te gusta?

—Está bueno —dije sin entusiasmo.

—Lo llevo puesto para poder saber la hora exacta de la caída de Batista —dijo con obsesión y tomó el folleto que yo había dejado caer sobre la cama—. Basura. —Lo dejó caer.

—¡No es así, hermano! Hechos. Realidades. La desafortunada verdad.

—Entiendo que un negro de barrio pobre o un trabajador agrícola que corta caña se convierta en comunista. ¿Pero tú?, ¿tú?

—¡Sí, yo! Adolfo Rivero, ¡comunista!

Tenía todo el sentido del mundo.

***

Emi le sonrió a su hermano menor.

—Mira Adolfito, los americanos no tienen la culpa. Si quieres culpar a alguien, culpa a los cubanos que les vendieron las empresas. Los estadounidenses hacen negocios, no filantropía. Puede que no te guste, pero no es criminal.

—¡Entonces el sistema es criminal por permitir que los ricos siempre prevalezcan!

—Eso es incorrecto. Los sindicatos son muy poderosos en Estados Unidos y aquí también.

—Poderosos para ganar limosnas —respondió Adolfo.

—Limosnas no, buenos salarios, niveles de vida, todo lo que quieren.

—¡No, no todo! De ninguna manera. Los trabajadores deben controlar lo que producen. ¡Son los legítimos dueños de la sociedad!

—¿Qué te hace decir eso? —preguntó Emi—. Los trabajadores nunca han gobernado ninguna sociedad en la historia.

—¿Y qué pasa en la Unión Soviética?

—La Unión Soviética está gobernada por el Partido Comunista.

—¿Y a quién representa el Partido sino a los trabajadores?

Hermanos de vez en cuando

—El Partido se representa a sí mismo. Su objetivo es mantener el poder para sí mismo.

—¡Tú y tus amigos buscan la gloria! —acusó Adolfo—. ¡No les importa en absoluto cambiar la sociedad!

—Cambiar la sociedad sí, por supuesto. Pero cambiarla dentro de las reglas de la democracia. La libertad es lo más importante.

—La libertad es una ilusión inteligente —dijo Adolfo despectivamente—. ¿De qué sirve la libertad sin la posibilidad de cambiar?

—A los comunistas no les importa la libertad. O tal vez sí, odian la libertad y les gustaría eliminarla.

La vieja entró en la habitación.

—¿Por qué es este griterío?

—Adolfito es el único que grita —dijo Emi con calma.

—Lávense las manos —dijo la vieja—. La mesa está puesta.

—¡No tengo hambre! —exclamó Adolfo.

—No hagas esperar a tu padre —dijo ella.

Cuando el viejo los vio entrar, dejó el periódico y fue a sentarse a la cabecera de la mesa.

Percy, la cocinera, se emocionó cuando Emi entró al comedor y este la halagó con agrado.

—Viejo —dijo Emi a su padre mientras Percy regresaba con más platos—. Si te doy mi auto, ¿permitirías que Percy fuera a trabajar a mi casa?

—No estoy interesado en tu auto —dijo el viejo con una sonrisa—. En cuanto al resto, es un asunto de Percy.

—Estoy muy feliz aquí —dijo melodiosamente la atractiva mulata—. Si no está satisfecho en su casa, venga a comer con más frecuencia —dijo Percy como un miembro más de la familia.

—Buena idea —dijo Emi, sirviéndose más.

—¿Por qué todo ese griterío? —preguntó el viejo.

—Nada, fue una discusión fraternal —dijo Emi—. Parece que Adolfito está interesado en el comunismo. Se ha convertido en moda universitaria.

*Primera parte : **Regímenes***

—¡No es una moda! ¡No busco modas, marcas, relojes, automóviles ni nada por el estilo!

—No presumas de tu falta de discriminación —dijo Emi.

—Conozco a todos los líderes del Partido Comunista —agregó el viejo—. Son amigos míos. Son más cubanos que comunistas, en mi opinión —dijo con indiferencia, tratando de alejar el asunto.

Emi miró el plato de su hermano.

—Esa comida que tienes delante no es una comida proletaria.

—No, pero me gustaría que así fuera.

—¡Ay, mi hijo! —interrumpió la vieja, diciéndole a Adolfo lo que su esposo no dijo—. Si los comunistas tienen éxito, ¡pasaremos tanta hambre!

—Vámonos —dijo el viejo—. Tengo que echar gasolina.

—La estación de Máximo está cerrada —dijo Emi.

—¿Máximo cerrado? —dijo el viejo a la ligera—. Necesitamos una revolución.

★

4. Mantente alerta

Guerra contra Batista

[De los recuerdos de Emi Rivero]

La Habana. El 1 de mayo de 1953 se completó mi desdicha: Lizbet y yo nos divorciamos. Me mudé a un edificio de departamentos en 19 y O, en El Vedado, al que bauticé "El Castillo". Estaba ubicado en diagonal al Hotel Nacional y mi habitación se hallaba orientada en línea oblicua al mar.

Un año después del golpe que había destituido al presidente Carlos Prío, el régimen de Batista continuaba abiertamente ilegal. La gente no tenía libertad para desafiarlo. Sus vidas podían continuar, pero si pronunciaban una palabra contra el Gobierno, pagarían un precio.

La corrupción creció. Mi padre tenía una relación cercana con el secretario de la Presidencia de Batista[2], con derecho a llamar a la puerta privada del hombre y entrar sin esperar respuesta. Una vez lo encontró ocupado con fajos de billetes de mil dólares.

—Ven Riverito, siéntate y espera un minuto —le dijo. El hombre contaba millones de dólares en pagos recibidos.

Todas las prostitutas en Cuba, miles de mujeres, tenían que dar un dólar por día a la Policía. Ese dinero se dividía en diferentes partes: para el presidente de la república, para la primera dama, para el jefe de Policía, para el capitán del recinto y para el oficial de Policía. Al policía común que ganaba 120 dólares al mes y recaudaba coimas de un centenar de prostitutas, se le permitía quedarse con cinco centavos de cada dólar. Cinco dólares al día equivalía a su salario oficial.

Los parquímetros estaban a cargo del cuñado del presidente, que también era general del Ejército. A pesar de eso, en época de Batista, Cuba era más virtuosa que otros países latinoamericanos. En Cuba se robaba un porcentaje en cada proyecto de obras públicas antes de que se hiciera el trabajo, pero era bien hecho. En otros países se robaba un mayor porcentaje y el trabajo no se realizaba.

La mayoría de los cubanos, a pesar del disgusto que sentían por Batista, aguantaban su gobierno con excepción de una minoría dentro de la cual me encontraba. Rechacé por completo la dictadura y me uní a la Triple A, un

---

[2] Andrés Domingo y Morales del Castillo.

grupo dirigido por Aureliano Sánchez Arango, el exministro de Prío que exigía restaurar la Constitución y las libertades de Cuba[3].

***

En el restaurante donde se reunía con su grupo, Emi vio entrar a Armando Franco y le tendió la mano. Armando, en lugar de darle la mano, en un rápido gesto lo agarró por los testículos y tiró hacia abajo. Emi se desvaneció y Armando rio, cruzando sus manos sobre la ingle.

—¿Por qué hiciste eso? —dijo Emi cuando vio las manos cruzadas de Armando—. ¿Crees que soy tan estúpido como para intentar un contraataque ahora?

A partir de ese momento, cada vez que se encontraban, Armando cruzaba sus manos sobre la ingle para recordarle la primera regla de un conspirador: mantener la guardia.

Armando estaba a cargo de las tropas de choque de la Triple A que desarrollaban sus propios planes para un golpe de Estado. Importaban grandes cantidades de armas de contrabando y formaban grupos de acción entre civiles y militares. Se mantenían al tanto del régimen a través de sus propios informantes. Emi, diestro en el manejo de armas, trabajó con Armando como portador y entrenador de armamento.

El teléfono de Emi sonó después de las dos de la mañana.

—Rivero. —Era la voz de Armando, grave y resuelta—. Nos vemos a las tres donde el pan persigue al perro.

Era un popular puesto de hamburguesas cuyo inmenso letrero de neón mostraba un panecillo tratando de capturar a un perro. Tan pronto el auto de Emi se detuvo bajo el letrero, otro auto con agentes del Servicio de Inteligencia Militar (SIM) de Batista se estacionó detrás de él.

—¡Fuera del carro! —ladraron.

Mientras inspeccionaban el auto, Emi escuchó el inconfundible sonido del Ford sin silenciador de Armando. Emi pensó: "¡Aléjate de aquí!".

---

[3] El nombre Triple A significaba "Asociación de Amigos de Aureliano".

El auto de Armando se acercó aún más. ¿No se dio cuenta de la presencia de la Policía? Armando se estacionó justo detrás del auto del SIM.

Los agentes cayeron sobre el Ford y lo registraron a fondo.

—¡¿Qué carajo es esto?! —exclamaron.

Eran instrumentos de pesca. Una vez que los agentes se fueron, Armando sonrió.

—¡Bueno! Hoy vamos a pescar.

Emi y Armando salieron de la ciudad hacia su lugar favorito y pescaron. Mientras se calmaba, Emi se dio cuenta de que Armando lo había estado probando.

Carlos Manuel Malgrat, mi compañero de la Triple A, era un psicólogo que trabajaba en servicios de emergencia psiquiátrica. Tenía treinta y cinco años, diez años más que yo. Era delgado y musculoso, con cabello rubio de corte militar, ojos verdes sesgados sobre pómulos altos y una sonrisa extraña y resonante.

"Cuando el huevo golpea la roca, es malo para el huevo. Cuando la roca golpea el huevo, es malo para el huevo. Somos los huevos", solía decir Malgrat sobre él y sus camaradas.

Malgrat vivía con su madre y una media hermana de diez años a quien evidentemente mantenía. También tenía un departamento de soltero que la Triple A usaba como escondite para armas, explosivos, uniformes de Policía y documentos.

Un día caluroso Emi llevó a ese lugar una caja con veintidós kilos de dinamita. La dinamita sudaba a través de la caja. Sin estar familiarizados con la química de los explosivos, los dos hombres pensaron que debían mantener fría la dinamita, así que se apresuraron a comprar un ventilador y le soplaron aire a la caja hasta que cesó de sudar.

Cada vez que Malgrat llevaba una dama al lugar, escondía la caja debajo de la cama.

*Primera parte : **Regímenes***

—¡Imagínate! —le dijo Emi—. Si esto explota, tu dama se encontraría de pronto en el cielo o en el infierno y pensaría: ¡Qué hombre! ¡Qué hombre! ¡Nunca tuve un orgasmo como este!

Malgrat se ahogaba de la risa.

—¿Te imaginas al pobre gallego que trabajó y gastó toda su vida para construir estos departamentos? ¡En un instante, BOOM! ¡Y probablemente es tan tacaño que ni siquiera aseguró el edificio!

Aquel tipo de lucha era inusual para Malgrat, que lo hacía todo bien, sin desperdiciar un movimiento. A diferencia de Armando, neurótico y descuidado, Malgrat era disciplinado e inteligente. Valiente, leal y simpático, Armando era fastidioso, y Malgrat encajaba en cada situación como un guante.

La Triple A sufrió una gran crisis cuando agentes del SIM allanaron una de sus residencias y capturaron, entre otras cosas, una lista de conspiradores. Poco después, los hombres de Batista entraron bruscamente a la sala de prensa del Palacio Presidencial, un área sacrosanta, y arrestaron a un periodista. Otros conspiradores fueron arrestados en sus hogares o detenidos en las calles.

La Triple A quedó en el caos. Sus líderes se escondieron prestos o corrieron a las embajadas. Armando, Emi, Malgrat y sus compañeros serían los próximos objetivos del SIM, pero ni siquiera pensaron en correr; se mantuvieron firmes y visibles para que sus camaradas dispersos pudieran concentrarse y reagruparse.

Riverito se apareció en casa de su hijo. Estaba allí para llevar a Emi hasta Jorge Quintana, decano del gremio de periodistas cubanos y uno de los innumerables amigos de su padre.

—Procurará tu asilo en la embajada de México.

—¡No voy a entrar en ninguna embajada! —rugió Emi—. ¡Si tengo que morir, lo haré en la calle!

"¡Así que esto es con lo que tengo que lidiar!", pensó el viejo.

—¿Calle Quinta y E? —pregunté, esperando haber entendido mal.

—No, Quinta y G, como en García —me corrigió Salvador Díaz Versón—. La Policía allanó ayer el departamento. Encontraron documentos, uniformes de policías y explosivos. Arrestaron a un hombre y lo pusieron en una celda especialmente vigilada. Nadie puede llegar a él ni obtener información sobre su caso, ni siquiera los altos oficiales. Debe haber sido duramente golpeado.

Ese era el departamento de Malgrat. Malgrat tenía que ser el de esa celda. ¿Por qué esas medidas de seguridad? ¿Cuán gravemente lo habían lastimado?

Eso no fue todo. Mientras Emi miraba al hombre que tenía enfrente, tuvo un solo pensamiento: Salvador, estás muerto. Lo sé a ciencia cierta y no se me permite decírtelo.

Salvador, veterano de la inteligencia, había sido el segundo al mando del SIM bajo el gobierno de Prío. Después del golpe, ofreció sus servicios a la Triple A. Emi fue asignado como enlace de Salvador con una condición inusual: no le digas nada, solo toma información. Sé siempre un receptor con él, nunca un lanzador.

El objetivo de esta restricción no era Salvador, sino la embajada de Estados Unidos. Salvador tenía vínculos muy cercanos con la embajada desde la Segunda Guerra Mundial, incluso antes. A los agentes de inteligencia les gustaba cuchichear al oído sin tener en cuenta la política o los regímenes. Seguramente Salvador hablaba con los norteamericanos. Como Estados Unidos brindaba un apoyo muy importante al régimen de Batista, los líderes de la Triple A querían asegurarse de que nadie en la embajada de Estados Unidos supiera sobre sus operaciones o planes.

Salvador no hizo preguntas a Emi. Él simplemente daba sus informes mientras el joven escuchaba. Emi escribió esos informes y los envió sin firmar a la secretaría de la Triple A. Las copias de sus notas, relacionadas con la información de Salvador Díaz Versón (S. D. V.), estaban en casa de Malgrat. Ahora la Policía tenía esas copias.

¿Qué debía hacer Emi? ¿Avisar a Salvador o cumplir su promesa de recibir sin lanzar?

Aquellos fueron minutos de agonía, pensaba que en pocas horas Salvador estaría arrestado, quizá torturado o asesinado como resultado de los hechos que él mismo me revelaba. Yo era el único que podía evitar su arresto. Pero mis instrucciones sobre este punto habían sido muy claras. No le dije nada.

Poco después de ver a Emi, Salvador fue arrestado en su casa y conducido a la inteligencia militar bajo vigilancia. Su interrogador, un coronel, era el hombre que lo había sucedido como subjefe.

Salvador negó vehementemente ser S. D. V.

—Escucha —le dijo al coronel—. Tú y yo somos muy buenos amigos. Eres un viejo oficial; yo soy un viejo oficial. Sabes que pueden ocurrir coincidencias que nos engañan.

En ese momento Salvador comenzó a tener problemas para respirar. Tenía un problema cardíaco que el coronel conocía. Cuando su respiración empeoró, todos se preocuparon.

"¡No podemos permitir que muera aquí!", pensaron.

—Está bien —dijo el coronel—, te voy a enviar a tu casa bajo arresto domiciliario.

Lo calmaron y lo llevaron a su casa. Salvador vivía en una quinta, un lugar rural en la periferia de La Habana. Al día siguiente salió al huerto, esperó a que los guardias le dieran la espalda, saltó una cerca y se dirigió al centro de la ciudad, donde se refugió en una embajada.

Cuando el coronel llamó a la casa de Salvador para hablar con él, la esposa de Salvador, cuya aspereza coincidía con la de su esposo, le dijo:

—Pero coronel, ¿usted no lo sabe? ¡Está en una embajada!

—¡Señora! —respondió el coronel, extremadamente nervioso—. ¿Entiende en qué posición me ha puesto su esposo ante el presidente de la república?

Hermanos de vez en cuando

—¡Mi esposo estaba aterrorizado por usted! ¡Se refugió en una embajada porque pensó que usted lo iba a matar! —dijo y corrió a reunirse con su esposo.

Aunque el aplomo e ingenio de Salvador le permitieron escapar, todavía siento culpa ante su memoria y ante su familia. Estoy convencido de que, si nuestros roles se hubieran invertido, Salvador me habría dicho que corriera[4].

La Triple A tenía muchos informantes en la Policía. Eran personas que evitaban el contacto directo con nosotros, para lo cual usaban intermediarios. Mariano Posada era más alto que el promedio, delgado, calvo y notablemente digno. Tenía una actitud prudente como la del hombre de negocios que probablemente era.

Mariano convocó a Emi a una reunión y comenzó por darle una noticia en tono simple y sombrío. Emi nunca lo había visto tan preocupado.

—Un hombre arrestado por la Policía hace nueve días se identificó a sí mismo como miembro del servicio secreto del Palacio —dijo Mariano—. El hombre tiene entre treinta y cuarenta años, es rubio, con corte de pelo militar, pómulos prominentes y de tu estatura. Tiene un departamento en Quinta y G.

Ese solo podía ser Malgrat.

—¿Estás seguro? —preguntó Emi mientras la presión se acumulaba en sus sienes.

—El conductor del automóvil que lo llevó a la oficina es un informante nuestro. Dijo que el hombre arrestado se había identificado como miembro del servicio secreto aún en el automóvil.

¡Entonces Malgrat estaba en una celda aislada no porque lo hubieran golpeado o torturado, sino porque trabajaba para Batista!

La Policía había ido a su casa a buscar centavos y encontró oro. Junto con el hombre halló documentos, uniformes policiales, armas y dinamita. Malgrat

---

[4] Puede encontrarse más información sobre S. D. V. en un sitio que aparentemente se creó en la Florida durante los primeros días del régimen de Castro: http://cuban-exile.com/doc_326-350/doc0345.html.

*Primera parte : **Regímenes***

sabía cómo lo tratarían los agentes que lo arrestaran. Intentarían extraerle información rápidamente y mediante los medios más desagradables. Por eso estableció su identidad como agente presidencial antes de llegar a la estación, donde le esperaban salvajadas.

—¡Aquí! —les dijo a los hombres en el auto—. ¡Llamen a este número y se los dirán!

El conductor confirmó la identidad de Malgrat como agente de Batista. Nadie sabía que el conductor era un informante de la Triple A.

Conocer la verdad sobre Malgrat le dio cierta satisfacción a Emi, pero ahora tenía mayores preocupaciones. Se volvió bruscamente para marcharse, olvidando el apretón de manos.

Mariano no quería que Emi se fuera de esa manera. Le agarró el brazo.

—¡¿Y tú?! ¿Tú qué vas a hacer?

—No lo sé —murmuró Emi y se fue.

En su casa esperó a que llegara la Policía. Esperó y esperó. No vinieron. ¿Por qué? Porque era el hijo de Riverito, y antes de arrestarlo tenían que estar muy seguros. Ahora estaban seguros.

¿Qué los detenía? Malgrat había estado más cerca de él que de nadie. Emi debió haber sido su primer blanco. Pasaron más de diez días. ¿Qué esperaban?

Armando fue arrestado. Lo llevaron al Vivac, primera parada para los detenidos políticos.

Los líderes de la Triple A le enviaron un mensaje a Emi: "Debemos contactar con Armando. Ninguno de nosotros puede visitarlo, pero tú eres abogado. Preséntate en el Vivac y pide verlo. Alguien te esperará fuera de la prisión. Si están vigilando a Armando estrechamente y te arrestan, se lo notificaremos a tu padre de inmediato".

En lenguaje sencillo, querían saber si Armando había hablado.

Emi razonó que si la Policía no ha venido por él, nadie le molestaría en el Vivac. De inmediato fue a la prisión y exigió ver a Armando.

Lo colocaron frente a una división de barras de madera. Detrás de las rejas había una oficina y más atrás una puerta de hierro enrejada que comunicaba a un largo corredor de celdas.

Un oficial se dirigió a la puerta de hierro.

—¡Armando Perfecto Franco, a la reja!

Un guardia condujo al prisionero por el corredor hasta la puerta de hierro. Emi vio que traían a un anciano enfermo hacia él. Armando se arrastraba lentamente con serias dificultades. Cuando lo pasaron por la puerta, Armando miró a Emi, sonrió y cruzó las manos sobre la ingle.

Emi sintió que se le aguaron los ojos. "¡Mantén la calma!", se ordenó a sí mismo. "¡No expreses nada!".

Armando se acercó y le extendió su mano derecha a través de las barras de madera a Emi mientras mantenía la mano izquierda sobre su ingle. Su cuello tenía fuertes contusiones y rasguños. Sus ojos estaban inyectados en sangre. Estaba agotado y demacrado.

—Me sacaron de la casa de María. —María era su amante, una enfermera que vivía con sus dos hijos en un barrio pobre—. Cuando me sacaron de la casa, un policía gritaba: ¡A ese auto! ¡A ese auto! ¡No, para el otro auto!

Malgrat estaba en el otro auto para señalarlo.

—¿Cómo te sientes? —le preguntó Emi.

—Creo que tengo algunas costillas rotas. Mis pelotas tienen dos veces el tamaño normal. Casi me estrangulan con alambre de púas. —Sonrió y se encogió de hombros—. Alguien quería información sobre asuntos de los que no sé nada.

Armando recibió una sentencia de seis años. Malgrat dejó la prisión después de un corto período y salió de Cuba a través de la embajada de Panamá, una medida para mantener las apariencias[5].

---

[5] Una minuta sobre Malgrat, publicada en Panamá, documenta su salida de Cuba sin mencionar su trabajo de contrainteligencia: <bdigital.binal.ac.pa/BIOVIC/Captura/upload/CarlosMMalgratG>.

Primera parte : Regímenes

Algunos meses después, en la primavera de 1955, el presidente Batista, aparentemente seguro de que la insurrección había terminado y deseando que la gente lo viera como un gobernante benévolo, proclamó la amnistía general. Armando salió de la cárcel junto con muchos otros que habían levantado la mano contra el régimen. Uno de ellos fue Fidel Castro, quien había cumplido solo catorce meses por haber dirigido un ataque armado contra un cuartel del Ejército que cobró más de medio centenar de vidas[6].

Después de la amnistía, Malgrat viajó a Cuba desde Panamá, donde aparentemente se había establecido. Un día, Armando lo vio en un restaurante de La Habana con su madre y su hermana pequeña, disfrutando de una costilla de res.

Armando lo miró por un instante, y después comentó con sus amigos: "¡El muy hijo de puta se estaba comiendo una de mis costillas!".

Emi nunca fue arrestado por la Policía de Batista y nunca entendió el porqué. Después de rumiar mucho sobre el tema, llegó a la única conclusión de que Malgrat realmente lo estimaba y prefería no arruinarle la vida. Malgrat podría trabajar para el régimen y ganar dinero por ello, pero no era un fanático.

Emi se dio cuenta de que había salvado su vida simplemente siendo él mismo. A medida que asimilaba la lección, ponderó lo sucedido. Incluso en el duro negocio del espionaje, a veces se conceden indultos como este. Son valiosos y sorprendentes. Se resisten a una explicación. Como todas las cosas, son temporales. Pero no ocurren por casualidad.

---

[6] El ataque al cuartel Moncada el 26 de julio de 1953 marcó el comienzo de la leyenda de Castro.

5. Vientos de cambio

Radicales en alza

1954-1957. La Universidad de La Habana era el engranaje de la política cubana que producía una protesta tras otra con creciente vehemencia. Cualquier ocasión era propicia —el natalicio de un héroe nacional, el aniversario de una rebelión o de un mártir asesinado— para reunir a un montón de estudiantes en las calles pidiendo la cabeza de Batista.

Los estudiantes y la Policía se convirtieron en enemigos mortales. A raíz de una antigua restricción que incluso los déspotas no violaban, la Policía no entraba en el recinto universitario, sino que esperaba en las calles aledañas a que los estudiantes salieran de la universidad, donde la Policía podía lidiar con ellos libremente. Las marchas estudiantiles siempre tomaban la misma ruta: bajar la gran escalinata, cruzar la calle L y seguir por la calle San Lázaro. Dos cuadras más abajo, en la esquina de la calle Infanta, los esperaba la Policía.

La Policía abrió fuego. Miré hacia la izquierda y vi a un compañero en el suelo, herido por una bala.

Adolfo convirtió esta experiencia en un cuento corto que compartió con la familia. Emi quedó impresionado y los viejos mortificados. El viejo, sentado en el Palacio Presidencial, se enteró de que otra marcha estudiantil estaba a punto de comenzar. Agarró el abrigo que tenía un revólver en el bolsillo, condujo hacia la universidad y dejó su auto a unas calles de Infanta y San Lázaro. La marcha terminó sin incidentes y Adolfo nunca supo que el viejo había estado cerca, armado y listo para acudir en su ayuda.

A través de un miembro de la familia y de forma repentina, el viejo dispuso todo para que Adolfo pasara un año en la Universidad de Georgetown, en Washington D.C., en lugar de la de La Habana, donde era estudiante de tercer año. Según la experiencia del viejo, los acontecimientos políticos cubanos eran de corta duración; apostaba a que estos habrían desaparecido antes del regreso de Adolfo.

Adolfo aprovechó la oportunidad que le brindaba pasar un año en uno de los principales centros de aprendizaje del mundo. También le permitió desarrollar una maestría en el idioma inglés, algo que nunca se rehúsa. En agradecimiento, Adolfo le escribió a su padre cuando este cumplió cincuenta años:

"Hoy te recuerdo con la fidelidad que solo la distancia puede ofrecer; en tu trabajo incesante, tu fantástica energía, tu eterna capacidad para sonreír ante los demás. Te veo caer mil veces en la batalla diaria por la vida y, no con poco sufrimiento, levantarte una y otra vez, reparar tu armadura abollada y renovar el ataque, rebosante de un fervor y optimismo solo propio de los jóvenes. Por eso, querido padre, levanto mi copa ante tu inconfundible frescura de espíritu, con el saludo de alguien que te recuerda con la fidelidad que solo la distancia puede dar.

Tu hijo, Adolfo".

El viejo perdió su apuesta sobre la duración de la crisis política. Cuando Adolfo regresó a la Universidad de La Habana a mediados de 1955, el quehacer de "La Colina", más que nunca, era Batista. A finales de 1955, la poderosa Federación Estudiantil Universitaria (FEU) organizó un brazo político, el Directorio Revolucionario, cuyo propósito era oponerse militarmente a Batista.

Durante sus estudios en Georgetown, Adolfo había examinado las fuentes del marxismo y había encontrado discrepancias que lo hicieron dudar sobre el comunismo. Pero el Partido Comunista de Cuba, llamado Partido Socialista Popular (PSP), mostraba en su trabajo político directo una claridad y audacia tales que lo atrajeron fuertemente. Entonces se acercó al Partido, aunque sin dar el salto para unirse a este.

A finales de 1956, la FEU, cuya palabra en la universidad era ley, votó por suspender toda actividad universitaria hasta que terminara el gobierno de Batista. Según la decisión de la FEU, los estudiantes no podrían ir a clases ni graduarse. Solo unos pocos edificios permanecieron abiertos para las reuniones de los estudiantes. Los jóvenes que habían llegado a la universidad con el propósito de progresar en sus vidas recibieron un duro golpe. Batista y su séquito, sin embargo, ganaron con la suspensión: aquella gran olla cuya ebullición no podían controlar quedaba súbitamente fuera de la estufa.

Los vientos cambiaron. La querida Triple A de Emi Rivero quedó estancada en una subrutina. Sus líderes eran caballeros arcaicos conspirando con humanismo. Preocupados por dilemas éticos, no querían lastimar al espectador. Con el objetivo de hacer las cosas a la perfección, hicieron poco o nada.

Por otra parte, Fidel Castro era un emprendedor en busca de su momento. Él y unos ochenta hombres bajo su mando zarparon de México en un yate llamado Granma. La pequeña fuerza armada a la que su líder denominó Movimiento 26 de Julio[7] desembarcó en la provincia Oriente, al este de Cuba, cuatro días después de lo planeado y en el lugar equivocado.

Un grupo de seguidores del 26 de Julio encabezado por Frank País, un joven de veintiún años que actuaba por su cuenta, había asaltado edificios claves en la cercana ciudad de Santiago de Cuba, la segunda de la isla, y los tomaron durante casi un día. En los ámbitos oficiales, el levantamiento de Frank País suscitó mayor preocupación que el desembarco de la cuadrilla de Castro. Ambos acontecimientos llamaron la atención de los rebeldes en la capital que ahora miraban con interés hacia el este de Cuba.

Aún en sintonía con La Habana, Emi Rivero escuchó susurros de que el Directorio estaba tramando algo grande. Supuso que el Palacio Presidencial podría ser el objetivo. Como la sala de prensa del Palacio Presidencial era la segunda casa de su padre, Emi consideró oportuno advertirle.

—¡Viejo, cuidado! No te quedes en el palacio más tiempo del necesario. Cuando termine tu horario de trabajo, aléjate de allí.

—¿De qué estás hablando? —dijo el viejo con brusquedad.

---

[7] En recuerdo al ataque del cuartel Moncada el 26 de julio de 1953.

*Primera parte : **Regímenes***

Después de terminar su horario de trabajo, a Riverito le gustaba quedarse y socializar con sus colegas periodistas.

—Algo se está cocinando. No estoy seguro de qué, pero vivimos en tiempos convulsos y nunca se sabe.

—¡Cuentos! Además, si resultara ser cierto, queremos estar allí para informar.

Uno de los principales periódicos del mundo estaba a punto de agregar una historia propia. En febrero de 1957, las filas de Castro contaban con solo dieciocho hombres, apenas vestidos y mal armados. Esos hombres se ocupaban de hacer escaramuzas en puestos avanzados del Ejército o en caseríos locales. Si un campesino le prestaba algunas mantas o capturaba tres rifles al Ejército, marcaba una diferencia en la suerte de Fidel Castro.

Sin embargo, la fuerza guerrillera tenía algo más poderoso, el dominio de Fidel en el arte de las apariencias. A través de los contactos de sus amigos del movimiento con la oficina del *New York Times* en La Habana, Castro logró organizar la visita a su campamento de Herbert L. Matthews, un alto corresponsal del *Times*, quien había viajado desde Nueva York para verificar los informes sobre un "ejército rebelde" que operaba en las montañas del oriente de Cuba.

De su visita, Matthews escribió un reportaje en tres partes en torno a una afirmación que era ridícula, profética o ambas cosas a la vez: "Por lo que parece, el general Batista no puede reprimir la revuelta de Castro".

El hermano de Fidel, Raúl Castro, quien dirigía la pequeña fuerza de insurgentes, desplegó sus tropas frente a Matthews usando a los mismos hombres una y otra vez, dando la impresión de que Fidel comandaba a cientos de hombres. A través de Matthews y el *Times*, Fidel pudo decirles a los estadounidenses: "Pueden estar seguros de que no tenemos rencor hacia Estados Unidos... Nosotros luchamos por el fin de la dictadura y por una Cuba democrática". Fidel flechó directamente el corazón del viejo reportero. "La personalidad del hombre es abrumadora", escribió Matthews. "Es evidente que sus hombres lo adoran".

Hermanos de vez en cuando

Los informes de Matthews en el *Times* convirtieron a Fidel en una figura internacional y el único símbolo de la resistencia a Batista. En Cuba, su repentina prominencia tuvo un impacto especial en los miembros del Directorio Revolucionario, quienes sintieron que debían actuar antes de que Fidel se les adelantara.

—¡Viejo! ¿Te estás cuidando? —preguntó de nuevo Emi Rivero a su padre—. ¿Sales del Palacio cuando termina tu horario?

—¡Cojones, dijo la marquesa! ¿Cuántas veces tienes que decirme lo mismo?

Una tarde a mediados de semana, en la sala de prensa del Palacio, un grupo de hombres jugaba a las cartas alrededor de una mesa cuando sonó el teléfono. Riverito levantó el auricular.

—Escucha Riverito, soy de *El Tiempo en Cuba*. ¿Es cierto que el Palacio Presidencial está bajo ataque?

—¡No hables mierda, muchacho! Y colgó el auricular de un golpe.

Casi inmediatamente, ráfagas de ametralladoras barrieron las paredes a pocos metros de distancia. Riverito y sus amigos se tiraron al suelo, mientras un pequeño ejército de hombres con pantalones azules y camisas blancas cargaba contra el Palacio y disparaba contra la guardia del presidente. Los reporteros se arrastraron hasta la parte posterior de la sala de prensa y entraron al baño donde una periodista rezaba: "¡Que la Virgen nos proteja con su túnica!".

Tres y media de la tarde, 13 de marzo de 1957. El Directorio atacaba el Palacio a plena luz del día y en un día laborable. Momentos antes de que el pequeño ejército invadiera el área del Palacio, un grupo dirigido por el militante estudiantil José Antonio Echeverría se había apoderado de la popular emisora Radio Reloj y el mismo Echeverría había anunciado a viva voz: "Pueblo de Cuba: en este momento el dictador Fulgencio Batista acaba de ser ajusticiado de manera revolucionaria".

Los camiones y automóviles que llevaban a los compañeros de Echeverría al Palacio se habían retrasado debido al tráfico, por lo que la proclamación

*Primera parte : **Regímenes***

de la victoria había salido al aire antes de que comenzara el ataque; de ahí la llamada a la sala de reporteros y la breve respuesta de Riverito. Aun así, los atacantes habían pillado por sorpresa a la guarnición, matando a varios guardias en el acto. Minutos más tarde, un inmenso cordón de soldados y policías rodeaba el Palacio. La segunda oleada de hombres que tenía que unirse al ataque nunca llegó a los terrenos de la casa presidencial.

La lucha fue feroz. Los atacantes invadieron las oficinas de Batista en el segundo piso solo para encontrarlas vacías. El astuto gobernante se había escabullido a sus habitaciones en el piso de arriba, llevando consigo a un grupo de fusileros. El único acceso a ese piso era un ascensor que ya estaba arriba. Los atacantes quedaron atrapados entre los hombres de Batista disparando desde arriba y la guarnición armada disparando desde abajo.

Durante el ataque, Riverito salió del baño y llamó a la vieja, que estaba en una clínica recuperándose de una histerectomía.

—*My*, no te preocupes, estoy bien —le dijo.

Usaban la palabra inglesa my para referirse entre sí.

Emi estaba en su oficina de abogados en La Habana Vieja cuando escuchó a la gente cuchichear sobre el ataque. Se fue con un amigo a un portal cerca del Palacio donde la gente miraba desde un área protegida por una columnata.

Los atacantes, que habían obtenido una primera ventaja, quedaron abrumados por el número. Al otro lado de la ciudad, en las calles cercanas a la universidad, la Policía había ultimado al líder estudiantil Echeverría. Al caer la tarde, unos treinta y cinco atacantes y cinco guardias del Palacio habían perdido la vida.

Desde su escondite en la montaña, Fidel sin rodeos calificó al ataque como "un derramamiento inútil de sangre". Para el Directorio había sido una derrota desgarradora.

Esa noche Emi vio a sus padres en la clínica donde estaba ingresada la vieja. El viejo estaba en estado de conmoción; no por miedo, sino por haber visto a los hombres de Batista acercarse a los atacantes que yacían heridos en los terrenos del Palacio y ultimarlos a tiros en lugar de detenerlos.

—¡Eso fue una masacre! —exclamó el viejo.

Emi estaba orgulloso de encontrar a su padre horrorizado y firme.

★

6. Autosuficiente

La resistencia se generaliza

Sur de la provincia Oriente, mediados de 1957. Las fuerzas castristas del Movimiento 26 de Julio atacan el puesto rural del poblado El Uvero. La máquina publicitaria de Fidel anuncia el ataque como una gran victoria contra el Ejército, pero había sido poco más que una escaramuza contra fuerzas locales. A Castro le convino que Batista ordenara la remoción de los campesinos de las áreas en las que los rebeldes estaban activos. Ese movimiento creó simpatía por los rebeldes y sumó prestigio a Castro.

El apoyo al Movimiento 26 de Julio aumentó en muchas ciudades de Cuba. A lo largo de junio y julio explotaron bombas, se incendiaron escuelas y se cometieron asesinatos en nombre del programa del 26 de Julio. Excluyendo el derrocamiento de Batista, el contenido del plan no estaba especificado, pero el 26 de Julio se fortaleció con las medidas represivas de Batista, pues estas le dieron a Fidel Castro el escenario revolucionario que necesitaba.

A mediados de julio llegó a La Habana Earl Smith, el nuevo embajador de Estados Unidos, que de inmediato anunció su visita a la provincia Oriente, sede de las mayores empresas yanquis en la isla y de la base naval estadounidense en Guantánamo. En un esfuerzo por controlar la oposición antes de la visita del embajador, la Policía de Batista arrestó a doscientas personas e hizo una gran captura, la de Frank País —el joven organizador que había liderado el levantamiento en Santiago de Cuba durante el

Primera parte : **Regímenes**

desembarco del Granma—, quien fue rastreado de escondite en escondite hasta ser asesinado a tiros en un callejón.

Cuando se difundió la noticia de la ejecución de quien tenía la simpatía de la ciudad, estalló una huelga general en Santiago. El embajador Smith, que llegó a Santiago el día del funeral de Frank País, se encontró con una grande y ruidosa manifestación de mujeres organizada por la comandante del Movimiento 26 de Julio, Pastora Núñez. La Policía escoltó al embajador y a su esposa hasta el ayuntamiento antes de golpear a las mujeres con porras y arrojarles chorros de agua utilizando mangueras contraincendios. El embajador, conmovido por la violencia oficial, habló con los periodistas y calificó la conducta de la Policía de "detestable"[8]. Mientras una gran procesión llevaba el cuerpo de Frank País a sepultarlo, el embajador colocaba una corona floral en la tumba del apóstol de Cuba, José Martí.

Entretanto Adolfo Rivero, mucho más involucrado en el trabajo clandestino que su hermano mayor, se había unido al Partido Comunista y convertido en un hombre buscado. En todas partes, excepto en casa de sus padres, le llamaban Félix, su nombre subrepticio e insignia de honor.

En la célula de la Juventud Socialista[9] en la que militaba Félix, se desarrollaba un feroz debate sobre cómo el Partido debería relacionarse con la campaña de Castro.

---

[8] El gobierno de Batista casi expulsó al embajador Smith en esta disputa, ver https://history.state.gov/historicaldocuments/frus1958-60v06/d189.

[9] En el lenguaje político cubano, los términos "socialista" y "comunista" se han usado de manera bastante intercambiable. El Partido Comunista, antes de la remodelación de Fidel a mediados de los años 60, se llamaba Partido Socialista Popular (PSP). El partido precursor del PSP data de mediados de la década de 1920. Los veteranos comunistas como Aníbal Escalante, Fabio Grobart y Carlos Rafael Rodríguez se formaron en el PSP. La organización juvenil del partido cambió de nombre varias veces. Cuando Adolfo se unió al Partido en 1957 como Félix, ingresó en la Juventud Socialista. Después de la toma de posesión de Fidel en 1959, se convirtió en Juventud Rebelde. En 1963, cuando Fidel convirtió al Partido en un instrumento de su poder personal, se convirtió en la Juventud Comunista. Durante la vida de Adolfo, la jerga popular unificó estas diferentes identidades en al menos dos términos reconocibles: "comuñanga" o "ñángara".

Hermanos de vez en cuando

—¿Por qué hay que ir a la Sierra Maestra? La verdadera lucha está en La Habana —afirmó un cuadro.

—La razón es mostrar solidaridad con la campaña del 26 de Julio —dijo otro cuadro.

—¿Te refieres a unirte al ejército guerrillero o a enviar suministros, como medicamentos?

—¡Mira! —dijo un tipo llamado Felipe—. En mi casa tengo una caja de cartón con muchas medicinas. ¡Me gustaría llevarlas a la Sierra Maestra personalmente!

—¡Estás hablando como un pequeño burgués! —le dijo con desdén el secretario general de la célula—. No podemos comportarnos de manera individualista, debemos actuar como miembros del Partido.

—No estoy de acuerdo con eso —dijo César Gómez, amigo de Félix de la universidad—. Si vamos a descubrir qué es lo mejor para el Partido y la revolución, tenemos que pensar por nosotros mismos. ¿No es de eso que tratan las reformas de Nikita? —preguntó deliberadamente, hablando de los esfuerzos de Nikita Jrushchov para hacer que el Partido Comunista Soviético fuera más democrático.

Ese rasgo independiente de César era algo que los habituales miembros del Partido ridiculizaban con el término de "autosuficiencia". Félix admiraba esa naturaleza de César, incluso cuando no compartía su opinión.

—Lo siento, César, sé que la campaña guerrillera es apasionante, pero no creo que con ella lleguemos a algún lado —le dijo Félix con una sonrisa—. Creo que serán las acciones de las masas las que decidan, no un ataque en lugares remotos.

—Una cosa más —dijo Felipe.

—Adelante —accedió el secretario general.

—La Policía sigue vigilando mi casa.

—Entonces no regreses a tu casa.

—¿Y qué pasa con mi madre?

—¡Coño, chico! ¿Quieres que te atrapen? ¡No vuelvas a tu casa, nunca!

*Primera parte : **Regímenes***

Había sido un buen consejo. Pocos días después la Policía arrestó a Felipe frente a su casa y lo mató.

Félix, César y otros de su grupo decidieron organizar una marcha en honor al natalicio de Martí el 28 de enero de 1958. Félix preparó folletos mientras otros hicieron una pancarta de seis metros de largo. El grupo se reunió en la esquina de Galiano y San José, una de las intersecciones más concurridas en La Habana, en el apogeo de la hora pico. Desplegaron la enorme pancarta y corrieron por la calle Galiano con gritos de "¡Abajo Batista!".

Félix entregaba folletos a los transeúntes o simplemente los lanzaba al aire. El grupo giró hacia San Rafael y se le sumaron simpatizantes, convirtiéndose en una verdadera multitud. La Policía contraatacó con palos y revólveres, haciendo sonar sus silbatos con furia. Los manifestantes corrieron en todas las direcciones, tratando de mezclarse con la multitud. De retirada, Félix caminaba nervioso con los bolsillos repletos de folletos. Si la Policía lo atrapaba estaría en serios problemas.

Dos cuadras más adelante se encontró con César caminando en sentido contrario a él, tenso y sospechoso. Félix pensaba que su amigo no escaparía al arresto cuando sintió como un alicate agarraba su brazo. Un negro grande, venido de la nada, lo sostenía.

—¿A dónde vas? —le dijo el policía vestido de civil—. Estuviste en la manifestación.

—¿Qué manifestación? —respondió Félix indignado—. Acabo de salir de la librería Minerva. Incluso estaba discutiendo con un empleado allí, vamos a confirmarlo.

El público odiaba tanto a los hombres de Batista que si Félix y el oficial hubieran entrado en la librería, cualquier empleado hubiera respaldado su historia. El policía, picado por los modales de clase alta de Félix, dudó.

—¡Por Dios! —dijo Félix con molestia—. ¡Hasta los ciudadanos pacíficos que disfrutan de la lectura tienen que soportar los problemas policiacos!

El policía lo dejó ir.

Cuando Félix llegó a casa y se quitó la camisa, su madre le preguntó:

—¿Qué es eso?

Para sorpresa de Félix, las marcas hechas por los dedos del otro hombre aún estaban en su brazo. Él trató de desviar el asunto riéndose.

—Eso fue un policía —dijo la vieja por intuición.

★

7. Una coacción perfecta

Estados Unidos apoya a Fidel

Once de la mañana, 9 de abril de 1958. En La Habana, personas no identificadas se apoderaron de tres estaciones de radio y declararon una emergencia.

"¡Huelga! ¡Huelga! ¡Huelga! ¡Todos a la huelga! ¡Todos a las calles! ¡Pueblo de Cuba, ha llegado la hora! ¡Debemos evitar que la tiranía de Batista, respaldada por el terror de los matones y los rompehuelgas, dirija los servicios públicos! ¡Debemos evitar que se abran las tiendas! ¡Debemos evitar el tráfico en las calles! ¡Debemos evitar todos los movimientos de la dictadura! ¡Viva el pueblo de Cuba! ¡Huelga! ¡Huelga! ¡Huelga!".

Al escuchar el anuncio, Félix saltó a su escarabajo Volkswagen verde y corrió hacia la oficina donde los camaradas hacían panfletos con los lemas de la radio.

—¡Vengan! —exclamó Félix mientras tomaba algunos folletos y salía corriendo con cinco camaradas hacia el auto—. ¡Hagan circular los folletos! —ordenó—. ¡Tírenlos a la calle si hace falta!

Un compañero regresó corriendo.

—¿Qué clase de huelga general es esta? ¡Todo está abierto!

De hecho, ¡qué clase de huelga general! En el momento de la transmisión, fuerzas del Movimiento 26 de Julio atacaban la Compañía Armera de Cuba, en La Habana Vieja, un ataque que abortaron los policías que se encontraban

*Primera parte : **Regímenes***

en la cercanía. Fidel Castro estaba detrás de todos los disturbios; Félix y sus compañeros comunistas eran de los pocos en saberlo.

Castro y sus partidarios deben haberse alborozado por las sublevaciones masivas que surgieron de la nada en Santiago de Cuba y pensaron que, con solo dar la voz en La Habana, la primera ciudad de Cuba se comportaría de la misma manera.

A último momento, Fidel había dicho a sus organizadores que se unieran con otros grupos. Algunas propuestas fueron para los comunistas, quienes las acogieron. Pero, finalmente, los miembros del 26 de Julio de la capital habían decidido actuar por su cuenta.

No confiaron en casi nadie. Tampoco siguieron ninguna estrategia para conseguir el apoyo de estudiantes, trabajadores y otros grupos clave. Hicieron público el llamamiento al último instante. La transmisión se produjo en medio de un día de trabajo, por lo que casi nadie tuvo la oportunidad de unirse. Para colmo, los locutores no se identificaron. Los oyentes no tenían razón alguna para creerles.

Después de evaluar el evento, Félix pensó: "¡Santo Dios! ¡Esa acción del 26 de Julio ha sido tan estéril como la del Directorio!".

El total fracaso de la huelga fue un duro golpe para el prestigio de Fidel Castro. También dejó claro que la campaña del 26 de Julio, a pesar de tener algún éxito en las provincias y una crítica entusiasta en el *New York Times*, aún no estaba listo para llevar su espectáculo a la ciudad. Lo que realmente le faltaba y necesitaba con urgencia era capacidad de movilización y control de los problemas que tenía el Partido Comunista.

Enojado, Fidel desautorizó a sus propios partidarios. De manera seria y oculta comenzó a relacionarse con los comunistas que podían ayudarlo a organizar a los trabajadores y a los pobres de las ciudades.

—El Partido ha decidido que ahora las condiciones objetivas son favorables para apoyar la lucha armada contra el régimen títere de Batista —explicó a sus miembros el secretario general de la célula de la Juventud Socialista en la que militaba Félix.

—¿Qué significa eso? ¿Por qué el Partido tomó el año pasado la decisión de no apoyar la lucha armada? —preguntó César Gómez con espíritu de contradecir al otro camarada.

—La decisión del Partido de apoyar a la insurgencia en este momento es una demostración de que la línea anterior también era correcta —dijo torpemente el secretario general para apoyar la línea del Partido.

—¿De verdad? —preguntó César—. ¿Cómo se explica eso?

—El año pasado las condiciones no estaban maduras para unirse a la insurgencia. Por lo tanto, el Partido estaba en contra. Ahora el Partido puede unirse bajo condiciones que son políticamente mucho más favorables. Ambas líneas son, por lo tanto, correctas.

César no malgastaría más su aliento.

Batista estaba en la cresta de la ola. Un año antes había derrotado al Directorio Revolucionario porque, a diferencia de su predecesor, sabía cómo mantenerse a salvo dentro de una fortaleza con una guarnición leal. También sabía que, si la rebelión no tenía nada más que presentar que un llamamiento a la huelga general, por demás mal escrito, resultaba ventajoso a largo plazo.

A corto plazo, Batista ordenó a su Ejército atacar al movimiento guerrillero en su propio territorio de la provincia Oriente y acabarlo.

Un año y medio antes, Castro había desembarcado con su esquelética fuerza en Oriente con la idea de repetir el ataque al Cuartel Moncada y esta vez hacerlo bien. En esa repetición, ¿qué podría haber sido diferente?

Nunca lo sabremos. La campaña del 26 de Julio no tuvo éxito con las tácticas militares clásicas ni tampoco con tácticas de guerrilla. Pero sí tuvo éxito en un campo donde podía brillar su único talento: el de las imágenes y las apariencias, ambas artífices de los movimientos políticos victoriosos.

En las montañas del oriente de Cuba, Fidel encontró una población rural descontenta e ideó cómo utilizarla para sus propósitos. Cuando Batista lanzó su ofensiva militar en mayo de 1958, los campesinos apoyaron a la pequeña fuerza de Castro como protesta contra Batista. De repente, el comando de

Castro contaba con legiones de simpatizantes que le daban información sobre cada movimiento del Ejército. Con miles de ojos trabajando para la fuerza rebelde, los hombres de Castro podían atacar cuándo y dónde eligieran.

El ejército rebelde ganó una serie de victorias y tomó cientos de prisioneros. Esos prisioneros, a los que Castro no podía retener de ninguna manera, fueron entregados a la Cruz Roja sin que uno solo fuera maltratado. Esta exhibición de relaciones públicas constituía un elocuente contraste con los métodos de Batista.

A los miembros regulares del Ejército cubano, como a los soldados de cualquier parte, no les gustaba luchar contra su propio pueblo. La campaña desanimó a las tropas regulares, así como a sus oficiales. Los hombres alistados detestaban obedecer las órdenes que sus oficiales detestaban dar. La estructura de mando del Ejército se derrumbó. Frente a un público asombrado, Batista retiró de Oriente sus fuerzas, en pánico y derrotadas.

El comando de Castro comenzó a funcionar rápidamente en toda la provincia Oriente como un Gobierno de facto. En agosto, Fidel eligió a la comandante Pastora Núñez "para visitar a todos los propietarios de plantaciones de azúcar en la provincia Oriente e informarles que, por decretos militares del ejército rebelde, se establecía una contribución de quince centavos por cada saco de azúcar de 113 kilos producido en la cosecha de 1958... El pago daba el derecho al contribuyente de contar con la garantía de que solo el ejército rebelde velaría por los campos de caña y las instalaciones industriales de todos los centrales azucareros de la provincia. El incumplimiento de estos decretos, en el tiempo y forma indicados, dará lugar a sanciones irrevocables a partir de esta fecha".

En otras palabras: si no hacían los pagos, los campos de caña serían quemados y la maquinaria destruida.

La comandante Pastora o Pastorita, como muchos la llamaban, era un tipo de mujer que probablemente nunca antes los propietarios de los centrales, muchos de ellos estadounidenses, habían conocido. A los cosechadores de caña de azúcar, Pastorita les dio una opción simple: ¿Sí o sí?[10] Para respaldarla, el hermano de Fidel, Raúl, ordenó el secuestro y la rápida liberación de varios estadounidenses, una medida que mostró la resolución de la guerrilla sin dar motivos a Estados Unidos para tomar represalias. Fue una coacción perfecta a las compañías estadounidenses que estaban llenando rápidamente las arcas de Castro.

Esos pagos concordaban con una recomendación escrita por la embajada de Estados Unidos: "El Departamento de Estado se adhiere a una estricta política de neutralidad" en la lucha entre Batista y los rebeldes.[11] Esa política había tardado en llegar. El embajador Smith estaba disgustado con Batista y sus métodos. Ahora que las empresas estadounidenses en Oriente, sede de los negocios estadounidenses en Cuba, habían comenzado a pagar dinero de protección a la parte rebelde, Washington estaba listo para consentir oficialmente que Batista debía irse[12].

★

8. Tomar el control

Sale un Gobierno y entra otro

Otoño de 1958. La rebelión avanzaba más rápido de lo que podía creerse. A medida que el ejército rebelde ganaba, la economía de Cuba, por primera vez desde que Batista tomó el poder, reflejaba desorden. Un hecho casi inadvertido había sido el robusto avance de la economía cubana bajo

---

[10] La noticia de esa frase feliz proviene del viejo amigo de Pastorita, Emi Rivero, quien se la hizo conocer al autor en 1992.

[11] https://history.state.gov/historicaldocuments/frus1958-60v06/d121.

[12] Ibid. El 23 de diciembre, el secretario de Estado Christian Herter informó al presidente Dwight D. Eisenhower que el Departamento de Estado estaba trabajando en contra de Batista y a favor de "un Gobierno ampliamente basado en el consenso y apoyo popular".

*Primera parte : **Regímenes***

el odiado régimen. Sin embargo, a medida que se acercaba el colapso, la incertidumbre se disparaba y las inversiones rodaban por el suelo.

La represión y el terror aumentaron, especialmente en las ciudades. Por cada rebelde caído que Fidel lloraba en la Sierra Maestra, una docena o más de jóvenes morían en las estaciones de Policía de La Habana. El padre de Félix ya no podía más. El viejo, cuyo rostro se había contraído de dolor al enviar a su hijo favorito a Estados Unidos, se derrumbó.

—Si vas a vivir aquí, vive aquí —le dijo a su hijo menor—. Pero si estás usando esta casa como un escondite comunista, no puedo permitirlo. Es demasiado peligroso, no someteré a tu madre a eso y tengo que pedirte que te mudes a otro lugar.

Adolfo se mudó a casa de un amigo comunista y se alojó allí hasta que el viejo no soportó más.

—Mira, cualesquiera que sean las consecuencias, tu madre y yo preferimos tenerte en casa —le dijo.

En vísperas de Año Nuevo, una noticia desalentadora llegó a Batista: Santa Clara, centro de las redes ferroviarias del transporte y de las comunicaciones de la isla, se enfrentó a un asalto rebelde y el Ejército se desbandaba. Las divisiones se dispersaron y los comandantes no atendían el teléfono. A las diez de la noche, Batista convocó a una reunión con sus partidarios más leales en el Cuartel Militar de Columbia, en La Habana, para despedir el año 1958.

Para la mayoría de los capitalinos, la despedida del año fue la acostumbrada, pero Félix se quedó en casa y se fue temprano a la cama.

—Despierta, hijo. —El viejo entró en su habitación después de la medianoche—. Se fue Batista.

—¿Se fue? ¿Qué quieres decir con eso?

—Que se fue de Cuba.

—No lo creo —dijo Félix.

—Es verdad. Se llevó a sus amigos en un avión y un montón de dinero en efectivo en otro avión.

Hermanos de vez en cuando

—¡El muy hijo de puta! ¿A dónde se fue?

—Al parecer a Santo Domingo. En su lugar dejó una junta militar bajo el mando de Cantillo.

El general Eulogio Cantillo había dirigido el verano anterior la fallida campaña contra el ejército rebelde.

—¡Bueno! Esa junta va a durar unos cinco minutos.

—Le doy diez —dijo el viejo encogiéndose de hombros y fue a la cocina a preparar café.

Félix se apresuró en llamar a su contacto del partido, Otto Vilches.

—¡Otón! ¿Escuchaste?

—¡Por supuesto! Todavía estamos informando a los líderes del Partido. Pon tu trasero en marcha.

Félix colgó el teléfono, afiebrado de emoción. Su padre le trajo café. El viejo tomó la noticia como de costumbre: un líder que salía, otro que entraba, un giro más en la manivela de la historia. Félix saboreaba la historia por primera vez, un gustillo tan fuerte y dulzón como la cerveza que fluía sobre su lengua por las mañanas.

El muchacho saltó a su escarabajo verde Volkswagen y se dirigió al centro de la acción. Al principio, la mayoría de calles estaban desiertas. Poco tiempo después aparecieron camiones desde los que se oía el grito: "¡Viva Cuba libre!".

¡Qué rápido había caído la capital! Sin una pelea, sin una sola palabra, el viejo orden había empacado y desaparecido. ¿Quién hubiera adivinado lo fácil que sería? Pronto el vacío de las calles se materializó en un carnaval.

Félix y sus camaradas tenían mucho que hacer. Todos apoyaron a los rebeldes; nadie dudaba de que la junta tendría que renunciar. Pero el momento estaba lleno de peligro. Desde el otro extremo de la isla, Fidel hizo un llamamiento urgente al pueblo de Cuba, pidiendo mantener la calma y no fomentar la violencia.

A medida que pasaban las horas sucedieron eventos trascendentales. Los oficiales del Ejército regular transfirieron el mando de las principales

*Primera parte : **Regímenes***

fortalezas de La Habana a los principales comandantes de Castro, mientras que, en nombre de la revolución, un escuadrón de combatientes del antiguo Directorio estudiantil se apoderó del Palacio Presidencial, el mismo que el grupo no había podido conquistar hacía menos de dos años. Veinticuatro horas después de que Batista volara, los rebeldes ya controlaban La Habana.

Las únicas personas que se alarmaron, un grupo para nada insignificante, fueron aquellos que habían servido a Batista. Los cubanos los llamaban esbirros, no importaba si eran policías, coroneles del Ejército o ministros. Desde el primer momento los soldados rebeldes o personas que afirmaban ser soldados rebeldes buscaban esbirros y les disparaban sumariamente. Los policías de La Habana se habían quitado los uniformes y permanecían escondidos.

Félix y su grupo fueron al principal canal de televisión y exigieron salir al aire con una declaración de la Juventud Socialista. De pronto Félix se encontró ante las cámaras, presentado por un moderador: "Esta es una emisora de televisión libre y democrática donde incluso los comunistas pueden hablar".

Félix se percató de que no había ido a su casa por varios días. Exhausto, necesitaba un baño y afeitarse. Se fue a la casa.

—¡No te hemos visto en cuatro días y ni una llamada telefónica! —le dijo la vieja.

El muchacho la miró hoscamente. "Hemos hecho una revolución y todavía tengo que escuchar esa mierda", pensó.

Su padre no entendía bien lo que estaba pasando. Sus amigos en el gabinete de Batista habían desaparecido de la noche a la mañana. Aun así, o eso parecía pensar el viejo, había servido un cuarto de siglo en el Palacio Presidencial y sabía cómo hacerse amigo de la gente.

—Mira, viejo —dijo Félix—, esto no es lo mismo de siempre. Tú no conoces a esa gente del 26 de Julio. Bueno, tampoco los conozco, pero sé que las cosas van a ser diferentes.

El viejo sacudió la cabeza. Estaba fuera de sus cálculos que él no pudiera volver a abrirse camino en el Palacio. En cuanto a las revoluciones, las había estado observando desde antes de que ese niño naciera.

★

9. Una fuerza imparable
La ley revolucionaria

Durante las primeras semanas en el poder, los nuevos gobernantes de Cuba impusieron medidas que les reportaron una inmensa popularidad. Redujeron los alquileres urbanos a la mitad, bajaron el valor de la tierra, pusieron a la venta lotes deshabitados para proyectos de viviendas de bajo costo y redujeron las tarifas de los servicios públicos y telefónicos. El propio Fidel firmaba títulos de parcelas de tierra de propiedad estatal a favor de campesinos de Pinar del Río, la provincia más occidental de Cuba.

Esas medidas despertaron a los estadounidenses, a quienes les disgustaba todo lo que oliera a socialización. Se ofendieron especialmente los dueños de las compañías telefónicas y de servicios públicos, y los propietarios de tierras y empresas agrícolas.

Las políticas del nuevo régimen también afectaron a los cubanos pudientes que habían podido ahorrar en impuestos al sobornar a funcionarios de Batista. Finalmente, pero no menos importante, los esbirros y las personas que habían trabajado para Batista en cualquier cargo enfrentaron una triple amenaza. De los detenidos, quienes tuvieron suerte fueron enviados a prisión. Los que no, fueron al paredón de fusilamiento. Todas las propiedades de los esbirros, sin excepción, fueron expropiadas.

Para los cubanos ricos ordinarios que debían impuestos atrasados, los recaudadores ofrecían condiciones de pago favorables. La mayoría de las personas prefirieron pagar antes que otras opciones ofrecidas. Con la recaudación de los impuestos atrasados que inundaban las oficinas del Gobierno, más los ingresos de las propiedades confiscadas, el régimen de Fidel adquirió una fortuna tal que se convirtió en la revolución mejor dotada de recursos de los tiempos modernos.

La chusma, la masa incivil, se identificó cada vez más con el régimen revolucionario. ¿Cómo? Emi y sus amigos miraban de reojo a quienes no habían hecho nada contra el régimen de Batista mientras decían que lo odiaban. Para aquellos que realmente lucharon contra Batista, esa vehemencia emocional de las masas por Fidel fue una hipocresía flagrante. La muchedumbre revolucionaria estaba tratando de borrar su inacción anterior dándole feroces muestras de apoyo a un Fidel que, feliz, los aceptaba.

Hasta los verdaderos luchadores, con toda su seriedad, disfrutaron de aquellos primeros días. Emi era un abogado con credenciales revolucionarias y buenos contactos en el nuevo régimen. Las leyes del país estaban en el limbo y los bolsillos de la gente abarrotados de dinero proveniente de los recortes económicos del régimen. Como abogado, Emi nunca había estado tan ocupado ni había prosperado más.

La luna de miel fue corta. Apenas dos meses después del triunfo de Castro, un grupo de casi cuarenta pilotos de combate de las fuerzas aéreas de Batista enfrentó un juicio por crímenes de guerra. Acusados de bombardear posiciones rebeldes durante el reciente conflicto, los aviadores se defendieron diciendo que en realidad habían arrojado sus bombas en áreas no pobladas y habían redactado informes falsos a sus superiores. Sus historias fueron verificadas y, en un veredicto sorpresa, el juez halló inocentes a los aviadores.

Sin embargo, los regímenes revolucionarios tienden a rechazar las sorpresas que no sean de su propia creación. El veredicto enfureció a la mafia revolucionaria. Se produjo un motín en Santiago de Cuba, donde se había reunido el tribunal. En el otro extremo de la isla, en La Habana, Fidel apareció en televisión y exigió un nuevo juicio. El juez de primera instancia fue reemplazado por el comandante Barba Roja[13], uno de los hombres leales de Raúl.

Barba Roja convocó a un segundo juicio. Con la misma evidencia condenó a todos los aviadores con penas de prisión de hasta treinta años. Fidel pronunció un nuevo estándar legal: "La justicia revolucionaria no se basa en preceptos legales sino en convicciones morales". Como los aviadores pertenecían a las fuerzas aéreas de Batista, eran delincuentes y debían ser castigados.

Esa declaración contenía una señal importante sobre la naturaleza del régimen de Castro. En aquella charla que el viejo y Adolfo tuvieron inmediatamente después de la huida de Batista, el experimentado hombre se había equivocado y su bisoño hijo había caracterizado perfectamente la nueva situación.

Uno de los primeros edictos del régimen fue abolir el sistema de "botellas" o sinecuras del que dependían Riverito y otros periodistas para su sustento. Al mismo tiempo, comenzaron a aparecer impugnaciones sobre la prensa que había prosperado durante el gobierno de Batista. A las personas que escribían para esas publicaciones en todo el espectro de la prensa libre de Cuba se les llamaba "traidores", "fariseos", "vendepatrias" o "botelleros"[14], algo que de repente había adquirido un siniestro y nuevo significado.

La inferencia era falsa. Los periódicos cubanos dependían en gran medida de esas sinecuras como una ayuda para balancear la contabilidad. Los salarios se mantenían bajos con la expectativa de que los reporteros, al igual que los trabajadores de servicios, aumentaran sus entradas con propinas. Esos pagos extra no tenían relación con lo que escribían, con el ejercicio de su profesión. No eran sobornos, como tampoco lo son las propinas a los meseros o a los conserjes.

---

[13] Manuel Piñeiro Losada, uno de los principales funcionarios de inteligencia del régimen.

[14] A los hombres o jóvenes que llevaban botellas de agua a las canchas de jai alai también se les llamaban "botelleros".

Por supuesto, los nuevos gobernantes lo sabían perfectamente bien. Simplemente no perderían la oportunidad de ayudarse a sí mismos y a sus amigos a expensas de las personas ricas del antiguo régimen. Esto lo hicieron, para colmo, con la apariencia de ser los más santos y de que los revolucionarios han desplegado siempre contra "la corrupción del viejo régimen". Aquellos enriquecimientos se pintaban como una quiebra moral, mientras que los del nuevo régimen se tildaban como medio vital para distribuir el bienestar o brindar "justicia social".

En tiempo récord el nuevo régimen logró que los cubanos aceptaran que la prensa de La Habana había vendido su alma por sinecuras. Al cancelarlas, el régimen se apoderó físicamente de las prensas, oficinas e instalaciones de todos los periódicos que habían apoyado a Batista. El régimen no hizo excepción con aquella prensa que había mostrado cierto equilibrio al dar también una cobertura generosa a los rebeldes.

El objetivo real tenía doble propósito: abolir aquellos periódicos en los que el régimen apenas confiaba y enriquecer a otros, como el periódico *Revolución* del 26 de Julio, y el periódico *Hoy* de los comunistas, con los que el régimen podía contar al cien por ciento.

De hecho, fue una solución dramática y visionaria al problema de una prensa libre. Los medios cubanos habían sido libres y activos hasta el atrevimiento. Batista de vez en cuando suspendió las libertades de prensa y cada vez que lo hizo resultó perjudicado por ello. Pero Batista nunca pretendió el *Endlösung*[15] que los nuevos gobernantes ahora se encargaban de aplicar por etapas. Al final, el régimen de Castro no es que prohibiera la corrupción, sino que hizo invisible la suya, a la vez que anulaba al propio periodismo.

Contra ese monstruo, incluso Riverito, un hombre que había protegido a su familia en los peores momentos, no pudo hacer nada.

En un cambio abrupto, el hijo menor se adueñó del rol del apellido de su padre. Con la llegada de la revolución al poder, el joven de veintitrés años

---
[15] La solución final.

había ganado una posición superior en el Partido Comunista; nada menos que Raúl Castro lo había designado para el liderazgo de la organización juvenil del Partido en La Habana.

A los ojos de Adolfo, que ya había descartado su nombre clandestino, el viejo era un inocente político. Puede que no entendiera la revolución, que no apoyara el comunismo, pero no había razones para tratarlo con dureza. Adolfo escribió un informe en el que testificó de manera apropiada que Riverito había dado refugio a militantes comunistas perseguidos por la Policía de Batista; en otras palabras, a varios de los amigos de Félix que se habían quedado como invitados en la casa de su padre cuando estaban huyendo.

Y aquí radicaba el problema: Adolfo solo podía dar su memorando a los líderes comunistas que todavía estaban sentados en el "gallinero". Quienes estaban en el poder eran gente del 26 de Julio, sin ninguna razón para ayudar a un viejo periodista con estrechos vínculos con el antiguo régimen.

Para los padres de Adolfo, solo una cosa era segura: esta no era la Cuba de ellos.

★

10. "¡Maldita sea! Señor, ¡esto es comunismo!"

Hora de salir de Cuba

La Habana, julio de 1959. Seis meses después de inaugurado el nuevo régimen, Emi Rivero trabajaba cuando el colega Efrén Rodríguez irrumpió en su oficina. Las atractivas facciones de Efrén, parecidas a las del actor Clark Gable, estaban retorcidas de ira y del color de una remolacha. Efrén arrojó su maletín sobre una silla y exclamó como si fuera un personaje de Clark Gable:

—¡Maldita sea! Señor, ¡esto es comunismo!

*Primera parte : **Regímenes***

Aunque no conocía bien a Efrén, Emi entendió perfectamente la queja. El propio Fidel había prometido que las palabras clave del nuevo régimen serían democracia y gobierno constitucional[16]. Pero ahora parecía que Cuba estaba recibiendo colectivismo y el gobierno de un solo hombre.

Emi tenía contactos con veteranos de la guerra antibatistiana que hablaban en voz baja acerca de volver a tomar las armas. Había estado junto a Efrén en esas filas, pero no lo conocía íntimamente y temió que pudiera ser parte del régimen y estar trabajando como doble agente. Así que Emi le jugó una treta.

—Mira Efrén, tal vez Fidel está jugando con los yanquis. Tal vez está usando a los comunistas como un subterfugio para obtener concesiones o ganar respeto. Cuando la revolución esté segura y los comunistas no le sean útiles, los echará. Los comunistas quizás no estén tan fuertes como parece.

—Buen punto —respondió Efrén—. Pero no refuta lo que dije. Independientemente de lo que él piense que está haciendo, el hijo de puta está vendiendo la revolución a Moscú. ¡Nos está traicionando a todos!

Emi compartía esos temores, pero esperaba que fueran infundados. Había comenzado una nueva familia y era feliz. Si la *res publica* saliera de su cauce, sería arrastrado a la batalla; su nueva y dulce vida se vería trastornada.

También tenía que considerar a sus padres. No quería inquietarlos con historias desagradables en un momento en que sufrían. Para el verano de 1959, Riverito había perdido su lugar en el mundo. Y algo peor: su hijo favorito, que todavía vivía en la casa, se había convertido en una aflicción constante.

Desde que los viejos se unieron, la vieja había sido la que decía: mudémonos, busquemos un nuevo departamento, construyamos una nueva casa. Ahora ella decidió que ellos deberían mudarse a Estados Unidos.

---

[16] La frase, como apareció en el *New York Times*, fue: "una Cuba democrática y el fin de la dictadura". Ver "Cuban Rebel Is Visited in Hideout", 24 de febrero de 1957, p. 1 y siguientes.

Hermanos de vez en cuando

¿Por qué no irse durante seis meses o un año y esperar un cambio? Era lo que hacían muchos conocidos. Delia estaba segura de que ambos, aun sin saber inglés, serían bienvenidos y se sentirían mejor allí que en casa. Regresarían cuando el tiempo hubiera suavizado las cosas, como siempre pasaba en Cuba.

La vieja puso a la venta sus pertenencias y colocó su residencia de lujo en el mercado de rentas. Emi recibió otra sacudida: una llamada telefónica de su madre, que no era de las que se alarmara fácilmente.

—Te necesito aquí —le dijo—. Tengo problemas con tu padre y con tu hermano.

—¿Problemas? ¿Cómo es eso?

—Tenemos que vender el Volkswagen.

Se refería al escarabajo verde que Adolfo había convertido en miembro honorario del Partido Comunista.

—Lo sé —dijo Emi con simpatía.

—Tu hermano está de muy mal humor al respecto.

—Bueno, está de mal humor. ¿Qué más hay de nuevo?

—El comportamiento de Adolfito es inquietante. Tu padre tiene miedo de acercarse a él.

—¿Miedo de acercarse a él?

—No es común en Rivers. De hecho, tu hermano lo asusta.

Ella solo llamaba Rivers a su esposo cuando se encontraba extremadamente tensa.

—Dime qué debo hacer —le dijo Emi.

—Ven y llévate el auto.

—¿Los papeles están en la guantera? Los necesitamos para la venta.

—No te preocupes por los papeles. Solo llévate el auto.

Emi tomó un taxi para dirigirse al lujoso vecindario de Miramar. Sudaba durante todo el camino.

La familia se estaba desmoronando. ¿Cómo podía ser? No importaba cómo o dónde vivieran —y había sido en muchos lugares— los cuatro siempre habían sido una unidad tan segura como un viejo puente de piedra. Es cierto que los viejos tenían cada uno su favorito; Emi había sido la preocupación especial de su madre, mientras que el amor del viejo por su hijo menor era de altura. Esas desigualdades solo habían hecho que la estructura fuera más sólida y confiable. Sin importar las tormentas que se desataran, el viejo puente de piedra aún estaría allí, brillante y resplandeciente cuando volviera el sol. ¡Cuántos huracanes había visto y olvidado tranquilamente!

Ahora las cosas eran diferentes. En la casa, Emi apenas escuchó quién le había dicho qué a quién. Solo tomó de su madre las llaves del Volkswagen y se lo llevó.

Treinta años más tarde, sentado en el departamento de su hermano, Emi derramó los angustiados recuerdos de aquel día, mientras Adolfo se encogía de hombros para decir que no recordaba nada.

★

11. Fuera de la revolución

La destrucción de los amigos

En el verano de 1959, todos menos uno de la familia Rivero salieron de La Habana hacia el extranjero.

Adolfo fue el primero en irse. Después de servir como líder juvenil del Partido Comunista en La Habana, ahora lo enviaban a Budapest como representante de Cuba ante la Federación Mundial de la Juventud Democrática (FMJD).

La asignación de Adolfo llegó en un momento de tensión extraordinaria. Las declaraciones de Emi a su compañero abogado Efrén, dichas como una artimaña, también tenían una parte de verdad: se decía que Fidel estaba preparando un gran golpe contra los comunistas. Los líderes del Partido hicieron un balance de los rumores; Adolfo tenía la impresión de que el Partido lo estaba enviando al extranjero para protegerlo.

Poco después, Emi llevó a sus padres al aeropuerto de Rancho Boyeros para una salida muy diferente. Los viejos vestían sus mejores prendas para un viaje que combinaba glamour y desesperación. Huían de un nuevo orden que casi los había expulsado. Su destino era Washington D. C., donde los esperaba una vieja amiga, Esther Guzmán, "Tatica", abogada y residente en la capital de Estados Unidos. Unos años antes, Tatica había velado por Adolfo durante su estadía de un año en Georgetown. ¿Quién podría haber adivinado que recibiría a los padres de Adolfo tan pronto?

Emi permaneció en La Habana con su familia, que ahora incluía un hijo y una hija: Rubén de casi tres años y una precoz niña de un año, "Ermi" —así era como ella pronunciaba su propio nombre, Irma. Su padre, encantado por los apodos, adoptó rápidamente Ermi como tal.

Emi se había unido a las filas de hombres felices y monótonos, invisibles para la crónica agitada conocida como historia. Era fácil creerle cuando decía que, por el bien de su familia, quería mantenerse alejado de los reflectores de la historia. Pero su carácter y la índole de la época hicieron de su camino líneas torcidas.

En octubre de 1959, una secuencia ominosa comenzó a desarrollarse cuando el comandante Huber Matos, el libertador de Santiago y uno de los oficiales más populares del ahora oficial Ejército Rebelde, renunció a su cargo como jefe militar de la provincia Camagüey. Matos publicó una carta abierta a Fidel expresando tristeza por la prevalencia de comunistas en cargos oficiales. Dijo que debía retirarse en conciencia, a la vez que prometía apoyo personal al líder de la revolución.

Matos había expresado sus puntos de vista con una gentileza extrema, porque quería mantenerse vivo políticamente. Pero su tono contenido no impidió que Fidel actuara con rapidez y fuerza. El líder ordenó al comandante Camilo Cienfuegos viajar a Camagüey y arrestar a Matos. Cuando Camilo

*Primera parte : **Regímenes***

llegó, Matos advirtió a su compañero más joven que cuidara de su propia vida. Luego Matos se entregó y se fue a La Habana bajo custodia.

Poco más de una semana después, el avión en que regresaba Camilo desde Camagüey a La Habana se perdió en el mar. Se dijo que una búsqueda masiva del avión no encontró nada. Mientras tanto, el hombre a cargo de la torre de control de Camagüey murió, aparentemente de un suicidio, mientras que en el Cuartel Militar de Columbia en La Habana, el capitán Cristino Naranjo —un oficial favorito de Camilo que había cuestionado abiertamente la versión oficial de la desaparición— fue ametrallado en un supuesto accidente.

Esas tres muertes nunca fueron resueltas. Pero Emi y otros que habían luchado contra Batista no tenían dudas. Camilo había sido el más popular y querido de los comandantes de la revolución. El descontento de Fidel ante las ovaciones prolongadas que se le daban a Camilo en las manifestaciones masivas fue claramente visible para los televidentes. Y ahora Camilo se había ido convenientemente, junto con dos posibles testigos. La mejor explicación parecía ser la obvia.

A partir de ese momento, Emi y sus amigos se excluyeron de la revolución. Cuando la revolución mataba a sus enemigos, era duro, pero comprensible. Cuando una revolución mata a sus amigos, no tiene perdón.

★

12. Personaje de la ópera

¿Qué amas?

A finales de 1959, Emi fue a Washington D. C. a ver a sus padres. Ellos se habían mudado de casa de Tatica a un pequeño departamento en los suburbios de Arlington, Virginia. El viejo había trabajado como ayudante de camarero en un hotel de Washington, un trabajo agotador con salario de inmigrante. Cuando un rudo supervisor le dijo que trabajara más duro, el viejo hizo uso de su escaso inglés para decirle: "Tú matarás gente, pero no me vas a matar a mí".

La vida en Estados Unidos había convertido al viejo en un niño. Una noche, al salir del hotel, descubrió que una nueva capa de nieve había caído sobre la ciudad. Las marcas por las que se orientaba quedaron enterradas y perdió completamente el rumbo.

La noche que Emi se quedó con sus padres, el anciano vació sus bolsillos para llevar a la casa una botella de vino tinto, una cortesía que viviría por siempre en la mente del hijo, como también los hechos que pronto cambiarían el rumbo de su vida.

A pesar de tantas pérdidas y sufrimientos, Riverito pensaba ante todo en sus muchachos. Pero ya no existía el hogar, y Adolfo estaba en otro mundo, a miles de kilómetros de distancia.

En la Federación Mundial de la Juventud Democrática en Budapest[17], Adolfo era el cubano de mayor rango en Hungría y el embajador de Cuba de facto. Como enviado del nuevo orden cubano, Adolfo viajó a lo largo y ancho del viejo continente dando charlas apasionadas a un público embelesado al que arrancaba lágrimas por el milagro de la revolución. En privado se quejaba de su trabajo como burócrata internacional mientras en su país la revolución avanzaba. Pero para Adolfo, "hogar" era algo más que la revolución; era su familia que había dejado atrás y ese era el gran problema.

Antes de la visita de Emi a Washington, Adolfo les había escrito a sus padres: "Separados como están de todo lo que aman, no puedo imaginar que sean felices ni que lo serán. Como recordarán, no estuve de acuerdo con su partida. Esperemos que puedan soportar los tiempos difíciles".

---

[17] Este grupo era parte de un movimiento juvenil. En el apogeo de su actividad durante la Guerra Fría, la Federación y sus grupos asociados fueron suscritos por entidades del Bloque Soviético y fueron infiltrados debidamente por las agencias de inteligencia occidentales.

Primera parte : **Regímenes**

Adolfo no dudó en dar a sus padres una charla política. En noviembre de 1959 escribió a su padre:

"Tu trabajo te permitió salir adelante en la vida y llegaste a creer que en nuestra sociedad el hombre que trabaja puede avanzar. Pero no es verdad. Trabajaste mucho, pero muchas personas trabajaron mucho más y nunca llegaron a ningún lado, nunca disfrutaron de nada.

"La revolución está preparando una nueva vida donde habrá trabajo y un futuro para todos los cubanos. Está claro que la revolución, en la tarea de limpiar y cambiar todo el sistema de corrupción, traición, política sucia, entrega de nuestro tesoro nacional a los yanquis y todos los otros males que conocemos, inevitablemente afectará a las personas que no tuvieron que ver con esas miserias pasadas. También está claro que, a medida que la revolución se afiance, las cosas 'tomarán su nivel', no el antiguo nivel sino uno nuevo, una nueva vida para el pueblo cubano; una vida sin tanta amargura, sin tanto sufrimiento, sino con una gran preocupación por toda la humanidad; una vida más humana y valiosa, que es por lo que estamos luchando. En esa nueva vida habrá espacio para todos".

En otra carta a su padre, Adolfo escribió: "Emi ha fundado un hogar burgués y continúa con la rutina gris y aburrida de su pequeño individualismo… Te diré claramente lo orgulloso que estoy de verte de pie, listo para trabajar, no importa cuán humilde y agotador pueda ser el trabajo… Lo importante es la solidaridad, la cercanía espiritual que existe entre nosotros y que no existe entre Emi y yo".

A Emi, por su parte, no le gustaba la revolución y menos la idea de atacar a su hermano. Pero su naturaleza lo empujó a oponerse a lo que Adolfo veneraba: al Partido, al líder, al Estado unitario. Al igual que Mario Cavaradossi, el héroe de su ópera favorita, *Tosca*, Emi sintió que sus ideales lo empujaban a la lucha. Dejó a un lado sus preferencias y se lanzó.

En una hermosa mañana de diciembre, Emi visitó el edificio del Buró Federal de Investigaciones (FBI) para disfrutar de una visita guiada. Al final de la gira, no salió con los demás visitantes, sino que esperó a que alguien le preguntara qué hacía allí. En su impecable inglés, Emi le dijo al guardia que se le acercó que deseaba hablar con un funcionario. Lo llevaron a un cubículo y lo invitaron a sentarse.

Cuando entró el funcionario, Emi se identificó y tomó nota del nombre del señor. Esperó la invitación a hablar.

—Soy un cubano de visita en Washington. He venido a verlos, porque estoy preocupado por lo que está sucediendo en mi país.

—Entonces quizá quieras hablar con la CIA —le señaló amablemente el funcionario—. El FBI no se involucra en asuntos fuera de Estados Unidos.

—Gracias, señor. Sé que lo que dice es verdad. Pero no siempre ha sido así. Mi familia estuvo cerca del centro de la política cubana durante muchos años. Mi padre, que ahora vive en Arlington, fue periodista del Palacio Presidencial de Cuba. A menudo elogiaba a los agentes del Buró que fueron destacados en La Habana. Para mí, esta visita al FBI es una especie de tributo. Me siento honrado de estar aquí. No vine a decir nada en específico. Y no le robaré más tiempo. Solo quería decirle que estoy preocupado.

Con un gesto operático muy propio, Emi se puso de pie y se fue.

Segunda parte: Guerras

El 10 de mayo de 1960: un punto de ruptura

13. Guerra civil

Cisma entre hermanos

La Habana, mayo de 1960. Emi recibió una llamada de sus padres. Estaban locos de preocupación por Adolfo, que había prometido hacer escala en un viaje de Budapest a Cuba; pero, desde que recibieron la promesa, no habían sabido más de él. No sabían si estaba en Cuba, Hungría o Siberia. Le imploraron a Emi que localizara a su hermano y encontrara información sobre él.

Al igual que su padre, Emi no era un mal detective. Convenció a sus enemigos, los comunistas, de que revelaran el paradero de Adolfo. A la sazón, se encontraba en La Habana, en un congreso de su organización de origen, que ahora se llamaba Juventud Rebelde. Logró averiguar que paraba en el Deauville, un hotel bastante elegante en el boulevard costero de La Habana, en el Malecón. Emi lo localizó y lo invitó a almorzar.

Adolfo accedió a reunirse con su hermano, pero de ninguna manera le agradaba la idea. Se encontraron en la Asociación de Reporteros de La Habana, una entidad condenada a muerte.

—Estás sobrealimentado —comenzó Adolfo.

Caminaron hacia el restaurante chino Cantón. Como las reuniones entre ellos se habían vuelto extremadamente raras, se detuvieron para que un fotógrafo callejero les hiciera un retrato con una Polaroid. Seguramente fue un tributo nostálgico al viejo, que había comenzado su fenomenal ascenso como fotógrafo de turistas en los cafés de La Habana.

En ese retrato Adolfo juega el papel del turista adinerado que es: un visitante de Budapest, todo sonrisas con despreocupación juvenil. Emi intenta una especie de sonrisa, pero el fingimiento es obvio; las esquinas de sus ojos hacia abajo y su boca lo traicionan: la reunión no es que sea una celebración para él.

En el restaurante fueron directamente a los negocios. Adolfo mencionó el proyecto de vivienda de bajo costo que estaba organizando la comandante Pastorita Núñez. Los enemigos del Gobierno la habían criticado por ignorar procedimientos legales en sus esfuerzos por acelerar la construcción.

—Lo importante es construir las casas —dijo Adolfo—. El resto se puede tratar en el momento adecuado.

—Estoy de acuerdo —dijo Emi—. Es un buen proyecto y debe hacerse rápidamente.

—¿Y de las otras medidas revolucionarias? —Adolfo preguntó—. ¿Qué opinas?

"Medidas revolucionarias" era un término edulcorado para las confiscaciones que el régimen había realizado a muchos cubanos y estadounidenses.

Segunda parte : Guerras

—Los gobiernos tienen derecho a incautar propiedades —respondió Emi, descartando el eufemismo—. Es parte del contrato político. No me opongo a eso.

Siempre en el papel de interrogador, Adolfo insistió.

—¿Aceptas el liderazgo de Fidel Castro?

—No acepto el liderazgo de nadie —dijo Emi con firmeza.

—Fidel está llevando las cosas en la dirección correcta. El país lo acepta. Tú también deberías.

—¿Como todos los demás? No lo creo.

—Entonces no estás siendo inteligente al respecto. Querías la revolución tanto como cualquiera. Es tu revolución también. ¿Por qué no encuentras tu lugar en ella? Pero no, eso te haría actuar como otras personas. Entonces, ¡haces lo contrario y arruinas tu vida!

—No trabajaré con los comunistas. Mira Adolfito, no tiene nada que ver contigo. Si te hubieras convertido en sacerdote, no me hubiera gustado; pero como eres mi hermano, hubiera querido que te convirtieras en papa. No me gusta que seas comunista, pero como lo eres, quiero que alcances los puestos más altos en la jerarquía del Partido. Quiero que tengas éxito.[18]

—¡Pero yo no quiero que tú tengas éxito!

—Escucha. Los viejos sufren por estar separados de nosotros. Llámalos de vez en cuando, ¿sí? Incluso, si el Partido está pagando tus gastos, deben entender que tienes que hablar con tus padres.

—No compares tu moral con la mía —dijo Adolfo con brusquedad.

El almuerzo terminó con un abrazo; después de todo, seguían siendo hermanos. Mientras se abrazaban, Emi pudo sentir muchas cosas en la constitución de Adolfo: la fealdad de un fanático, la excitación del poder revolucionario, la firmeza de los principios del hombre, la delgadez que provenía de la abnegación y la calidez de un fuerte amor por los viejos.

---

[18] La periodista Dora Amador cita esta conversación en un artículo sobre los hermanos Rivero: "Dos hermanos", *El Nuevo Herald*, Miami, 28 de enero de 1990.

Pero los sentimientos poco influirían en el conflicto que se aproximaba. Los cubanos estaban tomando partido rápidamente. Grupos armados formados por veteranos del propio Ejército Rebelde de Fidel habían comenzado a formar unidades en el campo, preparándose para hacerle a Fidel lo mismo que él le había hecho a Batista. Emi ya estaba trabajando con uno de esos grupos.

Adolfo, que regresó inmediatamente a Budapest sin detenerse en Washington, también sabía que habían cruzado un umbral. Contando los días que le quedaban para regresar a casa, Adolfo pensaba en la probable actividad de Emi. El contacto con sus padres, que Adolfo había suspendido, ahora le parecía útil. En cartas desde Budapest inundó a sus padres con advertencias para su hermano.

"Díganle a Emi que esto no es como la lucha contra Batista. Castro es mucho más capaz y su popularidad es abrumadora. Si Emi intenta conspirar ahora, no habrá más escapadas milagrosas. Es casi seguro que será capturado y fusilado".

En otro mensaje: "Deben decirle a Emi que no sea tan tonto como para tocar la trompeta en casa de Louis Armstrong". En otro, con carácter definitivo: "¿Puede ser que la ambición de mi hermano lo lleve por el camino de la traición?".

Emi reflexionó sobre el consejo de su hermano: "¡Búscate un lugar en la revolución!". Era el Adolfo clásico, contundente y convincente. Lo único necesario era la orientación correcta. El lugar de Emi en la revolución sería contra ella y también contra su hermano.

*Segunda parte : **Guerras***

★

14. Resignación

Recuerda a tu mujer e hijos

La Habana. El Moro era uno de los compañeros de confianza de Emi, un libanés fuerte que borboteaba humor. De día era inspector de los autobuses de La Habana y, en todo momento, el más confiable de los conspiradores.

A fines de mayo de 1960, el Moro le hizo una visita a Emi.

—Doctor, tengo un mensaje de Plinio —dijo—. Tienes que ir lo antes posible a verlo.

—Está bien —le dijo Emi—, voy de inmediato.

Después de un viaje de siete horas hasta el Sanatorio de Topes de Collantes y luego de una escalada de varias horas a través de un terreno montañoso de espesa vegetación que tuvo que despejar con un machete, Emi llegó a un campamento que se parecía mucho a las imágenes de los héroes guerrilleros de Castro en los afiches.

Plinio Prieto, un comandante en la guerra contra Batista y ahora compañero de la resistencia anticastrista, había establecido un escondite guerrillero en la Sierra del Escambray, una cadena montañosa en el centro de la isla. Emi estimaba mucho a Plinio. A diferencia de otros luchadores cubanos, era genial y metódico. No exageraba, era poco expresivo y las emociones no influían en sus juicios. Su coraje era lo opuesto a la bravuconería. Algunos lo llamaban Plinio el Frío, tal vez porque su calma los hacía temblar; parafraseando a Víctor Hugo, era al mismo tiempo tan caliente como el fuego y tan frío como el hielo.

—Nuestra base se está desarrollando —le dijo Plinio a Emi frente a sus hombres—. La gente nos está ayudando. Muchos se sienten traicionados por la revolución. Los niños que se unieron al Ejército Rebelde y fueron a La Habana regresan con quejas sobre el adoctrinamiento comunista y la propaganda antiamericana. Tenemos hombres listos para pelear, pero no tenemos armas.

Al tomar el poder, Fidel había ordenado que todos los que luchaban contra Batista debían entregar sus armas al nuevo régimen. "¿Por qué alguno de nosotros quisiera tener armas?", había dicho. En su discurso inaugural repitió la frase varias veces: "¿Armas para qué? ¿Armas para qué? ¿Armas para qué?".

En toda la isla, hombres y mujeres de todas las facciones entregaron sus armas. Cuando lo hicieron, las tropas de Fidel eran la única fuerza en Cuba con armas. Cualquier otra persona que quisiera emprender una pelea debía comenzar acopiando armas, lo cual no era una tarea fácil.

—Tenemos algunas armas en La Habana —dijo Emi—, pero solo las que la gente guarda como recuerdo, no las suficientes para equipar una fuerza de combate.

—Entonces tienes que ir al extranjero de inmediato. Necesitamos armas para 150 hombres y no podemos perder el tiempo. Lleva tu radio de onda corta. Mantennos informados. Nosotros haremos lo mismo.

De vuelta a casa, Emi se movió rápida y cuidadosamente. Escribió cartas cordiales a sus empleadores: una comisión reguladora del Gobierno a la que sirvió como abogado y a su *alma mater*, una escuela secundaria superior llamada Instituto del Vedado, donde enseñaba inglés.

Ambas eran entidades oficiales y Emi no podía dejarse capturar. Pidió permiso para ausentarse unos pocos días a fin de explorar una perspectiva de trabajo en Estados Unidos. Mientras escribía, las tradicionales relaciones de Cuba con Estados Unidos se desvanecían. Así que agregó una condición más para mantener la incertidumbre general. Si estaba fuera por más de un mes, pedía que se le considerara como una renuncia.

A su esposa Pelén[19] y a su suegra, la doctora S., colega del Instituto del Vedado, les hizo la misma historia. No quería involucrarlas en ningún peligro.

Por supuesto, omitió la parte de la renuncia. No importa la circunstancia, un hombre no renuncia a su familia. Su esposa e hijos lo ataron a la raza humana. Sin ellos, sería un animal.

★

15. Nombres para el escenario

Máscaras de espionaje

Junio de 1960. Desde el departamento de sus padres en Arlington, Emi telefoneó a la Agencia Central de Inteligencia (CIA), en donde había establecido un contacto poco tiempo después de su visita al FBI.

—Soy el hombre de Cuba con el que habló hace un par de meses —dijo Emi.

—¡Lo recuerdo bien! —respondió el hombre de la CIA—. No todos los días entra alguien a nuestro edificio por la puerta principal y grita por el vestíbulo: "¡Me gustaría hablar de Cuba!".

—Prometí que volvería a visitarlos —le recordó Emi.

—No tuve duda. ¿Cuánto tiempo estarás en la ciudad?

—Podría estar siete días o siete años.

—¿Estás en Arlington?

—Tienes buena memoria.

---

[19] Pelén era un apodo exclusivo para su amor; Emi lo había tomado de una exclamación que aparecía en un comercial de la popular cerveza Hatuey y que convirtió en el apodo para la mujer que adoraba. "¡Ave María Pelencho, qué bien me siento!". "Dios te salve María, Dios mío, ¡qué bien me siento!": https://www.thecubanhistory.com/2014/07/cuban-characters-ave-maria-pelencho-photos-personajes-cubanos-ave-maria-pelencho-fotos/.

—Se la debo a mi entrenamiento. ¿Podemos vernos mañana?

—Por supuesto.

—Muy bien, te esperaré. Y trae tu maleta. Te necesitamos en este lado del río.

Era un progreso. Habían investigado su historia y descubrieron que podían tenerle confianza.

Al día siguiente, en la habitación de un hotel, en Washington, el hombre de Emi le presentó a otro.

—A partir de ahora él será tu contacto.

Emi hubiera deseado queo continuara siendo su contacto el que ya conocía, pero ese tipo de apego no tenía sentido y lo olvidó rápidamente.

—Por favor, llámame J. B. —dijo el contacto extendiéndole la mano.

—Un placer conocerlo —dijo Emi, a la vez que recibía y devolvía el firme apretón—. Le gustaba su presencia, pero se sintió incómodo con el *nom de guerre*. Él conocía ese nombre porque era el título de la obra de Archibald MacLeish[20], pero no le gustó la coincidencia.

—¡Tu inglés es excelente! ¿Y cómo te llamaré? —preguntó J.B.

—Brand.

—¿Como el personaje de Ibsen?

—Sí, parece que ambos las hemos tomado del teatro.

J. B. sonrió. Era un hombre alto y delgado, bien arreglado, patricio, altamente educado y un poco anodino.

—Te pareces a alguien que conozco —le dijo Brand.

—En realidad me parezco a todos —respondió J. B.

"Por supuesto", pensó Brand. Este hombre es el agente perfecto: una cara en la multitud. Y él lo sabe.

Brand le dio a J. B. un informe completo de la situación cubana. Argumentó que los mejores aliados de Estados Unidos en la situación actual eran aquellos que habían luchado antes contra Batista, es decir, contra el aliado de Estados Unidos. Además de tener experiencia en la lucha, eran personas

---

[20] *J. B.*, la historia de Job recontada para el escenario de Broadway.

*Segunda parte : **Guerras***

de principios cuyos objetivos habían sido traicionados por Castro. Querían derrocar al régimen por las mismas razones que los estadounidenses.

J. B. no dijo nada contra la idea; parecía estar al tanto de ella. Brand lo recibió como señal de empatía sobre la situación actual.

—Plinio me pidió que me mantuviera en contacto con él por onda corta, pero no he podido hacerlo.

—En eso podemos ayudarlo —dijo J. B.

—¿Es verdad? —preguntó Brand, incrédulo.

—También estamos dispuestos a ofrecerle un contrato y salario de agente —agregó J. B., yendo directamente a su objetivo y aparentando ignorar la incredulidad de Brand.

—Mira, J. B., vine hasta aquí porque soy un cubano que está luchando por Cuba. Estoy preparado para trabajar con ustedes aquí y en Cuba. Más que todo, y de manera urgente, necesito armas.

—Las armas llegarán allá, Brand. No tengas dudas al respecto. Pero primero necesitamos tener fuerzas en el lugar.

—Nuestra gente ya está en el Escambray. Comenzarán a pelear tan pronto tengan armas. Además, contamos con un grupo que se está formando en Pinar del Río. Creo que tenemos una oportunidad si nos movemos con rapidez. Castro pronto será imbatible. No tengo que decirte que el tiempo apremia.

De hecho, no tuvo que decirlo. Mientras J. B. mantenía su rostro en perfecto orden, Brand sentía la presión del otro hombre por su respiración y los movimientos bruscos y tensos de sus manos.

—Tú haces tú parte y yo la mía —dijo J. B.—. Mientras tanto, no te preocupes por los fondos. Cualquier dinero que necesiten para organizarse, lo tendrán.

—Quiero apoyo político para nuestro grupo en caso de que tengamos éxito.

—También tendrás eso.

Hermanos *de vez en cuando*

Su reunión terminó cuando J. B. salió de la sala. Brand permanecería en el hotel hasta que la CIA lo volviera a necesitar.

★

16. Clandestino

Rescate cinematográfico

El primer sentimiento de Brand fue que había progresado. Pero al repasar en su mente las respuestas de J. B. se sintió nervioso.

La generosidad con el dinero fue el primer elemento que perdió brillo. En situaciones difíciles los estadounidenses derraman dinero. Más que un compromiso, fue una defensa y una trampa. Cuando te dan dinero piensan que les perteneces. Lo que confiere independencia es el armamento, y lo dicho por J. B. sobre el suministro de armas fue apenas una cortesía. Los yanquis retenían las armas que necesitaba.

Una noticia fenomenal cortó la tristeza. J. B. lo llamó a otra reunión y le dijo:

—Tenemos a Plinio.

—¿Qué quieres decir con que tienes a Plinio?

—Descubrimos que la gente de Castro allanó el campamento. Arrestaron a la mayoría de los hombres, pero Plinio y algunos otros escaparon. Las fuerzas gubernamentales buscaron a Plinio y no pudieron encontrarlo. Así que fuimos al Escambray y lo encontramos nosotros mismos. Las fuerzas de Castro lo buscaban por toda la isla; no era seguro que se quedara allá. Sentimos que tenía sentido sacarlo.

Brand hizo una pausa para asimilarlo todo.

—¿Y dónde está ahora?

—Está cerca de aquí. Ya lo conocí.

—¡Está aquí!

*Segunda parte : **Guerras***

—No parece cubano en absoluto. De hecho, su rostro se parece al de un oficial británico.

Ese era Plinio, no cabía duda. J. B. había caracterizado al hombre de ojos grises y cabello rubio en una frase. Y la historia que J. B. le contó acalló todas las críticas que tenía.

En Washington, los dos camaradas cubanos se reunieron con frecuencia y continuaron su trabajo: entrenar, pensar, elaborar estrategias, planificar contingencias.

—De una cosa estoy convencido —dijo Brand a J. B.—. Sería un error que Plinio regresara a Cuba en este momento.

—¿Por qué?

—Plinio es un guerrero, no un conspirador. Nadie liderará una batalla mejor que él. Pero por ahora estamos tratando con policías y espías de Castro. Las mejores armas de Castro son sus espías. Si no tienes un sexto sentido sobre el espionaje, no te metas en ese campo de batalla contra Fidel. Plinio no tiene ese sentido. Su escondite fue allanado porque su grupo estaba infiltrado. Si envías a Plinio a Cuba sin armas, volverá a ocurrir lo mismo. Y la próxima vez podría no tener tanta suerte.

—No te preocupes por Plinio. Sabemos lo que estamos haciendo allí.

Esa fue la señal para que Brand comenzara a preocuparse. La inteligencia de Estados Unidos había tomado el control de su operación. Ahora el esfuerzo se regía por la agenda norteamericana.

Brand no tuvo que leer mucho entre líneas para saber que él y Plinio no eran depositarios de las esperanzas de los funcionarios estadounidenses. Estados Unidos estaba favoreciendo al Movimiento de Recuperación Revolucionaria (MRR), un grupo católico-humanista que veía la situación de colores brillantes, demasiado optimista.

Brand conocía bien al MRR. Los veía como personas dedicadas, dignas de respeto, pero carentes de experiencia. A los 32 años, Brand era un veterano de la rebelión antibatistiana, como a los 25 años lo fue su hermano. Pero el grupo de mentalidad católica no provenía de esa lucha. Eran puros cadetes.

Incluso, en sus limitados movimientos por la capital de Estados Unidos, Brand había visto agentes del MRR. Supuso que les estaban diciendo a los estadounidenses que el MRR se había infiltrado en el Ejército de Castro. En opinión de Brand, Castro era el que se había infiltrado en el MRR. Por supuesto, eso no impidió que la gente del MRR dijera lo que los estadounidenses querían escuchar; y era humano que los de la CIA se tragaran esos informes.

J. B. quiso que Brand volviera a La Habana para trabajar allí con agentes norteamericanos. Le darían fondos para establecer contactos, organizar redes anticastristas en las ciudades, encontrar casas de seguridad, "zonas de colocación" de armas, etc. J. B. le dijo a Brand que Estados Unidos no enviaría armas a través de sus propias rutas. Si Brand quería esas armas, tenía que encontrar sus propias vías.

Como consecuencia, Brand pasó semanas viajando entre Washington, Miami y otros lugares, buscando personas y medios para trasladar las armas a Cuba tan pronto como las consiguiera. En medio de su trabajo, Brand invitó a su esposa, Pelén, a viajar de La Habana a Miami.

Ella estaba angustiada. Se sentía una viuda con esposo vivo. Había perdido tanto peso que las personas que la conocían bien no la reconocieron en Miami.

Brand le dijo: "Parece que he conseguido un trabajo. Pronto tendrás que llevar a los niños a la embajada y obtener visas".

Mientras más le decía él, menos consciente estaba ella de lo que sabía.

Lo primero que no sabía era que Emi Rivero ya no existía. Las autoridades cubanas tenían un registro de su salida del país, pero ese pasaporte lo había retirado la gente de la CIA. Si Brand regresaba, estaría completamente clandestino; sería un hombre sin identidad en la sociedad cubana. Para que Emi pudiera ingresar a Cuba a través de un punto de entrada al país, J. B. le dio un pasaporte que lo convirtió en ciudadano de otro país latino; pasaría por ese país camino a casa y en Cuba entregaría el pasaporte falso a los agentes estadounidenses.

Segunda parte : Guerras

En agosto, Brand había trazado unas posibles rutas para el suministro de armas y estaba listo para partir. El hombre de la CIA, siempre generoso en sus atenciones personales a Brand, lo acompañó al aeropuerto.

Antes de subir al avión, Brand le repitió:

—¡No envíes a Plinio de regreso a Cuba! —y agregó— ¡No lo mates!

★

17. El Extraterrestre

Nathan Hale y John Paul Jones en Cuba

Cuando Brand se encontró con su contacto de la CIA en La Habana, no tuvo dudas de que este había llegado al planeta Tierra en un platillo volador. ¿Qué más pudiera decirse de un oficial estadounidense, sacado de las hazañas de John Paul Jones y Nathan Hale,[21] que no solo hablaba puro cubano y tenía un completo dominio de la gestualidad cubana, sino que en su andar y en las bromas que decía era más cubano que los cubanos?

Era el Extraterrestre.

Los estadounidenses mantenían a Brand encerrado en un departamento por orden de J. B. mientras revisaban sus fuentes para asegurarse de que la entrada de Brand a Cuba no se había detectado. Durante ese aislamiento, la única compañía de Brand era el Extraterrestre, quien lo visitaba diariamente con comida, periódicos y revistas.

Tuvieron largas conversaciones. Brand se sorprendió de que el Extraterrestre realizara muchas tareas que se les pudieran asignar a los

---

[21] Estos fueron dos de los patriotas más grandes de Estados Unidos, héroes de la Guerra de la Independencia. John Paul Jones, nacido en Escocia, fue un oficial naval que comandó barcos en las flotas británica, estadounidense y rusa. Estados Unidos lo celebra como fundador de su armada. Nathan Hale era un maestro de escuela de Connecticut de veintiún años a quien los británicos ahorcaron por espionaje. Es conocido por sus últimas palabras: "Solo lamento tener apenas una vida que dar por mi país".

cubanos. En lugar de desempeñar un papel de burócrata, el Extraterrestre lidiaba con detalles más terrenales. Tal devoción no se podía comprar con un salario.

—El movimiento clandestino es extremadamente fuerte —decía el Extraterrestre una y otra vez—. Los días de Castro están contados.

—Esperemos que tengas razón —respondía Brand preocupado por la evaluación. Un punto de vista positivo mantendría a los norteamericanos en la lucha; pero si el optimismo del Extraterrestre constituía una muestra, sus superiores de la CIA leían mal las cosas.

Después del confinamiento en el departamento, en apariencia interminable, autorizaron a Brand a reanudar sus actividades. Su guía le entregó una serie de disfraces junto con una pistola calibre 45.

—Plinio está de vuelta en La Habana —le dijo el Extraterrestre.

Eso no era bueno, pero por fin Brand estaba en las calles de La Habana, disfrazado de pies a cabeza y listo para la acción. Además de una peluca y un bigote, tenía una hoja de periódico doblada dentro de un zapato para cambiar su forma de caminar; llevaba una faja en la parte superior del cuerpo para echar los hombros hacia atrás y se había puesto un objeto en la boca para alterar tanto su discurso como la línea de su mandíbula.

Al pasar por El Vedado en un taxi, vio a un grupo de escolares en la acera, entre ellos a Emilito, su hijo, con Lizbet. En todos los años transcurridos desde la separación, apenas había pasado una semana sin que Emi viera al niño.

Al ver a ese grupo de adolescentes y varias caras familiares, tuvo que contener el impulso de parar el taxi.

Tan rápido como pudo, reunió los hilos de su antigua red. Se puso en contacto con Amparo, la esposa de Plinio. Ellos hacían una pareja ideal que combinaba el coraje de un guerrero con la fuerza femenina de madre y esposa.

A través de Amparo, Brand y Plinio coordinaban sus pesquisas y se encontraban con frecuencia. Plinio trabajaba para establecer líneas de suministro hacia su base en el Escambray. También hizo contactos dentro del Ejército Rebelde, las fuerzas oficiales desde hacía casi dos años.

Brand sospechaba de los contactos que se hacían con el Ejército y no los utilizaba en su propio trabajo, pero el esfuerzo de Plinio consistía en que no hubiera interferencias entre él y Brand, quien en sus propias y frenéticas investigaciones buscaba la manera de crear el caos en La Habana, que consistía en la segunda parte de una doble estrategia. La primera, la parte de Plinio, era apoderarse de una parte del territorio en el campo para levantar ahí una bandera, provocar un gran obstáculo en la gobernabilidad del país y abrir el camino para una intervención desde el extranjero, en el mejor de los casos por una coalición panamericana.

En opinión de Brand, las posibilidades de una disrupción era doble: asesinar a Castro, una idea tan obvia que se había convertido en una imposibilidad práctica; y la otra, atacar la sede del Partido Comunista, idea de Brand que consideraba prometedora.

★

18. Aficionados

Persecución en La Habana

[De los recuerdos de Emi Rivero]

Muchos de los participantes de la resistencia anticastrista eran aficionados políticos. Animados por la información y respaldo que recibían de Estados Unidos, conspiraban contra cuadros profesionales dirigidos por un líder astuto que tenía el respaldo total de la Unión Soviética, una nación con enormes recursos en el campo de la contrainteligencia y con la experiencia de los viejos comunistas, expertos en el arte de la infiltración.

Hermanos de vez en cuando

En esas circunstancias conocí y trabajé con muchos hombres y mujeres que se ofrecían generosamente para una guerra cruel contra un enemigo letal. La mayoría de esas personas habían sido reclutadas y alentadas por altos dignatarios de la Iglesia Católica cubana que habían establecido una asociación utilitaria con la CIA. Durante 1960 y 1961, el líder del grupo de resistencia católica MRR fue Rogelio González Corzo, conocido en la vida clandestina como Francisco, un hombre en la tercera década de su vida. Francisco era una persona extremadamente seria, incansable en sus esfuerzos por construir una red clandestina y llena de coraje en un momento en que el peligro parecía atormentar a todos en el mundo clandestino.

A principios de septiembre de 1960 fui a un departamento en el distrito de El Vedado, esperando ver a Francisco, con quien coordinaría planes sobre zonas de lanzamiento y posibles acciones en La Habana. Pero Francisco no estaba allí. Un médico, Andrés Cao, me dijo que la reunión con Francisco tendría lugar en otra parte de la ciudad, a media hora de distancia. No tuve inconveniente en hacer ese cambio en mi programa, aunque había venido en taxi sin molestarme en usar uno de mis conductores habituales.

El doctor Cao se ofreció a llevarme a la reunión en su automóvil. Cuando salimos del departamento, me sorprendió ver que había estacionado casi frente a la casa.

—Escuche, doctor Cao, cuando usted va a una reunión de este tipo, ¿no deja su auto a cierta distancia del lugar de la reunión?

—No es necesario. Nadie nos está mirando. No debe preocuparse.

No habíamos transitado ni cinco minutos cuando el doctor Cao me dijo que nos estaban siguiendo.

—Cambie de dirección y veremos —le dije, controlando mi ira.

Después de varios giros no tuvimos dudas.

—Necesitamos un edificio con dos entradas —le dije—. Dejamos el auto, entramos por una entrada y salimos por la otra. ¿Conoce un edificio como ese por aquí?

—¡Hospital Calixto García! Es un complejo con muchos edificios.

—Bueno. Vamos para allá.

En veinte minutos estábamos en los terrenos del hospital. Cuando estacionamos, el auto que nos seguía se detuvo cerca. Salí y caminé rápidamente hacia uno de los edificios, seguido de cerca por el doctor Cao. Cuando llegué al vestíbulo principal del edificio me paré en una esquina, me quité el bigote, los anteojos y el abrigo, me aflojé el cuello y la corbata, me subí las mangas de la camisa y salí del edificio por la misma puerta que había ingresado. Todo el asunto no tardó más de sesenta segundos. Al salir probablemente me crucé con los oficiales que nos seguían.

Cerca de la puerta principal del hospital, tomé un taxi y llegué a mi próxima reunión. Mis camaradas se rieron de mí por la cólera que denotaba mi voz cuando les conté lo que acababa de suceder.[22]

★

19. La amenaza roja

Fratricidio en el aire

[De los recuerdos de Emi Rivero]

La sede del Partido Comunista estaba en la avenida Carlos III, una avenida importante de La Habana. Los comunistas todavía estaban separados del Gobierno. En términos formales, ni siquiera se suponía que fuera un partido, aunque en secreto continuaban trabajando como tal.[23]

---

[22] El doctor Cao se exilió y trabajó como médico en Miami. Siguió siendo amigo de toda la vida de Brand.

[23] En nombre de la solidaridad revolucionaria, el régimen había declarado el fin de los partidos políticos; pero como Adolfo y otros revolucionarios honestos debían aprender, esta no funcionó como se anunciaba. Consulte el capítulo 26, "Democracia revolucionaria".

Conocía los sentimientos de muchas personas en las fuerzas armadas sobre el ascenso de los comunistas en las estructuras oficiales; sobre el entrenamiento constante de brigadas irregulares y sobre el adoctrinamiento masivo en el Ejército y en la sociedad. Un ataque que eliminara a los principales líderes comunistas despertaría un entusiasmo en las Fuerzas Armadas y el Gobierno que Castro encontraría difícil de contener. Estaba destinado a causar un cisma repentino y violento en el Gobierno. Yo estaba lo suficientemente seguro de la importancia del ataque como para planear liderarlo personalmente.

Tenía algunas armas disponibles para mí en La Habana. Pensaba si debía llevar una ametralladora Thompson o una carabina M3. Me decidí por la M3, menos precisa que la Thompson, pero más resistente y menos propensa a fallos. Sería una pelea a corta distancia dentro de un edificio, donde el volumen de fuego, y no la precisión, daría la ventaja.

El objetivo del ataque era no dejar con vida a nadie en el edificio. No me gustaba pensar en lo que sucedería en caso de que mi hermano estuviera trabajando allí en ese momento. Los principales líderes comunistas, sin embargo, deberían estar allí. Por lo tanto, no actuaría sin información precisa sobre las oficinas del Partido.

En este sentido, me sorprendió lo difícil que me resultó aprender incluso las cosas más simples que necesitaba saber. Como Fidel, los comunistas se defendían con una agresiva contrainteligencia.

A principios de octubre recibí un mensaje del Extraterrestre. En esencia, decía: "Mira, Brand, sobre esa acción que estás planeando, no creemos que tengas las fuerzas para llevarla a cabo".

Ese mensaje fue otra sorpresa. El ataque a la sede del Partido era un proyecto mío. No había tratado de involucrar a la CIA ni se lo había contado a mis contactos con ella, aunque tampoco me había esforzado en mantenerlo en secreto para ellos. Lo había discutido con Francisco, quien trabajaba estrechamente con los norteamericanos.

*Segunda parte : **Guerras***

La gente de la CIA estaba en lo cierto en su evaluación. Mi plan era atacar tan pronto como tuviera todos los elementos necesarios en su lugar. Como no había atacado, era obvio que no me sentía preparado.

¿Por qué entonces los estadounidenses me pasaron el mensaje? Probablemente para hacerme saber que no podía hacer un plan sin que lo descubrieran.

★

20. Un hombre diferente

¿Por qué nos casamos?

Durante una reunión, Brand recibió una noticia inesperada de su amigo Benito F. que lo ayudaba en la investigación sobre un plan de ataque en La Habana.

—Hemos visto a tu esposa —le dijo Benito—. Escucha, tienes que visitarla. Esa mujer está destruida.

—¿Prepararías un encuentro con ella?

—Enseguida.

Benito llevó a Pelén a un departamento que él poseía con el pretexto de que una amiga de su esposo quería verla. En lugar de la amiga, encontró a su esposo.

Antes que nada, hicieron lo que casi todas las parejas jóvenes suelen hacer después de una larga separación. Después, ella preguntó:

—Emi, ¿qué está pasando? ¡No entiendo!

—Estoy tratando de deshacernos de ese hijo de puta.

—¿Por qué no puedes estar con nosotros? ¿Por qué no podemos verte?

—Es muy peligroso. Escucha, tienes que ir a la embajada de Estados Unidos y pedir visas para los niños. Quiero que te mudes a Miami. Tendrás la ayuda de la embajada y, en Estados Unidos, de mis amigos. Una vez que estés en Miami podré quedarme con ustedes de manera normal.

—¡Emi, cuídate!

Su reacción había sido de cariño. Por encima de todo, Pelén amaba a su esposo entrañablemente; algo que a la larga resultó muy penoso para ella. Esta joven que lo tenía todo —belleza, dulzura, modales y gusto— había sido creada para hacer feliz a cualquier hombre. Pero ella había elegido a Brand, una persona que había sido definido por la vida como un hombre diferente.

★

21. Diletante

La inteligencia no se compra

[De los recuerdos de Emi]

De vez en cuando, los agentes estadounidenses en La Habana organizaban reuniones entre sus amigos cubanos que luego se ayudarían mutuamente. Uno de esos cubanos que trabajaban con Estados Unidos era un hombre al que llamaré Ricardo.

Ricardo era bien conocido en los círculos sociales y empresariales. Tenía fama de ser sofisticado, caballeroso y exigente. También era, si no el hombre más rico de Cuba, alguien mucho más allá de preocupaciones financieras propias o de sus descendientes.

Cuando les escuché a los norteamericanos decir que Ricardo quería que yo lo contactara, me alegré. Si bien la mayoría de mis compañeros conspiradores se interesaban por asuntos estrictamente militares, siempre le presté atención a la política; y Ricardo, aunque no se dedicara de lleno a ella, podría convertirse en un importante recurso político.

*Segunda parte : **Guerras***

Ricardo era un hombre en sus cuarenta, canoso, de buena presencia, afable sin ser campechano, aparentemente cooperativo, seguro de sí mismo y al mismo tiempo cauteloso. Me di cuenta de que no era un hombre para llevar al núcleo de las actividades clandestinas. Más bien, debería considerarlo a él y a sus contactos como posibles fuentes de casas de seguridad, vehículos, zonas de lanzamiento y, por supuesto, información.

Después de intercambiar algunos comentarios con Ricardo sobre el aumento del descontento por el régimen de Castro, mencioné la conveniencia de crear vínculos entre conspiradores y hombres de negocios para que, cuando llegara la victoria, no fueran extraños entre sí.

Le dije a Ricardo que una buena forma de comenzar un intercambio de opiniones sería buscar alternativas a la reforma agraria ya promulgada por el Gobierno. Le pedí que preparara un borrador de proyecto de reforma agraria que reflejara sus ideas y las de sus amigos. Los revolucionarios antigubernamentales, entre los cuales me contaba, compartíamos la firme opinión de que, aparte de lo que el futuro pudiera traer, los campesinos tenían derecho a un trato justo. Ricardo me dijo que consultaría a sus amigos y me daría una respuesta.

—En ese caso —dije—, veámonos en dos semanas.

Quería que tuviera tiempo suficiente para organizar los diversos elementos logísticos que había solicitado, así como para que completaran el borrador de una nueva ley agraria, un asunto delicado y complejo que requería una cuidadosa consideración de muchas partes.

En nuestra próxima reunión lo encontré más cordial y menos reticente, aunque todavía cauteloso. Había trabajado algo en mis solicitudes y prometió hacer más. Sintiéndome satisfecho con el hombre, le pregunté:

—¿Tiene algo sobre el proyecto de reforma agraria?

—¡Oh, sí! —respondió con confianza—. Aquí está. Abrió una gaveta, sacó un sobre y me lo entregó.

Me sorprendió la delgadez del sobre. Esperaba un manila voluminoso o una carpeta de muchas páginas, tal vez incluyendo gráficos, estadísticas y cosas por el estilo; pero no, era una sola página en la que un texto sucinto reclamaba que la situación de la tierra en Cuba volviera al 31 de diciembre de 1958, el último día del régimen de Batista.

Me quedé aturdido. ¿Ricardo y sus amigos andaban completamente carentes de sentido? ¿Las movilizaciones masivas de los últimos diecinueve meses no les habían enseñado nada? ¿Acaso la multitud campesina que visitó La Habana no había cambiado su manera de pensar, por no decir sus sentimientos? ¿Querían estos ricos burgueses vivificar, si salíamos victoriosos, la añoranza por Castro y los tratos irresponsables con la economía cubana? Ricardo y sus amigos no entendían que teníamos que crear alternativas que fueran económicamente viables y, sobre todo, socialmente atractivas.

Le agradecí la evidente atención que había prestado a todas mis solicitudes y le dije que lo contactaría pronto. Nunca lo volví a buscar. En mi opinión, él y sus amigos eran más peligrosos para nuestra causa que todas las personas de la seguridad de Castro juntas.

★

22. La vida de un héroe

No somos moneditas de oro

A fines de octubre, Plinio había organizado en La Habana sus líneas de suministro, mientras que Brand había obtenido de sus contactos con la CIA la promesa de entregas de armas en el Escambray. Plinio estaba listo para partir hacia su nuevo escondite, que nunca había visto y cuya ubicación precisa desconocía. Debía viajar al centro de la isla y encontrarse con un escolta que lo llevaría al campamento.

Al despedirse en La Habana, Brand abrazó a Plinio y le dijo:

*Segunda parte : **Guerras***

—Si mueres y alcanzo el poder, le daré cien mil dólares a tu familia. Si muero y alcanzas el poder, le darás cien mil dólares a mi familia.

La esposa de Plinio, Amparo, negó con la cabeza.

—¡No digas eso! ¡Ninguno de ustedes va a morir!

Algunos días después, Brand caminaba por La Habana cuando se encontró con otro compañero que le brindaba ayuda ocasional a él y a Plinio. El otro hombre lo apartó a un lado.

—Malas noticias. En su camino hacia el escondite, Plinio fue capturado por la milicia.

Brand se quedó en silencio. Las tropas de la milicia eran "el pueblo armado", voluntarios que iban a donde el régimen los mandara.

Después de una pausa, el otro hombre dijo:

—Eso no es todo. También capturaron un lanzamiento de armas en trece paracaídas.

Ahora Brand tenía motivos para hablar con las Brujas de Macbeth[24]. ¿Qué había salido mal?

Según una mejor información que Brand recibió más tarde, Plinio y su compañero, al llegar al Escambray con su transmisor de radio, no pudieron establecer contacto con sus camaradas que huían de un gran contingente de las tropas del Ejército Rebelde.

Plinio y su compañero se unieron con otro grupo de luchadores de la resistencia. Pasaron varios días caminando en las montañas con su pesado equipo de radio. Mientras se escondían en una cooperativa agrícola, se encontraron con un escuadrón de soldados de la milicia e intercambiaron disparos con ellos.

Escondidos en una espesa vegetación al amparo de la noche, intentaron establecer contacto por radio con Estados Unidos para retrasar la caída de los lanzamientos de armas, pero sus transmisiones no llegaron y el avión voló esa noche sobre el campamento ocupado, dejando caer las armas en manos enemigas.

---

[24] Personajes de William Shakespeare.

Los hombres se dividieron en grupos separados. Plinio y otro compañero fueron capturados en la ciudad de Cumanayagua.

Otra información vino del hombre arrestado con Plinio. Al parecer, la Policía los había recogido a los dos por casualidad. Cuando Plinio fue llevado al carro patrullero, la Policía notó que tenía los pies cubiertos de sangre. Los prisioneros estaban detenidos en un calabozo cuando alguien entró en la estación y exclamó: "¡Oye! ¿Sabes quién es ese?".

Lo llevaron a juicio de inmediato y la conclusión fue inevitable. Plinio estaba tan tranquilo ante su destino, o tan aburrido con el rigor verbal de la corte, que se quedó dormido en medio de su propio juicio.

Condenado a muerte y esperando ser fusilado, Plinio vio a través del ventanuco en la puerta de su celda a uno de los oficiales que lo arrestaron. Consistía en un puro acto de crueldad; el policía invadía la privacidad de un condenado a muerte para observar su adversidad.

Al ver la cara del policía en la puerta, Plinio comenzó a silbar una melodía popular:

No soy monedita de oro
Pa' caerle bien a todos
Así nací y así soy
Si no me quieren, ni modo[25]

El policía, o eso dijo más tarde el camarada de Plinio, se mortificó.

Por importantes que pudieran ser las acciones de Brand en La Habana, no eran el quid de su estrategia. La acción principal era tomar una zona en el centro de la isla, desconcertar al Gobierno, generar confusión y dar un pretexto para que fuerzas externas ingresasen y terminaran la diversión.

Con la caída de Plinio, el plan quedaba en ruinas. Todo debía ser repensado y montado nuevamente desde cero. Esa empresa no era posible

---

[25] https://www.youtube.com/watch?v=Oj6WgdslAa8.

en La Habana. Brand se vio obligado a consultar directamente con J. B. en Washington.

★

23. Un trote a Key West

Huida de Cuba a nado

Brand estaba de incógnito, sin identidad ni documentos. Tendría que salir ilegalmente del país. ¿Cómo y quién podría ayudarlo?

Pensó en un joven al que conocía poco: Alfredo Izaguirre, de apenas veinte años, descendiente de una familia prominente en el periodismo y la política. Cuando el régimen disolvió la prensa no revolucionaria, Alfredo perdió su posición como editor de un periódico y se unió a la oposición clandestina. Brand pidió a sus amigos norteamericanos que procuraran una reunión con él.

—Tengo necesidad inmediata de hacer un viaje a Estados Unidos —le dijo Brand a Izaguirre—. No puedo irme por medios legales. ¿Me puedes proporcionar medios para hacerlo?

—Estoy en una posición incómoda, Brand. No estoy seguro de quién eres realmente.

—¿Qué quieres decir?

—Solo esto: en mis esfuerzos por verificar que no eres un agente del Gobierno, te he mencionado a varias personas que deberían conocerte y no te conocen.

—¿Me mencionaste cómo?

—Por el nombre de Pancho.

En un encuentro anterior, Brand le había dicho a Alfredo que algunos de sus amigos lo conocían como Pancho. Ahora, con una paciencia rara en él, Brand comenzó a explicar cómo funcionaban los alias en la clandestinidad.

Hermanos *de vez en cuando*

Sin embargo, Alfredo no tuvo paciencia y explotó.

—Si estuviera seguro de que eres un agente del Gobierno te mataría ahora mismo, pero no estoy seguro.

Brand se despidió mientras se preguntaba: "¿Este tipo entenderá que si yo fuese un agente del Gobierno, esas palabras lo condenarían?".

El asunto se estaba volviendo angustioso. Brand le envió una nota a su suegra, la doctora S., pidiéndole una cita.

La madre de Pelén no iba a perderse esa reunión. La testaruda mujer estaba furiosa por la situación que estaba sufriendo su hija. Si bien la doctora S. no tenía idea de lo que su yerno podría necesitar, su naturaleza le dijo que ella debía ser la encargada de tratar con él.

Brand estaba listo para hablar con la doctora S., pero no confiaba en ella. Por lo que sabía, ella podía llamar a la Policía.

Cuando la doctora S. apareció para la cita, ella sintió que más de una pistola apuntaba hacia ella. Sus percepciones eran precisas; el lugar estaba "cubierto".

—Debo salir del país por medios privados —le dijo Brand—. Estoy buscando a alguien que pueda llevarme en un yate o un barco. ¿Conoces a alguien que pueda ayudarme?

La señora pensó rápido.

—Quizás mi psiquiatra.

—¡Tu psiquiatra!

—Él conoce a mucha gente con botes. Dame uno o dos días y llama a su clínica. Le diré que espere tu llamada.

—¿Cómo está mi Pelén?

—Se instaló en Miami.

—¿Todo salió bien en la embajada?

—Sin problemas. Pero mi esposo y yo también nos estamos preparando para irnos y estamos teniendo algunos problemas. Tal vez puedas ayudar.

—¿Cómo?

*Segunda parte : **Guerras***

—Necesitamos dólares y la tasa de cambio de pesos es muy mala. Quizás puedas conseguirnos una mejor tarifa.

—¿Cuánto necesitan?

—Cuatro mil dólares.

—Déjame ver qué puedo hacer.

En pocos días, los cuatro mil dólares, cambiados por los funcionarios norteamericanos a la tasa, entonces ya desaparecida, de uno por uno, estaban en manos de la doctora S.

Las cosas comenzaron a moverse. El psiquiatra lo recibió calurosamente.

—He organizado una reunión con un colega mío, el doctor Prado. Él puede llevarte en su yate. Mientras tanto, ¿por qué no te quedas aquí en mi clínica? Es bastante segura.

Brand se instaló en una habitación del sótano y rápidamente encontró que su estado de ánimo se afectaba por ruidos extraños a su alrededor. Descubrió que los ruidos eran gritos de personas locas a quienes el médico mantenía bajo su cuidado en celdas acolchadas. Los sonidos, peculiares, incesantes y deformados por el sufrimiento humano, estremecieron a Brand.

—Pensándolo bien —dijo Brand al médico—, debo mudarme a otro lugar.

Poco tiempo después, parado en una esquina del elegante barrio de El Vedado, un mulato de unos veinte años se le acercó.

—¿Eres Carlos? —dijo el mulato.

—Sí —dijo Brand—. ¿Quién eres tú?

—Vengo de parte del doctor Prado. Nos está esperando.

Entraron a un barrio modesto en las afueras de la ciudad. Definitivamente no podía ser el vecindario del médico. Brand, temiendo una trampa, se llevó la mano a la pistola.

Prado estaba esperando en casa del joven mulato, una jugada inteligente por parte del médico.

—Me iré a Florida en un par de días y volveré unos días después —le dijo Prado—. Estaré encantado de traerte de vuelta si quieres.

Hermanos de vez en cuando

El hombre hablaba bien. De hecho, era casi demasiado conveniente. La inteligencia de Castro era experta en tácticas de este tipo. Prado podía ser un agente doble.

—Un viaje de regreso podría funcionar de manera muy conveniente —dijo Brand—. Mi misión es traer de regreso a Cuba a Tony de Varona. ¿Podrías traernos a los dos?

—Seguro.

Era una rotunda mentira. Brand no tenía interés en el ex primer ministro que había huido recientemente a Estados Unidos. Pero Varona sería una gran captura para Castro. Si Prado fuera un agente de Policía, y si pensara que Brand pudiera traer a Tony de Varona, entonces Prado y sus superiores le permitirían a Brand llegar a la Florida. Si Prado no era un agente doble, la mentira era inofensiva.

—Voy a sacarte escondiéndote en el yate —dijo Prado.

—No me gusta —dijo Brand—. Antes de partir, el yate probablemente será objeto de una búsqueda exhaustiva. Preferiría encontrarnos en alta mar. ¿Podemos arreglar eso?

—Un amigo mío tiene una casa en la playa en Santa María del Mar. Podrías quedarte con él la noche del cuatro y nadar a la mañana siguiente. Puedo recogerte a un kilómetro y medio de la playa. ¿Estaría bien así?

—Sí, eso es mucho mejor.

Sábado 5 de noviembre de 1960. La hermosa bebita, hija de la pareja, había dormido profundamente, dándole a Brand una noche de descanso. Alrededor de las cinco y cuarto de la mañana, Brand terminó sus ejercicios de yoga y se unió a sus anfitriones, la joven pareja que miraba hacia el horizonte en dirección a La Habana. Aproximadamente a las cinco cuarenta y cinco observaron una mancha blanca en el agua, quizás a tres millas de distancia.

—Creo que es ese —dijo el hombre—. ¡Vámonos!

La orilla estaba a menos de dos cuadras de distancia. A esa hora, Santa María del Mar era especialmente hermosa. La playa estaba desierta.

*Segunda parte : **Guerras***

Soplaba el viento y el mar estaba picado. Al observar las aguas movidas, los anfitriones de Brand se preocuparon de que no llegara a tiempo. Le dieron unas aletas para que nadara más rápido.

Salieron a la playa y se metieron en el agua, como si nadaran en grupo, en caso de que alguien los estuviera observando. Brand se dirigió hacia el norte. Fue un trayecto difícil que no disfrutó. La única manera de llegar al bote era nadar a toda velocidad.

Cuando vio que el yate pasaba delante de él, paralelo a la costa, se dio cuenta de que no iba a lograrlo. Braceó tan fuerte como pudo pero fue inútil, el bote ya estaba a cientos de metros. Comenzó a tragar agua y pensó: "¡Qué forma tan estúpida de morir!".

Muchas imágenes de su vida pasaron por su conciencia, las dos últimas especialmente vívidas: su hijo mayor a los seis años, montando bicicleta por primera vez, y sus dos hijos de tres y dos años, empujando las sillas del comedor para sentarse a su lado durante el almuerzo.

Brand sintió un violento aumento de sus fuerzas. Mirando hacia el mar abierto, vio que el yate giraba. Iba a pasar frente a él a cien metros de distancia.

—¡Prado! ¡Prado! ¡Prado! —gritó.

El yate dio una sacudida y se dirigió directamente hacia él. Prado bajó una escalera a babor y tiró a Brand hacia la cubierta.

—¡Norte! ¡A todo motor! —le gritó al capitán.

Cuando Brand pudo concentrarse nuevamente, vio a la esposa de Prado, en avanzado estado de embarazo, descansando en la cubierta. Ella lo miraba.

Cuando atracaron, Brand ya estaba vestido con la ropa que había entregado a Prado en La Habana para que se la guardara. Pidió prestados algunos dólares de su anfitrión, tomó un taxi hasta el aeropuerto y compró un boleto a Miami con un nombre falso. Tres horas más tarde, estaba besando a sus dos hijos más pequeños que, junto al recuerdo de su hijo mayor, lo habían devuelto a la vida.

Hermanos de vez en cuando

24. Advertencias

¿Eres tonto o lo finges?

Martes 8 de noviembre de 1960.

—¡Vas a fallar, J. B., vas a fallar!

Brand estaba en Washington D. C. informando a su contacto principal de la CIA justo el día que Estados Unidos elegía un nuevo presidente.

—No presionemos el botón de pánico, Brand —dijo J. B. en su mejor forma agresiva-defensiva.

La CIA estaba ahora comprometida en derrocar a Castro. La agencia había puesto en juego millones de dólares, meses de esfuerzo y su invaluable reputación. A J. B. no le gustaba la idea de reunirse con sus superiores y decirles: uno de mis hombres ha regresado de la clandestinidad en Cuba y dice que nos dirigimos al desastre.

—Déjame preguntarte, J. B. ¿Cuántos hombres tienes entrenando en Guatemala?

Allí, en un grupo de enclaves de la CIA, una fuerza cubana se preparaba para una invasión a la isla.

—En Guatemala tenemos cerca de mil hombres —dijo J. B., insinuando que la agencia tenía una fuerza extra escondida en otro lugar.

—No se puede derrotar a Castro con una fuerza de ese tamaño —dijo Brand, ignorando la insinuación—. Y no se puede contar con que la resistencia derrote a Castro con la ayuda de una fuerza de semejante tamaño.

—Entonces, ¿qué puede hacer la resistencia? —preguntó J. B. con una amenaza implícita: si tu próxima respuesta no está a la altura, nos pierdes.

—¡La resistencia puede crear caos! —dijo Brand con energía—. En un momento de crisis y confusión, las personas hostiles a las políticas de Castro que forman parte del Gobierno y del Ejército tendrán su oportunidad. Es una pequeña minoría, no hay duda; pero si reciben una señal de la

*Segunda parte : **Guerras***

clandestinidad pueden hacer algo decisivo. La tarea de la clandestinidad es proporcionar el arranque, el incentivo para actuar.

Con su respuesta, Brand había volteado a J. B. como en un movimiento lateral de judo y lo había inmovilizado. De repente, el estadounidense ya no le hablaba desde arriba, sino desde abajo.

—Lo que te pido es que regreses, reúnas a tu gente y localices zonas de lanzamiento —le dijo J. B.—. Infórmanos sobre ello y te enviaremos lo que necesites. La fuerza de invasión se está impacientando. No podemos mantener a esos hombres en Guatemala por mucho más tiempo. Tenemos que apurarnos. El motor esta encendido. Tú haces tu parte del trato y nosotros haremos la nuestra.

—J. B., estoy quemado —respondió Brand—. En La Habana no tengo oportunidad de sobrevivir más de cuarenta y cinco o cincuenta días. Creo que debería ir a una zona rural. Puedo entrar y salir de La Habana, tengo amigos en La Habana y puedo actuar a través de ellos. Pero debería tener mi centro de actividad en otra parte. Si no, me atraparán. Una cosa más: insistes constantemente en que el tiempo es corto. No me envíes a Cuba sin armas. Ya he estado mucho tiempo buscando zonas de lanzamiento y organizando comités de recepción. Envía las armas antes que a mí. De esa manera puedo dedicarme tiempo completo a la preparación y ejecución de mis planes.

—Esta vez entrarás con tus propios operadores de radio. Tenemos hombres en Guatemala preparándose para su misión. Te reunirás con ellos, estarás con ellos y verás qué hombres te convienen. Dos de tu elección irán contigo. Elije una noche con una luna menguante y entra tan pronto como puedas. Te daremos los mapas. Simplemente envíanos las coordenadas, las horas exactas y las señales. Lanzaremos el equipamiento para ti.

—J. B., eso no funcionará. No me hagas malgastar mis esfuerzos y mi tiempo. Pon las armas allí primero.

—Entiendo lo que estás diciendo y tus razones, pero en este asunto de enviar las armas antes de ti no estamos de acuerdo.

Hermanos de vez en cuando

En los días siguientes, y en contra de sus temores, Brand recibió noticias alentadoras. El Vikingo, un hombre con el que había trabajado estrechamente el verano anterior, le dijo: "J. B. quedó profundamente preocupado por tu informe y lo transmitió a los jefes de la agencia".

De otras fuentes, Brand escuchó historias incompletas. Una de ellas fue: "Tenemos veinticinco mil hombres en reserva". Ese número solo podría significar que Estados Unidos iba a usar sus propias tropas.

Una pieza clave llegó de los labios del propio J. B.: el plan de invasión incluía una fuerza de treinta barcos PT[26].

Esa cifra era importante por lo que significaba. La fuerza de invasión incluiría muchos tipos diferentes de embarcaciones. Brand, con una buena comprensión de las configuraciones militares, pudo extrapolar rápidamente el tamaño los demás componentes. J. B. acababa de decirle que la fuerza de invasión sería enorme, algo más de cien mil hombres, con pleno apoyo aéreo.

Las noticias de J. B. hicieron un cambio en él. Brand estaría en la pelea tanto si su presencia marcaba una diferencia como si no; lo mismo si su propio grupo ganara o no, si sobreviviera o no. Era un guerrero y sintió que las piernas le pedían que peleara.

Tenía algunos asuntos familiares que resolver. En los últimos meses, el foco de sus asuntos personales se había mudado a la ciudad de Miami, que —hinchada con la salida de cubanos de la isla— ya se estaba convirtiendo en otra La Habana. Además de sus dos hijos más pequeños y la madre de estos, Brand había llevado a sus padres a Miami, donde podían vivir entre gente que habían conocido toda su vida.

Gracias a los contactos de Brand, el viejo tenía ahora un trabajo más acorde con sus antecedentes. Trabajaba para el Gobierno de Estados Unidos como analista, escaneando periódicos y revistas en busca de tendencias en

---

[26] Patrol Torpedo, embarcaciones norteamericanas de ataque rápido con torpedos usadas contra grandes buques de superficie.

*Segunda parte : **Guerras***

América Latina. Fue un gran paso para llevar platos a la mesa. Pero aun así, Riverito estaba muy lejos de su antiguo yo.

En Miami, Brand pasó tanto tiempo con los niños como pudo. Le conmovía cada vez que regresaba a casa después de alguno de sus viajes encontrar a su hija Ermi, que aún no tenía tres años, sin aliento, hiperventilando de emoción al acercársele.

Como amaba el habla inmadura de Rubén, un día le mostró al niño un objeto.

—¡Rubén, mira qué lindo es!

—¡Sí, qué lidon! —el niño respondió.

—¡Lindo, Rubén, lindo! —el padre le corregía—.

—¡Sí, papi, lidon!

Con Pelén, sin embargo, el amor había acabado. Como el hombre justo que era, se hizo responsable del distanciamiento entre ellos y asumió la tarea de llegar a un fin honorable.

Voló a Cayo Hueso para reunirse con el padre y la madre de Pelén, quienes se habían establecido allí.

Sentados en un automóvil, les dijo:

—He venido a decirles que planeo pedirle el divorcio a Pelén.

La doctora S., que hablaba por la familia en tales asuntos, le devolvió a su yerno un par de líneas que los autores de la ópera *Carmen* habían de alguna manera dejado fuera del guión:

—Fíjate lo que te voy a decir. Cuídate, porque te voy a destruir.

25. ¿Qué tan difícil puede ser?

Recuerdos de Budapest

A principios de 1961 el Partido Comunista decidió retirar a Adolfo de Budapest y traerlo de nuevo al vórtice político. El joven estaba encantado por razones personales. Una de ellas era continuar su carrera. Escribió a sus padres con sentimientos muy diferentes a los de sus discursos políticos:

"El asunto es que desde hace algún tiempo he estado saliendo con una joven soviética y cuanto más la conozco más me convenzo de que no encontraré otra como ella. Se llama Galina. Nos comunicamos en inglés. Va a comenzar a estudiar español y me está enseñando ruso. Es muy inteligente. Mejor dicho, es brillante; su pasión es la física nuclear, en la que tiene una especialidad por la Universidad de Moscú. Es muy culta. Puedes hablar con ella de literatura, música, cine, pintura, política y cualquier cosa. Por supuesto que ella me aventaja en todos esos temas, ¡por no hablar de la física nuclear! Tiene veintiún años, no es alta, creo que es más bajita que mamá, dulce y bonita. En política es parecida a mí, aunque no es una líder. Creo que eso es lo único que tengo más que ella.

"Saben, desde hace algún tiempo he pensado en casarme. Ustedes me conocen demasiado bien, las explicaciones sobran. Si no me he casado todavía es porque no había encontrado a alguien que pudiera ser mi esposa, amiga y camarada. Ahora creo que la he encontrado. ¿Por qué no casarme, porque no es cubana? No he encontrado a ninguna cubana como ella. ¿Porque tendría que acostumbrarse a Cuba? ¿Y por qué no pudiera hacerlo? Si ella está enamorada de mí, ¿qué tan difícil puede ser?".

Adolfo estaba a punto de averiguarlo, aunque llevar a la chica soviética de Budapest a Cuba no era tan fácil como llevar una matrioshka. Incluso cuando ambos corazones amantes gritaron ¡sí!, la respuesta soviética fue *niet*! Adolfo regresó a Cuba sin su novia.

*Segunda parte : **Guerras***

★

26. **Democracia revolucionaria**

Nunca abandones tu libertad

Febrero de 1961. La Habana a la que Adolfo regresó era una ciudad que se preparaba para la guerra. El aeropuerto le golpeó con fuerza: mujeres y hombres vestidos con pantalones verde olivo y camisa azul de milicia, casi todos portando armas. Los que no tenían pistolas tenían ametralladoras en el pecho. Los fusiles que venían de Checoslovaquia, a los que la gente llamaba "checas", estaban por todas partes.

Casi todos comentaban que se avecinaba una invasión y el régimen alentaba ese tipo de charla, pero Adolfo y sus camaradas seguían debatiendo.

—Estados Unidos nunca se arriesgará a una intervención directa. El imperialismo nunca sería tan tonto como para exponerse así —le dijo su amigo del alma César Gómez, que había llegado al aeropuerto con su esposa Thais para esperarlo.

César decía cosas que otros no pensarían ni se atreverían a decir.

Adolfo y sus dos amigos fueron directamente a Juventud Rebelde, ubicada en la antigua sede comunista de la avenida Carlos III. Al mismo edificio que Emi planeaba atacar.

Conforme al llamado del régimen para promover la unidad revolucionaria, todos los partidos políticos estaban abandonando sus identidades políticas. Es así que la antigua Juventud Socialista se había convertido en la Asociación de Jóvenes Rebeldes, una nueva organización ampliada que incorporaba a personas no comunistas del Movimiento 26 de Julio de Castro y del Directorio, así como a los comunistas camaradas de Adolfo.

La nueva asignación para Adolfo fue ser director gerente de la revista nacional juvenil *Mella*[27]. Él ya conocía al director de Juventud Rebelde,

---

[27] Título en honor a Julio Antonio Mella, el icónico líder estudiantil que ayudó a fundar la FEU y el Partido Comunista cubano en la década de 1920.

Hermanos *de vez en cuando*

el comandante Joel Iglesias, héroe de la guerra de liberación con solo diecinueve años y desfiguraciones en el rostro que evidenciaban su valentía. Joel era un campesino bajito y robusto con un estilo directo y casero. No tenía educación formal, rasgo que Adolfo pasó por alto al encontrar al muchacho tan decente y agradable.

—¡Oye, Rivero! —Joel saludó a Adolfo—. Te presento a Fernando Ravelo. Trabajarás con él en *Mella*.

Los dos camaradas se unieron en el habitual abrazo. Ravelo, un capitán del Ejército Rebelde, también había sido periodista del Movimiento 26 de Julio en la Sierra Maestra. Era un joven bajito y compuesto, de barba escasa y sonrisa fácil. Ravelo había sido nombrado director de *Mella*. La forma en que compartiría la autoridad con Adolfo, el director gerente, era una cuestión de destino.

—Rivero, ¿no deberíamos ocuparnos de tu alojamiento? —dijo César, que era un tipo práctico.

Adolfo ni siquiera había pensado en ello.

—Creo que tenemos un cuarto libre en las oficinas de *Mella* —dijo Ravelo.

Mella estaba situado en otro edificio cercano. Allí, el administrador le mostró a Adolfo una habitación vacía que los camaradas utilizaban a veces durante las guardias. Al final del pasillo había un inodoro y una ducha. La habitación estaba vacía excepto por una vieja litera con resortes chirriantes. En esa cama Adolfo colocó su única maleta que contenía todas sus pertenencias terrenales. Ya estaba en casa.

Los directores del *Mella* trabajaban con camaradería y el espíritu en alto. Adolfo ejerció su autoridad sobre la revista, mientras que Ravelo, el director nominal, dio espacio de sobra a los puntos de vista comunistas.

Irrumpió un espinoso asunto sobre la relación amistosa que había surgido entre los líderes de Juventud Rebelde y el comandante Rolando Cubela, líder del antiguo Directorio. Cubela había sido uno de los combatientes más jactanciosos en la guerra de liberación. Poco después de tomar el poder, Fidel había respaldado a Cubela para presidente de la FEU. Fue una

Segunda parte : **Guerras**

selección sorprendente, dado el odio que sentía Fidel por el Directorio; pero Cubela, un actor decisivo, convirtió rápidamente a la Universidad de La Habana en otro brazo del nuevo régimen.

Cubela tenía personalidad propia, rasgo que le ganó la antipatía de algunos. Adolfo y César, por su parte, veían a Cubela como un espíritu afín. También razonaron que, si Cubela era favorable a Juventud Rebelde, su grupo en la universidad se beneficiaría.

César trabajaba en la universidad como un organizador partidista. En una reunión de directores, él y Adolfo nominaron a Cubela para un puesto en el liderazgo de Juventud Rebelde, organización que otros comunistas veían como una reserva privada.

Joel Domenech se opuso vehementemente a la moción de César y Adolfo. Domenech, un cuadro ambicioso, trabajaba como asistente de Aníbal Escalante, líder del Partido Comunista. Parecía hablar en nombre de otros comunistas, que tal vez incluía a Aníbal, quienes consideraban a Joel Iglesias convenientemente tranquilo y flexible. Iglesias respaldado por Cubela sería harina de otro costal.

Adolfo y César se enzarzaron en una discusión con Domenech. La nominación de Cubela se sometió a votación, algo raro. La moción fue derrotada y Adolfo y César dejaron pasar el asunto; entendieron que la democracia revolucionaria significaba que, aunque pierdas por un voto, pierdes limpio. Pero Domenech seguía machacando. Le hizo un gesto a Adolfo y los dos salieron a un balcón frente a la avenida Carlos III.

—¿Qué tipo de propuesta fue esa? —susurró Domenech con furia—. ¿No sabes que soy yo quien representa al Partido aquí?

Adolfo se quedó boquiabierto. Enseguida supo que había una política conspirativa, oculta incluso para leales militantes y de alto rango como él. A pesar de que el régimen se encaminaba al no partidismo, un núcleo comunista organizado seguía dando instrucciones y trabajando para manipular los acontecimientos. Domenech, crudamente, lo había revelado todo en una frase.

El cuero cabelludo de Adolfo le picó cuando una vieja advertencia de su hermano le pasó por la mente: "Nunca dependas del Partido. Nunca abandones tu libertad".

Cuando el Partido y la libertad parecían la misma cosa, esa advertencia no tenía sentido. ¿Y ahora qué, si este incidente revelara un abismo entre el Partido y el propio Adolfo?

★

27. Consejos paternos

Un comunista abre su corazón

Con todas sus preocupaciones, Adolfo no dejó de suspirar por Galina. Siguió reviviendo sus momentos felices en Budapest. La quería a su lado. Presentó una nota a la dirección del Partido solicitando permiso para traerla a Cuba. Nada menos que Aníbal Escalante lo mandó a llamar.

Al entrar en la oficina de Aníbal, Adolfo encontró la figura de un hombre hinchado de poder y radiante de simpatía. Aníbal había sido uno de los padres fundadores del comunismo cubano; sus servicios se remontaban a los primeros días del Partido Socialista Popular. En estos momentos ayudaba a Fidel a colocar los miembros del Partido Comunista en cargos por todo el régimen.

—¿Qué está pasando? —preguntó Aníbal, dejando escapar preocupación.

—Bueno, yo, este, me enamoré de una chica rusa en Budapest y quiero casarme con ella. Estudia física atómica y trabaja en un centro de investigación nuclear.

—¿Por qué está en Hungría?

—Se casó con un húngaro que estaba estudiando en la Unión Soviética. La llevó a Budapest. Se divorciaron, pero ella se quedó.

*Segunda parte : **Guerras***

Aníbal reflexionó por un momento, mientras estudiaba al joven.

—No tendríamos ningún problema en traerla —dijo—. No creo que alguien plantee objeciones. Sin embargo, debes darte cuenta de que no eres el primer hombre que ha ido a trabajar al extranjero y se enamora.

—Sí, estoy seguro de que es así —dijo Adolfo tímidamente.

—La experiencia nos dice que, en general, esos matrimonios no funcionan —dijo Aníbal con toda franqueza—. No es imposible que lo hagan, pero es muy difícil. Muchas cosas se oponen a ello: los antecedentes de dos personas que no tienen nada en común, sus hábitos y sus costumbres.

Aníbal siguió abundando en ese sentido durante algún tiempo. Hizo una pausa y preguntó:

—¿La dejaste embarazada?

—Por supuesto que no —dijo Adolfo.

—Entonces tanto mejor.

Adolfo, que inicialmente se había sentido extraño en este diálogo, se entusiasmó con él. Después de todo, el comunismo era su vida. ¿Por qué no debería escuchar el consejo de un líder del Partido? Adolfo estaba desconcertado de que Aníbal, con todas las responsabilidades que tenía sobre sus hombros, le daba esa atención. Le hablaba como un padre, de hecho, como su propio padre no le había hablado.

—La elección está en tus manos —concluyó Aníbal.

—Creo que su punto de vista es completamente correcto —reconoció Adolfo francamente.

—Te ahorrarás muchos dolores de cabeza —dijo el hombre mayor, tranquilizándolo.

Adolfo se sintió inmensamente agradecido.

28. El salto

Dejarse caer en Cuba

Washington D. C., principios de 1961. Con su regreso a Cuba decidido, Brand aún tenía que llegar a un acuerdo con J. B. sobre el lanzamiento de armas. Lograron un compromiso: Brand se lanzaría en paracaídas junto con las armas en el Escambray. Poco después se lanzarían armas en Pinar del Río.

A Brand le pareció el mejor trato que pudo conseguir y le satisfizo.

El siguiente paso fue viajar a Guatemala donde las tropas cubanas se preparaban para la invasión bajo la dirección de la CIA. Desde la base de Retalhuleu un avión llevaría a Brand con dos combatientes y el alijo de armas a un punto de lanzamiento en el Escambray.

Brand escogió a sus dos hombres y se ocupó de los detalles finales.

—Serás el último hombre en salir del avión —le dijo su oficial de caso norteamericano.

—¡No! —respondió Brand—. Esos hombres deben ver que soy yo quien los lleva a la acción, así que yo saltaré primero.

—Muy bien —dijo el oficial de caso—, pero en cualquier caso saldrán del avión.

Brand se tragó su disgusto por el comentario.

—Si usted es atrapado y obligado a hablar, debemos acordar un código —el oficial le dijo poco antes del despegue.

—¡Oye! Si me capturan yo no voy a hablar —corrigió Brand.

El oficial de caso tuvo que tragárselo.

[De los recuerdos de Emi]

Dos de la madrugada, 3 de marzo de 1961. Salté hacia la noche e inmediatamente sentí el tirón del paracaídas abriéndose. Busqué el avión y lo vi claramente mientras atravesaba los cielos. "No saltaron", pensé. En ese momento dos hombres se desprendieron del avión y justo después de ellos, el contenedor de armas y municiones. Miré hacia abajo y encontré la tierra que venía hacia mí.

La hierba de Paraná en la que aterricé amortiguó el impacto como un colchón. Cuando la brisa atrapó mi toldo y empezó a arrastrarme por el campo, tiré del elevador derecho con ambas manos y colapsé la cúpula del paracaídas. En un minuto me había quitado el casco, había doblado el paracaídas en un fardo y estaba listo para reunirme con mis camaradas. Nos estrechamos las manos efusivamente. Nadie había resultado herido, aunque Mendoza, el más alto de nosotros, había tirado de sus bandas con tanta fuerza que se clavó un codo en las costillas y se quedó sin aliento. Jorge, el más joven, había hecho un salto perfecto. Ambos estaban emocionados y de buen humor.

Les dije que no se movieran del lugar mientras buscaba al comité de recepción. Con mi calibre 45 en la mano caminé a través de la hierba en la dirección que supuse me llevaría al fuego. Estaba previsto que ardiera solo un par de minutos para confirmar la presencia del comité de recepción y coordinar la caída. Apenas vi una mancha blanca que al acercarme resultaron ser dos hombres y tres caballos.

—¿Ernesto? —llamé, porque ese era el alias de nuestro contacto.

—No —respondió alguien—, pero venimos de parte de Ernesto.

Me entregó un fósforo y un palillo de dientes, la seña que debía dar cualquiera que viniera de parte de Ernesto. Coloqué mi pistola en su funda y me golpeé las manos, una señal para que Jorge y Mendoza se unieran a mí.

Cuando llegaron, le pregunté a uno de nuestros contactos si sabía dónde estaba el contenedor de armas.

—Lo vimos caer y creemos saber dónde está —dijo.

Afortunadamente tenía razón. Al volver sobre nuestros pasos encontramos el contenedor y lo cargamos en uno de los caballos. Después de esconder los paracaídas, ordené a nuestros contactos que escondieran el contenedor en un lugar seguro.

—Ven por aquí —dijo uno de ellos.

En solo quince minutos llegamos a un campo de caña de azúcar. Caminamos a través de las cañas un corto tramo hasta un claro del tamaño de un vestidor, apenas lo suficientemente grande como para que tres hombres se pudieran acostar. Nuestros contactos nos dijeron que nos quedáramos allí, que por la mañana nos traerían comida.

Nos acostamos a dormir con las pistolas a mano. Aunque estas no se comparan con rifles o ametralladoras, a veces los disparos de pistola causan confusión y facilitan una oportunidad de escapar.

Jorge y Mendoza me despertaron varias veces durante la noche, alarmados por leves sonidos en las cañas. Yo también los escuchaba y supuse que eran ratas u otros animales en busca de comida. Me alegró que mis compañeros me despertaran, porque eso demostraba que estaban alertas.

Cumpliendo su promesa, nuestros contactos nos trajeron comida por la mañana, un desayuno que comimos vorazmente.

Por la tarde, el calor en el campo abierto era intenso y buscamos alivio en un arroyo cercano donde nos bañamos y nadamos. El resto del día y de la noche pasamos esperando por Ernesto, mientras discutíamos lo que haríamos en La Habana. Al día siguiente nuestros contactos trajeron más comida y la noticia de que Ernesto, un líder de la resistencia, llegaría por la tarde.

Al anochecer regresaron con Ernesto. Habían preparado todo para nuestro traslado. Caminamos durante quince minutos hacia un *jeep* que nos llevó en una hora de camino a una casa de campo donde nos bañamos y disfrutamos de una abundante cena campesina. Durante la comida, Ernesto nos informó que el contenedor de armas estaba escondido en un lugar seguro y los paracaídas enterrados.

*Segunda parte : **Guerras***

Muy temprano en la mañana partimos por separado hacia La Habana. Era hora de volver a juntar las piezas.

★

29. Estado de terror

Espías al mando

El socio principal de Brand en La Habana era Efrén Rodríguez, el abogado y camarada que había irrumpido en su oficina dos años antes con exclamaciones sobre los comunistas en el régimen. Esos comentarios habían alarmado incluso a Brand, quien era por demás extrovertido.

Efrén, un maestro en demoliciones, había sido autor de numerosas explosiones en la capital, hecho que el régimen no podía ocultar a un público ansioso. Encabezaba la lista de los más buscados, y los agentes de Fidel se afanaban por encontrar su rastro.

Brand apenas se había puesto al día con Efrén cuando este dijo que tenía que irse.

—¿A dónde?

—A una reunión de jefes de sección.

—¡No me gusta eso! —exclamó Brand.

—No te preocupes —dijo Efrén, mostrando la sonrisa de su buen carácter mientras apretaba una medalla en su cuello—. La Virgen me protegerá.

Al día siguiente Brand se enteró de que el chofer de Efrén lo había visto salir de la reunión bajo la custodia de un hombre de paisano que lo hizo parecer lo más inocuo posible. Era la Seguridad del Estado, que mantenía un perfil bajo. Efrén había logrado hacer una seña al conductor pasándose un dedo por la garganta en un gesto inconfundible: estoy muerto.

A los pocos días lo fusilaron.

Hermanos de vez en cuando

La operación de Brand en La Habana había perdido su brazo derecho. El resto de la red de Efrén ahora debía reagruparse. Era urgente que Brand llevara armas a la ciudad. La gente en La Habana podía poner bombas y crear interrupciones, pero sin armas no podrían dar un paso decisivo.

Brand también recibía mensajes de Pinar del Río sobre cuándo dejarían caer las armas. Brand seguía preguntando a sus contactos de la CIA en La Habana sin obtener respuesta. Como medida temporal, podría suministrar algunas de las armas del arsenal de Ernesto a los hombres de Pinar del Río.

Después de la muerte de Plinio, Brand no tuvo ningún contacto importante en el Escambray, así que los norteamericanos le presentaron a Ernesto, un hombre de negocios con fuertes credenciales y personalidad agradable. Ernesto no era comparable con Plinio, pero Brand siempre recordaba un consejo que había extraído de Aristóteles: "En política no se crean personas, trabajas con las que tienes".

Después de organizar el transporte de las armas desde el centro de la isla, Brand convocó a Ernesto a una reunión.

—Estoy listo para recoger las armas en el Escambray —dijo Brand.

—Tenemos un problema —respondió Ernesto—. Las armas ya no sirven.

—¿Cómo? ¿Qué quieres decir?

—Una fuerte lluvia inundó el terreno donde fueron enterradas. Las armas se oxidaron y están inutilizadas.

—¿Todas?

—Todas.

No podía ser verdad. Antes del lanzamiento, Brand había interrogado a personas de la CIA sobre cómo se empacarían las armas. Le aseguraron que las armas estarían en forma, incluso si tuvieran que estar por semanas en el fondo de un pantano.

¿Qué estaba pasando? Parecía que Ernesto había entrado en pánico. Brand había visto esto docenas de veces. Los hombres acomodados como Ernesto suponían que podían ser tan efectivos en la vida clandestina como lo habían sido en los negocios. Entonces se encontraban cara a cara con presiones terribles que nunca habían conocido y que se acumulaban a una velocidad que no podían imaginar.

Con el estado de terror que se apoderó del país, Ernesto tenía miedo de caer en una trampa policial. No quería arriesgarse a que las armas se movieran de sus predios.

"¡Qué demonios! Le daré unos días para superar sus preocupaciones. Cuando se enfríe me dejará mover las armas".

★

30. La orquesta completa

Banda sonora del desastre

—¡Levántate! —dijo Ana, la amiga de Brand, sacudiéndolo alarmada—. ¡Algo está pasando!

—¡Dime! — Brand dijo, despierto.

—Están bombardeando Ciudad Libertad[28].

—¿Cómo lo sabes?

—Alguien llamó y me lo dijo. ¿Qué significa eso?

Seis de la mañana, sábado 15 de abril de 1961. Grandes explosiones sacudieron el centro de La Habana. Debe haber sido la CIA, no había otra explicación posible. Brand no había tenido noticias de un ataque; tampoco las había tenido nadie de la clandestinidad que él supiera.

Sin duda el objetivo del ataque era destruir la fuerza aérea de Castro antes de un desembarco de tropas. Pero, ¿por qué atacar sin decir una palabra a la clandestinidad?

Brand sabía que la fuerza cubana que estaba entrenando en los campamentos de la CIA no era lo suficientemente grande como para

---

[28] Cuartel general del Ejército y aeropuerto militar en La Habana.

merecer un preludio como este, que sí se justificaba para una intervención norteamericana.

Cualquiera que fuera su plan, la CIA colocaba a la clandestinidad en un serio peligro. El bombardeo crearía una confusión masiva en sus filas, al mismo tiempo que enviaba un mensaje a Fidel: "Haz tus arrestos, vamos para allá".

★

31. Un día glorioso

¡Oh, qué guerra tan encantadora!

Amanecer del 15 de abril. En su cuarto de *Mella*, Adolfo dormía profundamente en la litera, que se había hundido tanto que ahora era como una hamaca de hierro en una armazón de acero.

Soñaba que la lluvia caía sobre él. Creyó oír un portazo.

—¡Félix, levántate! ¡Están bombardeando La Habana!

Era la voz emocionada de Ezequiel, un amigo de la lucha antibatistiana que ahora llamaba a Adolfo por su nombre de guerra.

—¡Llegó el momento, Ezequiel! —Adolfo le respondió gritando, a la vez que nombraba a su amigo por su nombre clandestino. Estaban encantados de volver a la lucha y no poco asustados.

Adolfo se bajó de la hamaca de hierro y se puso las botas. Podían escucharse a lo lejos las explosiones con un ritmo musical. Su mente lo tarareaba. Se imaginó a sí mismo y a su amigo corriendo a través de un paisaje lunar de cráteres ahumados, edificios en llamas y enormes paredes de ladrillo desplomándose.

Ahora más que nunca Adolfo se sintió orgulloso de ser comunista. Una vez más la vida había demostrado que los comunistas estaban en lo correcto. ¿Quiénes sino ellos habían entendido la naturaleza de las relaciones

*Segunda parte : **Guerras***

entre Estados Unidos y Cuba? ¿Quiénes sino ellos sabían que un ataque norteamericano a Cuba era inevitable?

Por fin los jóvenes comunistas tenían la pelea que querían. Ya no serían figuras encubiertas, grises y sombrías. Los héroes guerrilleros de la Sierra Maestra o los gallardos asaltantes al Palacio Presidencial ya no los mirarían de arriba hacia abajo. Aunque Adolfo y sus amigos no habían sido ajenos al terror, durante años vivieron bajo espadas colgantes. Sufrieron peligros sin tener el premio del mérito. Ahora había llegado su día de gloria.

Adolfo se calzó una pistola Makarov, de fabricación soviética, en su cinturón. Ezequiel y él bajaron las escaleras, subieron a un carro y se dirigieron hacia la avenida Carlos III.

Las explosiones se habían detenido. Todo parecía normal. Al no encontrar a nadie en las oficinas de Juventud Rebelde, se dirigieron a la sede de las Organizaciones Revolucionarias Integradas (ORI), la nueva entidad gobernante en Cuba. Allí se encontraron con Joaquín Ordoqui, uno de los viejos comunistas y miembro del comité central de las ORI, vestido con uniforme militar verde olivo.

—Los aeropuertos de San Antonio y Santiago de Cuba han sido bombardeados. También el cuartel general del Ejército Rebelde —dijo a los jóvenes lacónicamente—. El ataque a Ciudad Libertad fue el último.

—Así que las explosiones que hemos estado escuchando...

—No eran bombas, sino depósitos de municiones que explotaban.

—¿Y ahora qué? —preguntaron los jóvenes.

—Debemos estar alerta —respondió el veterano.

—¡No hay invasión! Tal vez esto no sea una guerra después de todo —dijo Adolfo, desanimado.

—Tal vez sí sea una guerra —dijo Ezequiel—. Los americanos deben estar preparando algo grande.

—¡Grande es la revolución! —Ordoqui refutó a Ezequiel, mientras lo miraba fijamente con un ojo y con el otro rastreaba a Adolfo—. ¡El imperialismo es una mierda!

Hermanos de vez en cuando

Ordoqui se retiró de mal humor, balanceándose como un gorila[29].

—Llegarán en cuarenta y ocho horas —murmuró Ezequiel como si hablara consigo mismo.

—¿Dónde crees que van a aterrizar? —preguntó Adolfo.

—¿Cómo diablos lo voy a saber? —le respondió Ezequiel—. ¡Todavía no he podido hablar con Kennedy!

Cuando se separaron, Adolfo volvió a las oficinas de Juventud Rebelde. Joel Iglesias, cuya juventud siempre impresionó a Adolfo, se sentó en su escritorio y hurgó dentro de una caja de tabacos. Un enorme retrato de Fidel con boina colgaba en la pared detrás de él. Otros líderes juveniles tomaron sus lugares en la mesa de reunión mientras Joel, sentado en la cabecera, encendía un Cinco Vegas.

—Oye, Rivero —preguntó Joel con cuidado—, estudiaste allí, debes conocerlos. ¿Crees que vendrán?

—No estoy seguro con Kennedy. No parece un hombre que ordenaría una invasión —dijo Adolfo.

—¡Kennedy no decide! —interrumpió Domenech—. ¡Kennedy hace lo que el complejo militar-industrial le dice que haga! ¿No es así? —dijo, volviendo sus agudos ojos azules hacia Adolfo, en cuya cara se dibujó una sonrisa de buen chico.

—¡No! —exclamó César—. ¡El complejo militar-industrial no es una persona y sus opiniones no se pueden formar tan fácilmente!

César creía de verdad que los norteamericanos pensaban en bloque[30], pero no perdería la oportunidad para ajustar cuentas con el ascendente comunista.

Domenech mordió el anzuelo.

---

[29] El camarada Ordoqui, a quien a nadie parecía gustarle mucho, más adelante sería víctima de las purgas de Castro contra miembros del antiguo Partido Comunista: https://www.nytimes.com/1964/03/24/archives/cuba-seizes-a-top-communist.html

[30] Véanse los párrafos iniciales del capítulo 26, "Democracia revolucionaria", arriba.

—Ustedes son universitarios —dijo sarcásticamente—, la cultura marxista...

—Los universitarios nunca han sido una facción —dijo Adolfo en defensa de César, aunque molesto por la costumbre que tenía su amigo de pelear con Domenech.

Joel Iglesias se rascó la barbilla y reflexionó.

—Lo que sí sé es que han perdido a Cuba. Si la invaden, la pierden, y si no la invaden, también.

No era una mala reflexión para un simple campesino.

★

32. Una regla cardinal

Nadie lo podría inventar

15 y 16 de abril. Mientras Adolfo y sus amigos estaban contentos, Brand y sus amigos evitaban desesperanzarse. La Habana se había convertido en una galería de tiro y ellos, los enemigos del Gobierno, eran el blanco de todos.

Camiones militares, patrullas y coches civiles abarrotados de hombres armados corrían por calles y avenidas, tocando bocinas y sirenas. Las milicias se reunían y marchaban por la ciudad. Los anuncios de radio y televisión seguían difundiendo alarmas, repitiendo las noticias de bombardeos en toda la isla y advirtiendo la inminencia de nuevos ataques.

Durante todo el día Brand había tratado de contactar con amigos y compañeros conspiradores para ver si todavía podían actuar y averiguar qué medios tenían. Encontró muy poco.

Al anochecer apenas se veían personas o autos en las calles. La ciudad parecía deshabitada. A pesar del evidente riesgo, Brand sintió que debía localizar a Ernesto y a Jorge, su operador de radio. Todavía no habían

***Hermanos** de vez en cuando*

lanzado las armas en Pinar del Río, y Brand estaba desesperado por hacer contacto con el cuartel general.

Para salir a buscar a Ernesto, Brand decidió llevar consigo a la atractiva rubia con la que pasaría la noche, pues el departamento de ella era seguro. La rubia estaba fuertemente comprometida con la lucha y lista a jugar su papel. Entendió el razonamiento de Brand: su presencia mantendría a los hombres distraídos.

Brand contactó con un servicio de taxis, pidió uno y se dirigió con su escolta a la residencia de Ernesto, a quince minutos de distancia. Los autobuses públicos, que normalmente abarrotaban las avenidas de la ciudad, estaban ausentes. Las principales intersecciones estaban vacías, salvo algunos autos patrulla estacionados en actitud vigilante con los faros apagados.

El taxi se acercó a un barrio de lujo y se detuvo frente a una mansión. Cuando Brand llamó no respondió un sirviente, sino el propio Ernesto.

—¡Eres una bestia! ¿Por qué te arriesgaste tanto? —le dijo Ernesto a Brand con asombro.

Los tres entraron en la casa.

—Escucha Ernesto, necesito contactar con Jorge inmediatamente.

—Tenemos que esperar hasta mañana.

—No puede ser mañana. Jorge debe tener mensajes para mí y yo también tengo mensajes que enviar.

Brand mantuvo la calma pero estaba más que cansado de escuchar negativas de Ernesto.

—No sé dónde está —dijo Ernesto—. Tengo que esperar a que se ponga en contacto conmigo.

—¿Cómo puede ser eso? ¡Tú eres quien lo puso en un departamento!

—Es bastante difícil de explicar —dijo Ernesto, visiblemente desconcertado por la presencia de la rubia.

—Aquí todos somos amigos —dijo Brand—. Por favor, habla con libertad. Insisto.

*Segunda parte : **Guerras***

—Bien, sucede que Jorge se ha estado quedando en el departamento de una joven divorciada.

—¿Y qué?

—Esta joven divorciada vive con su madre.

—¿Podemos llegar al final, por favor?

—Está bien —dijo Ernesto con petulancia—. Hoy la vieja ha echado a Jorge del departamento.

—¿Por qué?

—Lo atrapó en la cama con su hija.

—Ya veo.

En la clandestinidad había una regla cardinal: no acostarse con mujeres en las casas de seguridad. Brand le robó una mirada a su acompañante. Ella escuchaba sin expresión, pero él podía oír la risa que resonaba dentro de ella.

—Mañana Jorge me dirá adónde ha ido —dijo Ernesto—. Te pondré en contacto con él. Te lo prometo.

—Te creo —respondió Brand—. De hecho, nadie podría haber inventado tal historia.

—Llamaré un taxi —dijo Brand.

—No —insistió Ernesto—. Déjame llevarte a donde vayas. No quiero que te arriesgues con otro viaje en taxi.

Brand le dio la dirección de una esquina, a unas cuadras del departamento de la rubia. Ernesto los dejó allí. Esa noche Brand se fue a la cama pensando en la naturaleza versátil de la influencia de las mujeres en la historia.

Al día siguiente, cuando Brand llamó a Ernesto, las primeras palabras que escuchó fueron:

—Oye, esa mujer con la que estuviste anoche… extraordinaria.

33. Coronación

Napoleón vive

Domingo 16 de abril de 1961. Al día siguiente de los ataques aéreos se celebró una solemne ceremonia en honor a los siete cubanos que habían perdido la vida en los bombardeos. Fidel hizo una convocatoria para que todos asistieran.

La gente llegó a La Habana desde toda la isla para atender el llamado. Adolfo decidió verlo por televisión y fue a la oficina de Joel Iglesias, donde se habían reunido varios camaradas.

Tan pronto como Fidel empezó a hablar, comenzaron los comentarios. Adolfo se paseaba por la habitación. La oratoria de Fidel era familiar para todos y a veces adelantaban las palabras que el pronunciaría: "En cuanto a los americanos", exclamó Fidel, "lo que no nos perdonan es que hayamos hecho..."

—Una revolución para los humildes —murmuró Adolfo.

Fidel tenía otra idea. Levantó la voz a nivel de trueno, repitió la frase inicial y la completó: "¡Lo que no nos perdonan es que hayamos hecho una revolución socialista bajo sus narices!".

Adolfo se volvió hacia la pantalla, incrédulo. En el mitin, el pandemonio se desató cuando se levantaron miles de brazos blandiendo rifles.

Los jóvenes líderes se pusieron de pie y se abrazaron salvajemente. ¡Por fin! Cuba había roto los lazos de la dominación yanqui. En esa sala, cada corazón y cada alma latía ahora al unísono ya fuera socialista, nacionalista o simplemente rebelde con causa.

Fidel cerró su discurso con una orden de movilización. Era retórica. Todos los cubanos ya estaban movilizados y esperando unirse a la lucha.

Dos años después, a través de la confiscación masiva de tierras e industrias, la economía de la nación estaba en manos del Gobierno, mientras que el poder político, sin apenas una objeción significativa, había sido conferido a un liderazgo diseñado por un solo hombre.

Fidel había hecho lo imposible. Había convertido a Cuba en un país comunista. Y aquí estaba el resultado: una coronación gloriosa y trascendental, a su manera, como la de Napoleón.

Para rematar, el momento era propicio para tal declaración. Cualquier temor o duda sobre el socialismo no era nada comparable con la amenaza de una invasión: cualquiera que se opusiera al socialismo en Cuba sería un cobarde que traicionaba al país en tiempos de guerra.

★

34. Indispensable

El único hombre en Cuba

Lunes, 17 de abril de 1961. ¡Invasión! El enemigo había desembarcado fuerzas en la costa sur central de la isla, en Bahía de Cochinos, Playa Girón[31] y Playa Larga.

Adolfo exigió un salvoconducto para ir al frente como corresponsal de combate de *Mella*. Por la tarde partió hacia Santa Clara con Bebo, su chofer, ambos armados con checas y listos para la acción.

Martes, 18 de abril. El pueblo de Santa Clara, a 160 kilómetros de la invasión, era un caos de uniformes y camiones. Los miembros de Juventud Rebelde participaban de la "recogida" o arrestos masivos. La orden general era simple: encarcelar a cualquier sospechoso de simpatizar con la contrarrevolución.

La gente aplicó la medida con entusiasmo. Los sospechosos fueron sacados casa por casa, calle por calle, barrio por barrio. Se encarcelaron decenas de miles de personas sin ningún tipo de procedimiento. Como no cabían

---
[31] Playa en la orilla este de la Bahía de Cochinos.

en las prisiones de la ciudad, se les recluyó en campos de concentración improvisados.

El hombre que dirigía la recogida en la provincia de Las Villas era Arnaldo Milián[32], un veterano líder comunista del PSP que se especializaba en la agricultura. Le explicó a Adolfo que el próximo ataque enemigo podría ser un asalto simultáneo en varias zonas, por lo que era necesario tener reservas listas para la acción y estar atentos a los sabotajes o a los intentos de bloquear los refuerzos.

La presentación de Arnaldo fue tranquila, precisa, detallada y profesional. Adolfo se sintió calmado al ver que el viejo Partido salía a la luz en un momento de crisis. "La sangre fría y la disciplina de los comunistas es vital para la supervivencia de la revolución", escribió.

San Blas. En un terreno pantanoso cercano a la acción, un pequeño contingente de milicianos formaba filas cuando llegaron Adolfo y Bebo. Un joven delgado se les acercó con una sonrisa. Adolfo reconoció a "Pijirigua", un campesino con el que había hecho amistad años antes en las reuniones de la Juventud Socialista.

A continuación, Adolfo dirigió su mirada al comandante Félix Duque, un hombre bajito con boina verde, blanco por el polvo del camino. Estaba hablando con los milicianos.

Cuando Adolfo se le acercó, Duque se volvió hacia él sin ceremonias y se jactó:

—¡Esta gente de la milicia es magnífica! Nunca he luchado con mejores tropas.

—Un gran número de enemigos se acercan por los pantanos —dijo Adolfo.

—Los estoy esperando —respondió Duque—. Cuando lleguen aquí, los vamos a convertir en polvo.

---

[32] https://www.ecured.cu/Arnaldo_Milián_Castro.

*Segunda parte : **Guerras***

Varios soldados de la milicia acomodaban un mortero. Duque se les acercó y se hizo el primer disparo. Una detonación seca y aguda anunció que estaban en guerra.

Pijirigua se puso a la cabeza de la columna con Duque, mientras Adolfo se unía al cuerpo de la tropa. Avanzaron en dos columnas, una a cada lado del camino para poder ponerse a cubierto rápidamente. El enemigo estaba justo delante de ellos.

A pocos minutos de caminar hallaron un cuerpo con el uniforme de camuflaje de los invasores. El resto estaba tan cubierto de polvo blanco que apenas eran visibles sus rasgos. Los milicianos pasaron sin parar, marcando con sus botas una aburrida caminata a lo largo de un camino interminable.

—¡Tenemos que retirarnos! —exclamó un miliciano—. Esta zona está controlada por los mercenarios. Los soldados de Castro usaban la palabra "mercenario" con la fe ciega de que ningún cubano tomaría las armas contra la revolución a menos que los norteamericanos le pagaran.

Mientras Adolfo pensaba en lo sensato que sería una retirada, Pijirigua corría y gritaba emocionado:

—¡Estamos avanzando!

Miércoles 19 de abril.

—Tenemos a las tropas enemigas contra la playa y han roto filas. ¡Vamos! —gritó Pijirigua.

Adolfo y Bebo acompañaron a Pijirigua para presenciar el final de la batalla. Cerca de San Blas encontraron a una compañía de milicianos dispersa por el campo, escarbando entre desperdicios. En los matorrales, los soldados enemigos habían dejado latas vacías y pastillas oscuras que parecían jabón.

—Son raciones K —dijo Pijirigua con orgullo—. Lo aprendí durante el entrenamiento.

Un poco más lejos encontraron una pistola Browning que Pijirigua reclamó para sí. Las tropas del Ejército Rebelde ripiaban en tiras un paracaídas de seda para recuerdos. Adolfo pensó tomar una, pero se abstuvo porque no era un combatiente.

Cerca de Playa Girón dos hombres con uniformes de camuflaje salieron del campo con las manos en alto. Adolfo los miró fijamente con un odio terrible. Eran enemigos. Habían venido a derramar la sangre de sus camaradas y recuperar a Cuba como colonia yanqui.

Aunque los soldados se habían rendido, Adolfo pensó en dispararles.

Uno de los prisioneros, un tipo robusto con corte de pelo al alemán, dijo:

—Nos dejaron en la estacada. Esto ha sido un infierno.

El comentario del prisionero sobre los estadounidenses se le escapó de su lengua en vernáculo cubano. Adolfo estaba listo para volarle la cabeza. Un mercenario de la CIA no tenía derecho a sonar como un cubano.

Tanto él como el otro, un hombre alto y delgado, estaban deshidratados, con los labios severamente agrietados. Pijirigua les tiró su botella de agua. Bebieron desesperadamente.

—Gracias —dijo el más alto—. El sol está que quema. Soy de La Víbora. ¿De dónde eres?

La Víbora era un barrio de clase media-baja de La Habana. Adolfo no quiso decirle que era de Miramar, un barrio mucho más elegante que el de su cautivo.

—Suban al *jeep* —respondió Adolfo con desdén, señalando con su checa—. Ustedes son mis prisioneros, no mis invitados.

Sábado 22 de abril. Un grupo de líderes jóvenes, entre los que se encontraba Adolfo, fue a reunirse con el presidente Osvaldo Dorticós y otros dirigentes en el Palacio Presidencial. Fidel estaba allí pensando en voz alta, estentórea, como de costumbre. Alababa locuazmente a la fuerza aérea por haber hundido en el mar la flota enemiga de suministros. Sin ton ni son sacó a relucir al mayor Félix Duque, a quien Adolfo había mencionado en su relato de *Mella*.

—Siempre está pensando en cómo hacerse notar, en cómo llamar la atención —dijo Fidel—. Duque es uno de esos hombres que no aceptan el humilde lugar de la historia al que su propia mediocridad les condena.

La afirmación le pareció a Adolfo excesivamente áspera. En la playa, Duque había sido un defensor heroico de la revolución. Si Fidel estaba resentido con ese hombre al que conocía como un fiel subordinado, ¿cómo se sentiría con los simples soldados, obreros y campesinos bajo su mando?

Pero no, Fidel tenía razón. Fue duro pero certero. Duque era un soldado, un buen soldado, tal vez incluso un soldado excepcional, pero al final era prescindible como cualquier soldado. Fidel era Fidel, indispensable. Adolfo y sus camaradas eran muchos hombres entre muchos. Fidel era único, todos en uno.

★

35. Una noche soportable

Adiós a la vida clandestina

[De los recuerdos de Emi]

Domingo, 23 de abril de 1961. Decidí pasar la tarde en el departamento de Adela, una viuda de treinta y tantos años que vivía en El Vedado con su madre, una señora canosa. Cuando llegué, estaban almorzando y me invitaron.

Como la mayoría de los cubanos, ellas habían seguido por radio y televisión los dramáticos acontecimientos de aquellos días. No sabían hasta qué punto yo estaba involucrado en actividades clandestinas, pero sí se percataron de que tenía muchas cosas en la cabeza. Por lo tanto, después de una larga y agradable conversación me ofrecieron que usara el cuarto de atrás para leer y dormir la siesta.

Acepté su amable oferta y me retiré al dormitorio. Preocupado de que mis anfitrionas se alarmaran al ver una pistola, la puse en un estante, detrás de una fila de libros.

Inmerso en la lectura, oí voces altas que venían de la sala. Parecía una discusión. Caminé por el pasillo hasta la sala.

—¿Qué pasa, Adela? —pregunté.

Con voz consternada, Adela me dijo:

—Es la Policía.

En ese momento me di cuenta de que un hombre me apuntaba con una metralleta.

En realidad, no era la Policía, sino la Seguridad del Estado: tres agentes comandados por un teniente de unos veinte años. Con ellos estaba un quinto hombre, prisionero, que los había guiado hasta el apartamento. Un soplón.

Al haber dejado mi pistola a un lado por consideración a mis anfitrionas, había ignorado otra regla cardinal. ¿Había arruinado mis posibilidades de escapar o había salvado mi propia vida al evitar involuntariamente un tiroteo?

Mis captores escucharon de mí una historia cuidadosamente preparada que tenía algo de verdad. Yo era un periodista independiente para el noticiero de Columbia Broadcasting System (CBS) y el *New York Times*. Esperaba vender mis informes sobre Cuba por una suma considerable.

—¿Y necesita esto para sus reportajes? —preguntó el teniente, señalando la pistola que encontraron en registro superficial de la casa.

—Todos hemos visto el clima de disturbios, confusión y violencia en el país —le respondí—. Simplemente tengo esa pistola como protección personal.

Por supuesto, el teniente no creyó mi historia, pero al menos me permitió decir algo que no discrepaba con él ni comprometía a las dos mujeres.

Nos mantuvieron en el departamento por varias horas. Parece que esperaban atrapar a alguien más o preferían no mostrar un arresto a la luz del día.

Segunda parte : **Guerras**

Una de las muchas cosas que pasaron por mi mente en esas horas fue lo que le dije a J. B. en una conversación: cuento con cuarenta y cinco días en La Habana, cincuenta como máximo, antes de que me arresten. Era el día cincuenta y uno de mi regreso a Cuba.

Mi principal preocupación era ayudar a las dos mujeres que habían sido tan amables conmigo. Resultó que la madre tenía sentimientos parecidos sobre mí.

Cuando uno de los agentes la amenazó, ella dijo:

—Soy una anciana. Ya he vivido bastante. No me preocupo por mí misma. Pero sí me importa la suerte de este hombre que está en la flor de la vida.

Tal vez mi historia distrajo a los agentes, pues, aunque registraron la casa, olvidaron una medida policial elemental: no me registraron. Tuve mucha suerte, porque en el bolsillo de mi camisa había tres tiras muy finas de papel con mensajes para que mi operador de radio los transmitiera a Estados Unidos. Cuando después del atardecer me llevaron al coche, a media cuadra de distancia, logré sacar los papeles, arrugarlos y tirarlos al césped al lado de la acera.

Ya en el cuartel general de la Seguridad del Estado me ordenaron que me sentara en uno de los bancos del pasillo. Ahí fui testigo del frecuente ir y venir de numerosos homosexuales que se identificaban por sus voces y su exagerado andar. Estaban vestidos con ropa informal, pero obviamente trabajaban para la Dirección General de Inteligencia (DGI, también conocida como G2). La mayoría de ellos parecían emocionados, visiblemente regocijados por su trabajo como informantes, seguramente porque les permitía contraatacar a una sociedad que los despreciaba.

Estuve dos horas sentado en ese banco sin que nadie me cuestionara ni se acercara. Alrededor de las once y media de la noche alguien vino a buscarme y me llevó a una minúscula oficina, donde un escritorio y cuatro sillas ocupaban casi todo el espacio. Me esperaba el jefe de la contrainteligencia de Castro a quien todos, por una razón obvia, llamaban Barba Roja. Junto a él, estaba el oficial que me detuvo, identificado como el teniente Cuenca, más un capitán joven cuyo nombre no se mencionó.

Me sentaron en una silla frente a Barba Roja. Todas las luces estaban apagadas excepto una lámpara en el escritorio dirigida hacia mi cara, a solo diez o doce centímetros de distancia. Me pareció un drama hollywoodense un poco ridículo.

Barba Roja comenzó con preguntas generales sobre mis actividades. Repetí que estaba en Cuba como periodista independiente.

—Eso parece una fachada para la CIA —dijo.

Para fundamentar mis sentimientos revolucionarios, empecé lo que se convirtió en un monólogo sobre las revoluciones en general y la Revolución cubana en particular. Afirmé que la lucha contra Batista había sido política y que Castro, al superponer una agenda diferente a la revolución, estaba creando un cisma que podría haberse evitado.

Las masas, afirmé, se habían alimentado de una leyenda sobre la revolución que no se correspondía con los hechos. Los revolucionarios contra Batista, y me identifiqué como uno de los primeros, apoyaron en su mayoría las leyes puestas en marcha por el gobierno de Castro. Pero no estábamos preparados para aceptar un régimen comunista.

—Los comunistas no se unieron a la lucha contra Batista hasta que la victoria estaba a la vista —les dije a mis interrogadores—. La prensa americana —añadí—, encontró el tema muy jugoso, tenía la intención de dar un golpe periodístico y hacer mucho dinero con mis informes.

Mientras hablaba me las arreglé para alejar la lámpara de mí y dirigirla hacia la pared sin levantar objeciones de mis captores.

Al mencionar el comunismo, hablé de Rusia: su historia desde la época de la revuelta de Yemelyan Ivanovich Pugachev en el siglo XVIII, los levantamientos campesinos del siglo XIX, la guerra ruso-japonesa de 1905, el papel de Trotsky en la revolución de 1905, el incidente del Potemkin donde las protestas por la comida dieron un giro inesperado; luego los eventos masivos desatados por la Primera Guerra Mundial, el derrocamiento del

*Segunda parte : **Guerras***

zar en febrero de 1917, el gobierno de Kerensky; el viaje de Lenin en un tren blindado a través de Alemania, su llegada a Petersburgo, su paso a la clandestinidad; "Hoy es demasiado pronto, pasado mañana será demasiado tarde", los "diez días que sacudieron el mundo"; Lenin en el poder, la reforma agraria, Lenin el realista aconsejando la aceptación de la paz; el tratado de Brest-Litovsk, la guerra civil, Trotsky y el Ejército Rojo, el atentado a Lenin, su convalecencia, recuperación, derrame cerebral y muerte, el testamento, el ansia de poder de Stalin, las purgas.

A lo largo de mi monólogo me sentí de cierta manera mortificado por una deficiencia en mi análisis crítico del comunismo. Aunque había leído muchos escritos de Lenin, había leído poco de Hegel, Marx, Engels y otros cuyas obras eran esenciales para una buena comprensión del tema. Esa deficiencia parecía no molestar a mis captores, que escuchaban atentamente todo el tiempo. Por lo menos había evitado un verdadero interrogatorio y había convertido lo que podría haber sido una tarde muy desagradable en una noche pasable.

Barba Roja concluyó la entrevista diciendo:

—Doctor, necesitamos gente como usted para dar conferencias a nuestros hombres.

Dadas las circunstancias, lo tomé como un cumplido.

Me enviaron a una habitación convertida en celda. En ella cabían veinte hombres. Allí dormí en el suelo durante mi primera noche como prisionero.

Tercera parte: Juicios

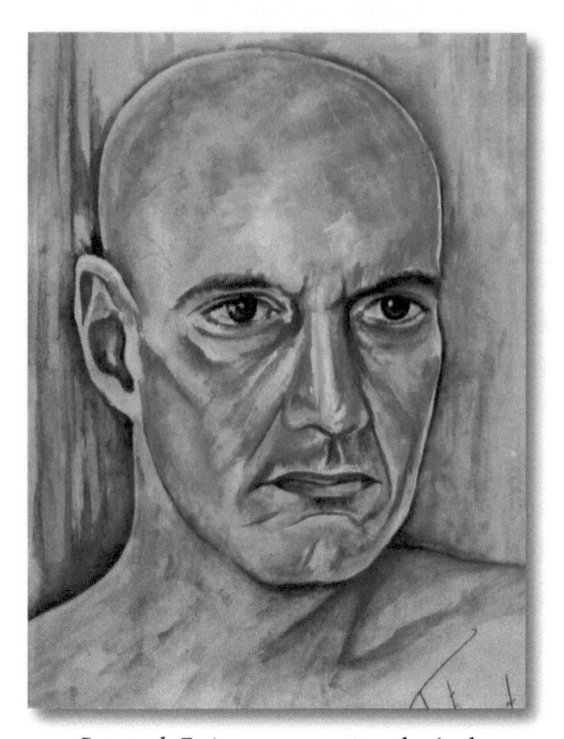

Retrato de Emi por un compañero de cárcel

36. El yogui

Bajo interrogatorio

En el mismo momento que Brand murió al caer preso por la Seguridad del Estado, Emi Rivero renació para pasar toda una vida en la cárcel, si es que tenía suerte.

15 de mayo de 1961. De la prisión de la Fortaleza de La Cabaña, donde había estado encarcelado por tres semanas después del interrogatorio de

*Tercera parte : **Juicios***

Barba Roja, Emi fue transferido de nuevo al sumo de los alojamientos penales: las galeras de la jefatura de la Seguridad del Estado, ahora mucho más llenas que antes.

Cayó en la celda tres, llena hasta su límite, con unos cincuenta hombres. En ese cuarto grande estaban colocadas las literas de tres niveles en completo desorden. Un agujero en el piso con una ducha en la pared era la única instalación sanitaria para aquellas cincuenta personas.

Mientras se presentaban unos a otros en la celda, llamaron a Emi y lo condujeron a una habitación donde estaba un oficial sentado detrás de un gran escritorio. Le hizo señas a Emi para que se sentara frente a él.

—El G2 ya sabe bastante sobre usted, pero necesitamos saber más. ¿Cómo entró en Cuba? ¿Cuáles fueron sus actividades más recientes?

—Soy un periodista independiente que trataba de vender artículos a la CBS TV y al *New York Times*. Como quería hacer los reportajes sin el conocimiento del Gobierno, vine al país como polizón en un carguero proveniente de América Central.

—Tu historia no es creíble.

—Hablé con el señor Richard Eder del *New York Times* sobre la presentación de mis informes. Si tiene alguna duda sobre lo que digo, puede contactar al señor Eder y comprobarlo usted mismo. Le encanta hablar con funcionarios cubanos y habla un español perfecto.

El oficial tomó un bolígrafo y dijo:

—Si me dices que este bolígrafo es de oro puro y me invitas a revisarlo para convencerme, no tengo que hacerlo porque sé que el bolígrafo no es de oro.

Emi Rivero, que no se inquietaba fácilmente, encontró la declaración desconcertante.

—¿Sabes lo que te condena? —el oficial le dijo—. Tu mentalidad de abogado. Lo que va a decidir en el juicio no es lo que diga el presidente del tribunal, los fiscales, tu abogado o los testigos, ni siquiera las pruebas, nada de eso. Lo que va a decidir es lo que diga el G2. Coopera con nosotros y así podríamos tener un trato favorable contigo en tu caso.

—Estoy en Cuba tratando de hacer los reportajes que acabo de mencionar por cuenta propia.

El oficial llamó a un guardia que llevó a Emi de vuelta al confinamiento.

Centro especial de interrogatorios alias "Las Cabañitas", cerca de La Habana, agosto de 1961.

En su pequeña celda para un solo hombre, que él llamaba "la cabañita", Emi continuó puntualmente con la práctica del yoga, tal como lo había hecho durante su vida clandestina. Sus sesiones eran más largas en la medida que aumentaba la presión del cautiverio. Era evidente que guardias y oficiales observaban sus ejercicios a través de la mirilla, ya que a veces escuchaba que se referían a él como "el yogui".

Uno o dos días después de la llegada de Emi, un par de soldados entraron a su cabaña mientras otro quedaba afuera portando un rifle. Era el procedimiento para ir al baño, pero él lo no había pedido. Uno de los soldados le puso una toalla alrededor de su cabeza y lo guio para bajar por unas escaleras.

Cuando le quitaron la toalla vio que estaba en una sala con una pequeña barra. Las puertas de cristal daban a la terraza y al patio trasero de la residencia. Después de la atmósfera asfixiante de "la cabañita", sintió en su piel el fresco maravilloso del aire acondicionado.

Dos jóvenes se presentaron como miembros del G2. El más alto, superior en rango, tomó la delantera.

Se sentaron en la barra. Preguntado sobre su llegada clandestina a Cuba, Emi repitió su historia de ser un reportero independiente que había llegado en barco.

Al final del monólogo de Emi, el oficial superior dijo con frialdad:

—Brand, estás en una posición muy peligrosa. Sabemos cómo llegaste a Cuba. No fue en un barco, sino en un avión y no como polizón, sino como paracaidista. Si quieres te muestro en un mapa la granja donde aterrizaste.

*Tercera parte : **Juicios***

Emi mantuvo su cara de póker, pero se enfureció para sus adentros: alguien había hablado y con detalles.

—La información que tenemos es suficiente para llevarte al pelotón de fusilamiento —añadió el hombre mayor—. La única oportunidad que tienes de salvar tu vida es darnos información detallada sobre todas tus actividades, contactos, depósitos de armas, todo. O nos dices lo que queremos saber o vas al pelotón de fusilamiento.

—No sé de qué están hablando —respondió Emi.

Los interrogadores se molestaron y dejaron el cuarto. Reaparecieron los guardias y lo volvieron a subir.

Unos días después la mirilla se abrió.

—¡Brand! —alguien gritó.

Emi actuó como si no hubiera escuchado. La puerta se abrió y otra vez dos hombres uniformados aparecieron con la toalla.

Abajo, los oficiales ya estaban sentados en la barra. El hombre mayor comenzó.

—Mira, Brand...

—Me llamo Rivero.

Los oficiales intercambiaron una mirada seria.

—No queremos ejecutarte —dijo el mayor—. Puedes salvar tu vida colaborando con nosotros. Sabemos que tus amigos esconden muchas armas. Te propongo llevarte hasta un teléfono. Llama y dile a tu gente que deben huir porque el G2 va a ir allí. Nos das la dirección, tus amigos escapan, confiscamos las armas y salvas tu vida.

—No sé de ningunas armas y no tengo ninguna información que darles —respondió Emi.

Otra vez los oficiales se miraron.

—¿Qué puedes decirnos acerca de tu hermano? —preguntó el joven.

—Él es un comunista consagrado. Pasó un año en Hungría. Tuvimos una conversación hace un año y le dije: "Mira, no me gusta que seas comunista, pero como lo eres, quiero que llegues a los puestos más altos de la jerarquía del Partido. Quiero que tengas éxito". Su respuesta fue: "Yo no quiero que tú tengas éxito".

Los interrogadores se rieron.

—Tu hermano tiene la mente clara —dijo el oficial subalterno.

Una vez más le colocaron la toalla sobre la cabeza y lo llevaron a su cabaña.

Aferrado a su motivación básica, no dar ninguna información al G2, Emi había caído en una trampa de la que le sería difícil escapar con vida. El conocimiento que tenía el G2 de Brand y de cómo había entrado en Cuba era más que suficiente para sentenciarlo a muerte. Por otra parte, los oficiales del G2 le habían planteado algo que posiblemente lo ayudara: el tema de su hermano.

Emi conocía bien de la admiración y el cariño que los altos líderes del régimen sentían por su hermano. Con el retrato cabal que había hecho de su hermano, Emi quizás podía haber puesto a los agentes en una menor disposición de ejecutarlo.

De nuevo lo bajaron para una tercera entrevista. Emi siguió evadiendo preguntas y desviando la conversación hacia la política. Habló mucho sobre la Triple A, el grupo con el que había trabajado durante la guerra contra Batista, haciendo hincapié en cómo el reclutar oficiales del Ejército, la Marina y la Policía para la Triple A había ayudado a la caída de Batista, principalmente por un colapso general de la moral.

—Si decides cooperar con nosotros —dijo el oficial subalterno—, podemos ponerte a trabajar como agente dentro de la prisión. Te pagaríamos por tu trabajo. Con el tiempo ganarías grandes cantidades de dinero.

—¡No me ofendas! —dijo Emi enloquecido.

La siguiente entrevista comenzó con una advertencia.

—El Departamento espera resultados de estas sesiones —dijo el oficial superior—. Está decepcionado de recibir únicamente tu análisis sobre la situación de Cuba.

*Tercera parte : **Juicios***

—Puede ser —dijo Emi—, pero el Departamento haría bien en prestar atención. Creo que el Gobierno americano no aceptará indefinidamente un régimen cubano que trabaja para la Unión Soviética.

—Eso es inútil. Ya sabes lo que queremos. Te has negado a cooperar. ¿Se te ocurre algo más? Estamos dispuestos a escuchar.

La pregunta tomó a Emi con la guardia baja.

—¿Podría darme un poco de tiempo para pensarlo?

—Muy bien —dijo el oficial superior y se marcharon.

De nuevo en su cuarto Emi tenía algo en que pensar.

Los interrogadores habían intentado usar para sus propósitos los instintos de supervivencia de Emi. ¿Por qué no cambiar roles y usar los instintos de supervivencia de ellos para su propio fin?

Todos, oficiales y ciudadanos por igual, temían una segunda invasión. Eso le dio a Emi mucho espacio para tratar de cambiar las cosas. En lugar de hablar de su propia vida, algo no prometedor, mejor sería concentrarse en las inseguridades de sus captores.

—Entonces, ¿qué has pensado acerca de nuestra propuesta? —le dijo el hombre joven a Emi, de regreso a la barra.

—Tengo una propuesta para ustedes.

Los hombres del G2 prestaron atención.

—Recuerden mis palabras: Estados Unidos planea invadir a Cuba y barrer al Gobierno revolucionario, pero parece que todavía estamos a tiempo de evitar que tal cosa suceda. Creo que puedo ser un instrumento para mediar en un acuerdo entre Estados Unidos y Cuba.

—¿Qué nivel puedes alcanzar? —preguntó el oficial superior.

—La Casa Blanca.

Los interrogadores no hicieron ningún comentario.

—Estoy listo para actuar como negociador —dijo Emi—. Estoy seguro de que es posible alcanzar un acuerdo.

—No tenemos una respuesta para eso. Tenemos que consultar al Departamento —dijo el oficial superior.

Hermanos de vez en cuando

De nuevo lo sacaron a Emi del aire acondicionado y lo llevaron a su cabañita.

★

37. Peligro

¿Quién mueve los hilos?

[De los recuerdos de Emi]

Centro especial de interrogatorios. Después de unos días me llevaron de nuevo a la barra. Tan pronto como vi a mis interrogadores pude sentir su tensión y hostilidad.

—Su propuesta no ha sido aceptada —dijo el oficial superior—. El Departamento ha acordado que usted está tratando de ganar tiempo. No podemos permitirlo. Debemos asegurarnos de que reciba exactamente lo que merece.

Mi interrogador principal había anunciado mi sentencia de muerte.

Le respondí que lamentaba la decisión, que se estaba perdiendo una buena oportunidad y que no tenía nada más que decir.

De la nada, el oficial superior dijo:

—Para usted, el peligro es un deporte.

Adolfito me había dicho eso mismo un año o dos antes. Recordé el comentario porque me había dolido. No podía ser una coincidencia que el interrogador usara esas mismas palabras. Había hablado con mi hermano.

Ante mi silencio, el oficial superior preguntó:

—¿Piensa usted contar al tribunal revolucionario las mismas historias que nos ha estado contando a nosotros?

—No lo sé —dije sin pensar—. Puede ser que me quede mudo y no diga ni una palabra.

Lo tomaron sin un comentario y se fueron.

No me llamaron más. Después de ocho o diez días un guardia abrió la mirilla y gritó:

—Brand, prepárate. Te vas a ir.

La puerta se abrió. Me dieron mi ropa y mis zapatos. Después de vestirme me pusieron una toalla alrededor de la cara; me llevaron abajo y afuera de la casa, a un estacionamiento. Me mostraron un camión, me colocaron en el compartimento trasero sin ventanas ni asientos y partieron[33].

★

38. Incertidumbre

Una familia en sus límites

La Habana, 17 de septiembre de 1961. Después de tres días en el Departamento de Investigaciones Internas llevaron de nuevo a Emi a una celda de Seguridad que, luego de haber estado un mes en "la cabañita", era como estar en casa.

Poco después lo sacaron de la celda y lo llevaron a un cubículo donde oyó que un oficial decía por teléfono:

—¡No! ¡El problema es que su madre vino a verlo!

Un guardia entró con una ametralladora.

—¡Lléveselo! —le dijo el oficial al guardia.

El guardia que llevaba a Emi por el pasillo lo regañaba todo el tiempo:

—¡Usted se mete en problemas! ¡Usted crea problemas!

Le dieron la vuelta a una esquina y lo llevaron a un recinto. Allí, tras unos barrotes, vio a su madre con Gloria, la hermana menor de ella.

---

[33] Una versión de esta narración aparece en Adolfo Rivero Caro & Emilio Adolfo Rivero Caro, *Las cabañitas/The Little Cabins*, Miami: Alexandria Library, 2012 (volúmenes en inglés y en español).

—¡Vieja! ¿Por qué has venido?

—¡No me preguntes tal cosa!

Delia miró a su demacrado hijo. El calor y la deshidratación en el centro especial de interrogatorios le habían costado unos veinte kilos en treinta días.

—¿Cómo te va? —preguntó.

—He pasado por mucho, pero con la cara en alto.

—Bien. Es lo único que quería oír.

La vieja fue muy dura, tan dura como nunca la había visto.

—Tú y el viejo tienen que prepararse. Me van a ejecutar.

—Estamos haciendo muchas cosas por ti. Tu padre está volando a México para ver al presidente y tus amigos están ayudando mucho.

Hablaban delante del guardia que estaba a unos metros de distancia. El último comentario de ella fue una referencia a la CIA.

—Quiero enviar un cable a mis hijos —dijo Emi, dirigiéndose a su madre y también al guardia.

—Escribe el cable y muéstramelo —dijo el guardia.

Había un bolígrafo y un papel cerca, Emi lo tomó y escribió: "Querido Rubén, cuida bien de tu hermana. Querida Ermi, tu voz siempre fue mi música".

Le dio el papel a su madre y ella lo mostró al guardia. Este asintió con la cabeza y les dijo que terminaran la conversación.

—Vieja, sé valiente. Voy a ser ejecutado.

—Soy una mujer. Sé cómo ser una mujer. Tu padre es un hombre. Él sabe cómo ser un hombre.

Después de la reunión, la vieja escribió a su marido: "Emi está muy delgado, pero su cara se veía bien. Su estado mental era bueno y no caí en uno de mis malos momentos, lo que lo fortaleció. No sé de dónde saqué la fuerza. Dios me ayudó".

En cartas a su marido, Delia también le pudo dar noticias de su hijo menor, al que no había visto desde su partida a Estados Unidos. "Debo confesar que

Tercera parte : Juicios

a pesar de la inmensa felicidad que sintió Adolfito al verme, fue muy cruel conmigo, tan duro como para ser anormal".

De hecho, cuando la vieja le contó a Adolfo sobre su visita a la Seguridad y habló del alto espíritu de Emi, Adolfo la reprendió.

—¡Veremos cómo tiemblan las piernas de tu hijo cuando lo pongan frente al pelotón de fusilamiento!

La vieja se esforzaba por creer que la actitud de Adolfo era pasajera. Le escribió al viejo: "Le pido a Dios que borre estas cosas para poder perdonar a Adolfito con todo mi corazón. Ten la certeza de que reuniré toda la decencia que pueda para verlo bajo otra luz".

Emi era ahora un problema que Adolfo quería quitar del camino. Además de las tensiones políticas del momento y la preocupación de Adolfo por su propia posición como cuadro del Partido, el hermano menor también se acercaba a una coyuntura que lo llenaba de inquietud. Su amada Galina pronto llegaría de Hungría y se casarían. Adolfo había decidido traerla, a pesar de los consejos de Aníbal y de haberle dicho que tenía razón.

El vuelo de Galina estaba programado para un día que Adolfo viajaba al extranjero. Así que le dijo a su madre:

—Escucha vieja, ya que vas a estar aquí de todos modos, ¿podrías ir al aeropuerto y recibir a Galina en mi lugar?

—Por supuesto —dijo la vieja sin dudarlo.

—Por cierto —añadió Adolfo—, cuando hables con Galina preferiría que no le contaras ciertos asuntos familiares.

—Los asuntos de mi familia empiezan conmigo y terminan con tu padre —la vieja respondió—. En cualquier caso, no es asunto tuyo.

Hermanos de vez en cuando

★

39. La Academia del Odio

El destino de Emi

[Recuerdos de Emi Rivero]

Fortaleza de La Cabaña, La Habana, dos de la madrugada, 22 de septiembre de 1961. Intrigados por un fuerte estruendo, la mayoría de los cien hombres de la Galera 16 se agolparon en la ventana de doble barra que daba al campo de ejecución, a cincuenta metros de distancia.

La gigantesca celda se llenó de gritos: "¡Monstruos!" "¡Hijos de puta!" "¡Viva Cuba libre!". Entonces nos enteramos: "¡Apunten!" "¡Fuego!". Muchos de los ejecutados murieron con el nombre de Cristo en sus labios. Después de una ráfaga de fuego y el tiro de gracia, oímos el sonido de un camión que salía con un cadáver y volvía por otro.

Mi juicio acababa de terminar. Había estado en un grupo de sesenta y dos hombres y seis mujeres que habían presentado ante el Tribunal Revolucionario Número Uno en la Fortaleza de La Cabaña como el Caso Número 238 de 1961. En la madrugada, cuatro personas del caso 238 habían sido asesinadas en el lapso de treinta minutos.

El proceso se había abierto a las ocho de la mañana en una de las grandes salas de reuniones de la fortaleza. Unas trescientas personas se apiñaron en la sala: los acusados y sus abogados, jueces y fiscales, soldados, periodistas, familiares de los acusados y miembros del cuerpo diplomático inglés. Un joven empresario británico, Robert Morton Geddes, estaba entre los acusados.

Una turba revolucionaria también estaba presente para hacer una demostración "espontánea" contra los acusados, si resultase útil.

*Tercera parte : **Juicios***

En la multitud estaban mi madre y mi tía Gloria. Cuando entré me sonrieron para mostrarme su confianza, pero estaban horrorizadas por el dolor de tantos.

El tribunal estaba compuesto por su presidente, más tres hombres del Ejército Rebelde y un miembro de la milicia. Al presidente, el teniente Pelayo Fernández, le llamaban Paredón Pelayo. El fiscal, Fernando Flores, fue apodado Charco de Sangre.

Los primeros en declarar fueron los agentes del G2 que testificaron contra los acusados. Uno de los oficiales, presentado como el agente Idelfonso Canales, fue el interrogador cuyo comentario sobre el bolígrafo me perturbó tanto.

El agente Canales testificó que yo fui uno de los primeros en conspirar contra el Gobierno y que no pertenecía propiamente a este grupo, sino a otro que había sido sometido a juicio unos meses antes.

Después de los testimonios de los agentes, el tribunal interrogó a los acusados uno a uno. A cada acusado se le pidió, en primer lugar, que se declarara culpable o no culpable.

Algunos de los acusados impugnaron los cargos, otros dieron respuestas vagas.

Varias veces el presidente preguntó:

—¿Ratifica usted las declaraciones que ha hecho en el interrogatorio de la Seguridad del Estado?

—Sí, ratifico —el acusado respondía, pero esas declaraciones no eran reveladas en el juicio.

Entre los acusados estaba el hombre cuya delación sobre el apartamento de El Vedado había llevado a mi arresto. Se llamaba Pedro Cuéllar. Después de compartir horas durante ese día, me lo encontré de nuevo en una de las grandes celdas, ubicados por la Seguridad del Estado. Era obvio que nuestros anfitriones nos habían puesto juntos para observar nuestra relación y reunir más pruebas sobre nosotros.

Hermanos de vez en cuando

En la celda, Cuéllar se había portado mal con los presos, mandoneándolos y diciendo que pronto se convertiría en un funcionario del Gobierno revolucionario. Nunca mencionó que esperaba esta recompensa por haberse convertido en soplón. Solo se hizo evidente en el juicio cuando testificó contra muchos otros hombres con un efecto devastador.

Sobre mí, sin embargo, Cuéllar no dio ningún testimonio. Por un golpe de fortuna, no recordaba quién era yo. En la celda yo le había ignorado, porque hacer otra cosa habría ayudado a nuestros captores y me habría metido en el mismo lío que Cuéllar estaba creando ahora para otros.

Cuando el juicio se interrumpió para el almuerzo, los visitantes trataron de acercarse a los acusados de forma natural. Los soldados les bloquearon el camino con groseras exclamaciones, pero mi madre los atravesó y se acercó a mí.

—¿Qué piensas? —dijo.

—Voy a ser ejecutado —le dije.

—¡No! ¡No! —exclamó—. Tu hermano dice que no debes decir ni una palabra.

Eso era noticia. Tal vez la vieja pensó que Adolfito estaba tratando de ayudar. Yo no lo creía. Estaba muy seguro de que iba a morir y muy seguro también de que él lo sabía. Seguramente estaba preocupado de que yo hiciera una escena frente al juez que pudiera perjudicarlo.

Cuando llegó mi turno de testificar, me presenté ante el tribunal. El presidente había sido uno de mis compañeros de conspiración contra Batista; había existido amistad entre nosotros.

Cuando me hizo la pregunta ritual de si quería declarar, dije:

—Me abstengo.

Ese día fui el único acusado que se abstuvo.

—Puede volver a su asiento —dijo el presidente.

Dentro de las limitaciones de su cargo, sentí que me estaba tratando con decencia.

Tercera parte : Juicios

Tan pronto como los testimonios terminaron, el fiscal hizo su alegato. Exigió la pena de muerte para seis de los acusados. Las esposas, parientes y amigos de esos hombres comenzaron a llorar. El presidente golpeó repetidamente su mazo, ordenando silencio. La conmoción continuó durante varios minutos.

Sorprendentemente, el fiscal no pidió la pena de muerte para mí, sino una condena de treinta años de prisión. Geddes, el acusado británico, recibió la misma sentencia.

Pero para el soplón, Cuéllar, el fiscal pidió la pena de muerte.

Con todas las sentencias anunciadas, el presidente preguntó si alguno de los acusados tenía algo que añadir a sus declaraciones. Cuéllar dio un paso al frente. Arrogante y malvado como siempre, su voz tenía ahora un exagerado temblor. Lleno de miedo dijo que el fiscal no debería haber pedido la pena de muerte para él, ya que el suyo era un caso especial.

El presidente respondió sin rodeos que el fiscal sabía lo que estaba haciendo.

Cuéllar, al parecer, fue uno de los pocos que no se dio cuenta de que el proceso había sido un juicio de espectáculo con todo preparado de antemano. La acusación, el veredicto y la sentencia venían del mismo lugar.

Era justamente contra lo que nos habíamos rebelado, un Estado soberano en el que solo contaba una opinión, y era lo que ahora nos mantenía en sus manos. Si el Estado quería que fuéramos a la cárcel, íbamos a ir a la cárcel. Si el Estado quería que muriéramos, íbamos a morir.

Desde la sala del tribunal, los soldados y la milicia nos escoltaron hasta el patio dentro de la fortaleza. Mientras tanto, la turba revolucionaria nos lanzaba insultos.

Lo más inquietante fue la multitud de niños pequeños imitando los gritos de los adultos y llevando ametralladoras de juguete. Eran novicios en la "Academia del Odio".

Nos detuvimos en medio del patio y llamaron seis nombres, los condenados a muerte.

Fue un momento muy duro para todos nosotros. Los seis se subieron a un camión del Ejército que los llevarían a las celdas donde esperarían ser ejecutados. Mientras el camión se alejaba, uno de los condenados, Juan Rojas Castellanos, un excapitán del Ejército Rebelde que se había convertido en mi amigo en la cárcel, gritó: "¡Rivero!".

La despedida fue una sola palabra. Levanté mi brazo en respuesta.

En su camino al campo de ejecución, el camión se detuvo cerca de un puente donde se había reunido el público para ver las ejecuciones. En el grupo, había dos mujeres jóvenes. Una de ellas dijo que quería irse, pero su amiga la detuvo.

—¡Quédate, no seas idiota! Las ejecuciones van a empezar en cualquier momento.

Los hombres del camión escucharon esa conversación y uno de ellos gritó:

—¡No se vaya, señorita! ¡Le daremos un buen espectáculo!

Las jóvenes bajaron la cabeza.

A uno de los condenados, Rafael García Rubio, se le conmutó la sentencia en el último momento por treinta años. Fue él quien nos contó la historia.

Volví a la Galera 16 a eso de las diez y media de la noche. A pesar de que el silencio se ordenó como de costumbre a las nueve, muchos reclusos seguían despiertos. Yo había sido el único de la galera que había ido a juicio ese día. Los demás se habían quedado despiertos esperando mi regreso.

Aunque sabían que yo no era religioso, habían rezado el rosario por mí. Cuando entré, algunos de los hombres simplemente preguntaron si quería un chocolate caliente. Lo prepararon rápidamente.

La mayoría de los prisioneros de la Galera 16 habían sido militares del Ejército de Batista o personas de alto rango en su régimen, esbirros, como fueron llamados desdeñosamente. Durante siete años había arriesgado mi vida tratando de derrocar un Gobierno que esos hombres sirvieron y defendieron.

Tercera parte : Juicios

Cuando me transfirieron a la Galera 16 me propuse ser amigo de ellos. Lo que era pasado, pasado era. Ahora teníamos ante nosotros un enemigo aún más terrible.

Los hombres habían respondido a mis propuestas. Incluso aquellos que no se convirtieron en mis amigos fueron amables conmigo. La noche de mi juicio muchos de ellos habían rezado por mi vida y me conmovió su preocupación.

Después de las ejecuciones, muchos de nosotros permanecimos despiertos en silencio. Quizá inevitablemente, miré hacia mi pasado y las decisiones que había tomado: luchar contra el régimen de Batista y luego oponerme a la revolución cuando Castro la convirtió en un instrumento de su poder personal.

Aunque las esperanzas que había puesto en la revolución fueron ilusorias, sentí que mis decisiones se alineaban en un camino coherente, en una vida inteligente. Y estaba seguro de los aliados que había elegido en la última fase de la lucha. Para mí era inconcebible que los norteamericanos nos abandonaran o traicionaran.

★

40. Ciudad gloriosa

Alegrías del subdesarrollo

5 de octubre de 1961. Pocos días después de la llegada de Emi a la prisión de larga duración en la Isla de Pinos, la vieja fue a visitarlo. Había hecho el largo viaje en autobús y ferry a la segunda isla en tamaño del archipiélago de Cuba.

Llevaba vitaminas y también un saco de dormir, ya que la ropa de cama de la prisión no era más que una tira de lona colgada entre las literas, una lona que también resultó ser un paraíso para las pulgas. Al decir de los prisioneros, "una cárcel sin pulgas es como un matrimonio sin hijos o un pueblo sin música".

La vieja no pudo contener su tristeza al ver a Emi con el uniforme caqui de un prisionero político, con una taza de hojalata pegada a su charretera. Al final de una carta al viejo describiendo su viaje a la prisión, Delia se permitió decir: "Estoy agotada en cuerpo y espíritu".

Sus deberes en Cuba aún no habían terminado. Galina estaba por llegar y la vieja la recibiría en el aeropuerto. Anticipándose, la vieja escribió a su marido: "No pienso contarle cosas desagradables y menos aún sobre su cuñado... Ella no tiene la culpa y quizás sea más humana", omitió con gracia el nombre de Adolfo.

La vieja se aficionó inmediatamente a la chica rusa y le mostró La Habana, lo que resultó ser una gran sorpresa para la visitante. Como estudiante soviética, Galina había aprendido que Cuba era un país atrasado, un *parvenu*[34] en el mundo socialista, en los inicios de su desarrollo.

Recorrer La Habana, una moderna metrópolis llena de belleza y riqueza, la dejó atónita; al igual que el esplendor físico, calor y sol, horizontes infinitos, colores del Caribe, todo imbuido de una alegre musicalidad. Este era un mundo en desarrollo y lo correcto era poner al bloque Soviético en el espejo retrovisor.

Para colmo, la vieja le dio a la chica su propio anillo de compromiso antes de volver a su casa en Miami. Fue la más cálida de las bienvenidas y por más débil que Adolfo lo percibiera, un robusto respaldo que ninguna de las esposas de Emi había recibido.

---

[34] Un parvenu, un advenedizo, es un recién llegado relativo a una clase socioeconómica.

Tercera parte : Juicios

41. ¿Cuánto por las lentejas?

Cocina a la antigua

1961. Adolfo instaló a Galina en su nueva casa, un estudio con una pequeña cocina y un balcón, a una cuadra de la oficina de Fidel.

Fue un reencuentro muy feliz. Pronto los dos se pusieron a trabajar duro; él en asuntos del Partido y ella como profesora de lengua rusa, para la que ahora existía un gran mercado en Cuba. Cuando se reunían al final del día, Adolfo se encontraba compartiendo la cama con alguien cuyo montón de libros sobre la mesa de noche era más alto que el suyo.

La curiosidad de Galina abarcaba muchas áreas. Por ejemplo, se cuestionaba la ausencia de ciertas comodidades elementales para una casa, como un teléfono o un refrigerador. Cuba le parecía una sociedad rica, y su hombre era un cuadro importante.

Cuando le mencionó esas cosas a Adolfo, él respondió con indiferencia. Las consideraciones materiales no tenían cabida en su mundo intelectual.

A los ojos de Adolfo y sus camaradas socialistas, la política del país avanzaba de forma decisiva. Los comunistas estaban en el centro de un esfuerzo para reorganizar el país y su economía en líneas abiertamente socialistas. Aníbal estaba ahora en plena asociación con el comandante en jefe.

Adolfo acompañó al líder de Juventud Rebelde, Joel Iglesias, a una reunión con Aníbal y Fidel. Su viejo compañero Domenech fue quien recibió a los líderes juveniles en la oficina de Fidel, pues el asistente de Aníbal se había convertido en el de Fidel.

Mientras todos se sentaban, Domenech tomó su puesto junto a los teléfonos. A lo largo de las estanterías, ya encuadernados, estaban los discursos de Fidel.

Hermanos de vez en cuando

[De los recuerdos de Adolfo]

Fidel se había convertido en director y jefe experto en todos los campos. Mientras que Joel y yo habíamos pedido verle para tratar asuntos relacionados con Juventud Rebelde, Fidel prefería hablar del tema de actualidad, que resultó ser la agricultura.

En opinión de Fidel, ciertos frijoles y granos tenían un precio demasiado alto en los mercados mundiales. Cuando Fidel hablaba de frijoles y granos, uno no se podía imaginar nada en el mundo tan crucial y cautivador.

La charla se detuvo abruptamente cuando Fidel, cuya memoria era una trampa de acero, no pudo recordar una cifra. Domenech tomó un teléfono, marcó un número, susurró en el receptor y le dio el teléfono a Fidel.

—Comandante, es el director del Instituto Nacional de Reforma Agraria (INRA).

Fidel tomó el teléfono y dijo sin preámbulos:

—Escucha, ¿cuál es el precio de la libra de lentejas en el mercado internacional?

Recibió la respuesta y le devolvió el receptor a Domenech.

—Sí —dijo a sus oyentes—, son... tantos pesos y si se compara con los frijoles negros y rojos, se verá que... —continuó, sin pensar en el director del INRA que en ese momento debe haber exhalado un suspiro de alivio por no haberle fallado a Fidel.

—Los hábitos alimenticios del pueblo cubano son absolutamente erróneos —continuó Fidel—. Hemos heredado de España los hábitos alimentarios de un clima frío, mientras que aquí necesitamos muchas verduras, mucha fruta, mucho pescado...

—Guisos, fabadas —susurró Aníbal—, reflexionando sobre las delicias de la antigua cocina española.

—¡Sí!, Fidel, ¡pero es muy sabroso! —dijo Joel con una risa inocente, diciendo en voz alta lo que Aníbal había susurrado.

Tercera parte : Juicios

—El arroz, por ejemplo —continuó Fidel sin prestar atención—, tiene todo el valor nutritivo en la cáscara y la quitamos para comer el grano. Sería bueno para nosotros ahorrar el dinero que gastamos en importar arroz y en su lugar comprar harina de maíz, que es mucho más barata y tiene más valor nutritivo.

Surgió el inesperado tema de los libros. Alguien mencionó las obras completas de Lenin en setenta y cinco volúmenes.

—No he escrito mucho —dijo Fidel—, pero con respecto a los discursos —señalando los volúmenes a lo largo de las paredes—, creo que pronto llegaré a los setenta y cinco volúmenes.

—Esas también son creaciones —dijo Aníbal—, y aquí han servido para un propósito político muy directo.

—Sí. —Fidel sonrió—. Esas han sido las inyecciones que debo dar al pueblo periódicamente para elevar sus defensas.

Domenech le susurró algo a Fidel. Estaban a punto de cerrar la reunión sin que se mencionaran los asuntos de Juventud Rebelde.

Joel aprovechó el silencio.

—¡Mire, Fidel! ¡Tenemos que hablar de algunos problemas!

Afortunadamente esos asuntos solo tardaron unos segundos en resolverse.

Fidel y Aníbal iban a almorzar a un restaurante español, La Zaragozana.

—Esa gente no sabe hacer cachelos —dijo Fidel sobre los cocineros de La Zaragozana cuando todos salimos de la oficina del líder.

Los cachelos son un revuelto de cerdo, jamón, tocino, patatas, cebollas y pimientos rojos, en salsa.

—Sí, hay que enseñarles —acordó Aníbal.

Nadie pareció notar la diferencia entre la charla anterior de Fidel y su interés por el plato clásico español, pero ¿qué importaba cuando el líder del Partido y el comandante en jefe se llevaban tan bien?

42. Rehabilitación

El ministerio siempre tiene razón

1962. Los jóvenes comunistas de Cuba estaban sentados en la cima del mundo. Nominaban a los amigos de Adolfo para puestos importantes y él esperaba lo mismo para sí.

¿Dónde lo situarían los líderes del Partido? ¿Al frente de una provincia? ¿En un puesto editorial importante? ¿Su trabajo en Budapest lo llevaría al Ministerio de Relaciones Exteriores?

Cuando Joel Iglesias le indicó que fuera a ver a Aníbal, Adolfo se llenó de una mezcla de emoción y temor.

—Todo está decidido para ti —le dijo el líder del Partido—. Es un trabajo propio de un sacerdote: la rehabilitación de menores prisioneros contrarrevolucionarios.

¿Menores contrarrevolucionarios en la cárcel? Los testículos de Adolfo comenzaron a recogerse. ¿Es ahí a donde sus portentosos años de lucha lo llevarían?

Con suprema dificultad Adolfo simplemente preguntó:

—¿A quién debo informar?

—¡Así es como me gusta! —dijo Aníbal con una sonrisa.

En la revista de Juventud Rebelde, Adolfo recibió pocos comentarios. Algunos compañeros se reunieron para darle una despedida discreta.

El compañero de Adolfo, César, fue el único que le dio una palabra de aliento.

—Te están preparando para el trabajo ideológico del Partido.

Adolfo entraba al Ministerio del Interior, un departamento esencial en el régimen de Castro. Óscar Fernández, un compañero de Adolfo de la vieja Juventud Socialista, era el viceministro bajo el cual trabajaría. Óscar le dio una cálida bienvenida.

Tercera parte : Juicios

—Vamos a trasladar a los niños a una cárcel del municipio de Marianao[35] —dijo Óscar—. De esa manera será más fácil para ti trabajar con ellos. Muchos de esos niños todavía están con los adultos en La Cabaña y El Príncipe[36]. Termina de trasladarlos a la cárcel de la comisaría y mira a ver lo que puedes hacer. ¡Esos niños han puesto bombas! Es un desastre.

—¿Cuáles son sus orígenes de clase? —preguntó Adolfo.

—Nada especial. Son solo chicos comunes que se pasaron a la contrarrevolución.

—¿Alguien ha investigado sus problemas?

—Aquí nadie mira nada —dijo Óscar con humor burlón—. Inventan sobre la marcha. Y no quieren oír hablar de la rehabilitación, solo piensan en la cárcel o en el paredón.

—Eso es absurdo —dijo Adolfo—. La gente se convierte en nuestros enemigos por sus intereses. ¿Cómo es posible que sin posesiones se vuelvan contra el socialismo?

—Pues es así... y a veces hasta la muerte.

—Están confundidos —afirmó Adolfo—. Están actuando como carne de cañón. No tienen por qué defender intereses que no son los suyos.

—No se puede subestimar la ideología del enemigo. —Óscar se puso muy serio—. Durante años el imperialismo adoctrinó a la gente con un sentimiento anticomunista. Solo recuerda que el ministerio siempre tiene razón, no importa qué historias te cuenten esos chicos.

En casa, la reacción de Galina fue brutal.

—¡Es increíble que te hagan ir a la cárcel!

—La rehabilitación de los jóvenes es un trabajo que es necesario hacer.

—¡Rehabilitación! —dijo desdeñosamente—. ¡Ese no es un trabajo para un hombre como tú!

—No me dieron opciones.

---

[35] Un barrio popular de La Habana.
[36] Las principales prisiones de La Habana en las que se mantenía a los enemigos políticos del régimen.

Hermanos de vez en cuando

—¿Y aceptas las instrucciones del Partido, así como así?

—¿Cómo es posible que tú siendo rusa no entiendas la posición de un comunista?

—¡La entiendo perfectamente! No se puede contar con los líderes para nada. ¿Por qué no dejas de dedicarte a la política y estudias un tema técnico? De esa manera siempre podrás tener una carrera sin importar lo que pase en la política.

—No me interesan los temas técnicos —dijo Adolfo con desdén.

—¡Debería importarte lo suficiente como para conseguir un teléfono para esta casa!

Después de muchas discusiones domésticas, Adolfo había logrado conseguir el refrigerador que tenía un amigo en su oficina, pero todavía no tenían teléfono.

—¿Por qué nos atormentas a los dos por eso? —preguntó Adolfo.

—¡Porque casi todas las casas que visitamos tienen uno! ¿Por qué no hablas con uno de tus amigos que pueda hacer algo al respecto?

—No me gusta usar los canales políticos para obtener favores.

—¡Política! ¡Política! Lo único que les importa a los comunistas es la política, mientras que en Moscú ni siquiera hay una guía telefónica para la ciudad. ¡Ahí es a donde lleva la política!

[De los recuerdos de Adolfo]

Ese dato de la guía telefónica de Moscú me sorprendió. Pero no capté la señal que había saltado delante de mis narices sobre el enorme atraso de la Unión Soviética. Como de costumbre, traté de olvidar mis problemas personales trabajando.

En la cárcel de Marianao me encontré a unos quince jóvenes. Yo había traído a cuatro o cinco jóvenes del ministerio. Entrevistamos a los prisioneros uno por uno.

Subrayé a mis camaradas sobre la necesidad imprescindible de que todos los presos admitieran su culpabilidad. No era para convertirlos en criminales, sino para que descargaran su pasado de una manera buena y limpia y empezaran de nuevo.

—¿Qué te han quitado? —le pregunté a un prisionero llamado Toby.
—¿A mí? Nada.
—Entonces, ¿por qué luchas contra el comunismo?
—Porque no me gusta.
—¿Por qué?
—Porque me quita la libertad. Si quiero empezar un negocio, no puedo.
—¿Crees que si el Gobierno suprime la lotería te está quitando cien mil dólares?
—No.
—¿Cuánta gente conoces que sueñe con conseguir el premio de la lotería? Muchas, ¿verdad? ¿Y cuántos conoces que hayan conseguido el premio? Ninguna, ¿verdad? ¡Escucha! —le dije de todo corazón—. De hombre a hombre. Juan Pérez tiene las mismas posibilidades de iniciar un negocio y enriquecerse. ¡Esas son ilusiones! Y tú te aferras a ellas para consolarte por las cosas reales que te faltan.
—No necesariamente. Mi tío es un Juan Pérez cualquiera e hizo un negocio.
—Es una excepción. Hay alguien que sí se lleva el premio de la lotería. ¿Pero vas a poner todas tus esperanzas en eso? De todos modos, no molestamos a la gente que hace pequeños negocios.

Toby me miró con dudas, pero yo seguí con mi argumento. Como yo era absolutamente sincero, no dudé en estar de acuerdo con él cuando tenía sentido. Mi objetivo era ganar la batalla por la conciencia de ese chico, salvarlo para la causa de la verdad y la justicia.

Hermanos de vez en cuando

★

43. Besar a una jirafa

Mientras se pierde, se gana

Años sesenta. Adolfo y su hermano trabajaban para fines opuestos. Mientras que el trabajo de Adolfo era rehabilitar a los prisioneros políticos, el objetivo de Emi era resistirse a la rehabilitación.

Al principio, el régimen de Castro había alojado juntos a los prisioneros comunes y políticos. Pero entonces los funcionarios descubrieron que los criminales comunes que entraban en contacto con presos políticos eran rápidamente "conquistados por la contrarrevolución". Así que a los prisioneros políticos los mantuvieron en instalaciones separadas, la mayor de las cuales estaba en Isla de Pinos.

El Presidio Modelo de Isla de Pinos, que así se había llamado, albergaba ahora a más de cuatro mil personas hacinadas en cuatro inmensos edificios circulares, con mil cien prisioneros colocados de cualquier manera en los seis pisos de cada uno.

Los pisos superiores no se construyeron para alojar a los prisioneros, pero los encargados del penal de Castro llevaron allí a los hombres sin inmutarse, a pesar de que los pasillos no tenían barandillas y los hombres podían caer fácilmente desde esa altura y matarse. Durante el recuento de prisioneros, los del sexto piso tenían que estar de pie en el pasillo sin más nada que el vacío a sus espaldas.

La primera impresión sensorial en las circulares era un hedor abrumador. Los ingenieros de la prisión, al colocar las tuberías de agua, se las ingeniaron para pasarlas a través de las áreas del piso donde se almacenaba la materia fecal de los prisioneros. Esas tuberías tenían pérdidas regularmente y el agua fragante caía en cascada de piso a piso. La expresión "está lloviendo mierda" adquirió significado.

Tercera parte : Juicios

Junto con ese aroma, había otro igual de fuerte: el programa de rehabilitación. Para la mayoría de los hombres la rehabilitación olía a buen negocio. El beneficio obvio era conseguir la reducción de su sentencia. Si no eras un delincuente, la idea de pasar unas pocas horas en la cárcel era una carga. Y muchos, tal vez la mayoría de los que aterrizaron en la prisión política no eran ni delincuentes ni verdaderos enemigos del régimen.

A un sinnúmero de personas en las circulares se les podía llamar "prisioneros por azar". Fueron arrestados por decir casualmente cosas como "El Gobierno está lleno de...", así como dice la gente de espíritu libre y conciencia limpia en todas partes.

Bajo el régimen de Castro las consecuencias de tales actos no se anunciaban, pero eran desgarradoras. Denunciados por sus conciudadanos, detenidos por agentes de la Seguridad del Estado y sometidos a juicio, esos ciudadanos recibían sentencias extremadamente severas: quince, veinte años o incluso más.

A esos inocentes les había importado poco la política y no habían participado en el conflicto hasta que se encontraron encerrados en las fauces de Fidel. No tenían secretos que contar. Podían haberse disculpado por sus comentarios y retractarse sin traicionar sus conciencias. El aroma de la rehabilitación podía ser fragante para ellos.

Para los combatientes duros, como Emi, la rehabilitación apestaba más que el agua fecal. Y la estaban oliendo con asiduidad, porque los guardias, los altavoces y los agentes del régimen en la prisión la mencionaban constantemente. La rehabilitación era impensable para los enemigos de Castro, porque tramaba convertirlos en sus aliados.

Para empezar, era peligroso. Muchos se habían resistido a Castro porque habían visto cómo trataba a sus amigos. Y al abrazar al régimen no solo tendrían que renunciar a sí mismos, sino traicionar a esos amigos.

Uno entre los más de mil hombres de la Circular Dos era Ernesto, en cuya granja Emi Rivero se había lanzado en paracaídas durante su última entrada clandestina a Cuba. Los interrogadores de Emi le habían mencionado la granja: "Podemos mostrarte en un mapa donde te lanzaste en paracaídas", por lo que Emi no se sorprendió de ver a Ernesto en la cárcel.

Rápidamente, Ernesto se reveló en la prisión como enemigo radical del régimen. Rechazó todos los ofrecimientos de rehabilitación. También mostró frialdad con Emi, quien encontró su actitud sorprendente y decepcionante.

Emi mantuvo una conversación con Ernesto mientras estaban en la barandilla del quinto piso de la circular y Ernesto le habló de su propia experiencia durante el interrogatorio.

—Me torturaron con humo —dijo Ernesto—. Me hicieron fumar hasta que no pude soportarlo.

A Emi le pareció una excusa.

¿Cómo se puede obligar a que otro hombre fume? Sería como decir: "Ellos hicieron que me parara". Nadie puede hacer que te pares. Solo tienes que dejarte caer y en todo caso ellos te sostienen. Hacerte fumar es aún más difícil.

Este hombre está mintiendo. Se acobardó. Pensé que el delator había sido uno de sus hombres, pero no fue así. Fue Ernesto. Delató a todos los empleados y me delató a mí.

Ernesto se volvió radical precisamente porque, después de ser capturado, tomó el camino fácil. Pero en realidad delatar no era un camino fácil. Los hombres como Ernesto, al hablar, perdieron la moral, y la gente de Castro, después de escuchar lo que querían ya no les interesaba cumplir ninguna promesa. No es de extrañar que Ernesto fuera un gran radical.

Los funcionarios de la prisión de Castro eran variopintos. Algunos eran idealistas como Adolfo Rivero; otros sádicos como muchos guardias en las circulares. Quienesquiera que fueran, su misión era la misma: reunir información sobre las actividades "contrarrevolucionarias".

La rehabilitación no era el único medio que tenía el régimen para este fin. Los agentes de la Seguridad que se hacían pasar por reclusos estaban en todas partes, tanto entre los que mantenían firmemente su rechazo al régimen como entre los que habían aceptado la rehabilitación. Esos agentes se convirtieron en los mejores amigos de los prisioneros, mostrándoles

Tercera parte : Juicios

afecto, escuchando sus problemas, dándoles consejos, animándolos a hablar, esperando que cayeran los frutos, esperando meses o años si fuera necesario.

Al mismo tiempo, los oficiales de la prisión trabajaban tenazmente para intimidar y desmoralizar a los firmes combatientes del régimen. Las requisas fueron especialmente crueles. De repente un guardia gritaba, "¡requisa!" y un destacamento militar, no los habituales soldados de la prisión, sino un extraño batallón de hasta cien hombres, invadía las celdas de los prisioneros.

Cada prisionero tenía unos segundos para tomar una o dos cosas que no podía permitirse perder —gafas, medicinas, comida— antes de salir de la celda desnudo con la ropa en las manos. Los hombres se mantenían alejados mientras los soldados trabajaban salvajemente en sus espacios privados.

Cuando los hombres regresaban a sus celdas no las reconocían. Habían desgarrado los colchones, así como las pequeñas bolsas de plástico con leche en polvo, chocolate o café que habían recibido de sus familias. El suelo quedaba con restos de comida. Los libros y revistas, destruidos.

Los comunistas tipo Adolfo Rivero se apresuraban a explicar que los prisioneros no podían hacer nada para cambiar la situación, porque cuando la gente va a la cárcel pierde su poder. El hermano de Adolfo se concentró directamente en contra de esa idea.

Emi estaba mentalizado de que él todavía estaba en guerra. Él no lamentaba su destino. Las fuerzas de Castro lo habían atrapado, lo habían juzgado y lo habían encerrado en la cárcel. Sin embargo, hasta que lo mataran, no podían sacarlo de la guerra.

Cada día y con cada gesto, los castristas le hacían la guerra en la prisión. Cuando le bloqueaban el correo, era la guerra; cuando lo alejaban de la luz del sol, era la guerra; cuando le daban navajas de afeitar en mal estado, era la guerra. Cuando lo presionaban para que entrara en rehabilitación, era la esencia de la guerra.

La primera regla de la guerra era mantenerse vivo. ¿Cómo se hacía eso en la cárcel? El método de Emi era permanecer activo. Desde el momento en que se levantaba al amanecer o antes, para practicar sus posiciones de yoga, se aseguraba de tener tareas más que suficientes.

A diferencia de los prisioneros que presentaban un aspecto desgreñado, Emi se afeitaba la cara y la cabeza todos los días aunque se cortara. Cada día limpiaba meticulosamente su espacio vital. Cada día planchaba su uniforme caqui y lo usaba como si estuviera en exhibición. Jugaba ajedrez, enseñaba judo y yoga y, sobre todo, leía.

Era un lobo de libros, los cazaba por todas partes. A sus padres, a los que no dejaba de pedirles libros, les escribía: "Esta es mi forma de evitar que la prisión me devore, como ha hecho con tantos hombres".

Imploró a los parientes en Cuba que lo visitaran y le llevaran libros. Otros prisioneros le prestaban los libros que tenían. En contra de todas las reglas y costumbres, consiguió incluso que un guardia de la prisión le diera dos novelas, *La isla de Pitcairn* y *L'Assommoir*.

Emi también se esforzó por adquirir manuales para estudiar idiomas extranjeros; se entrenó para leer en diferentes idiomas. Después de un tiempo podía leer a Dostoievski en ruso.

Su encuentro con el alemán lo marcó profundamente. Solo ahora podía apreciar la belleza de un idioma que había adorado de lejos.

Sus estudios en la prisión le llevaron a familiarizarse con textos de Goethe y Nietzsche, escritores que había estudiado en lengua española y que ahora se presentaban sin disimulo. Cuando por fin pudo decirse a sí mismo las frases de Goethe que prefiguraban su romance colegial con Lizbet, casi se desmaya por la belleza de los sonidos[37].

Sie nähert sich mir...	Ella se acerca a mí...
Himmlische Lippe!	¡Labios celestiales!
Und ich wanke, nahe mich,	y tiemblo cuando se acerca,
Blicke, seufze, wanke	mirando, suspirando, temblando

---

[37] *Elysium*, Johann Wolfgang von Goethe: edición de Berlín. Obras poéticas [Volumen 1-16], Volumen 2, Berlín 1960 ss, p. 190-192.

Tercera parte : Juicios

Seligkeit! Seligkeit!　　　¡Éxtasis! ¡Éxtasis!
Eines Kußes Gefühl!　　　¡Un sentimiento de beso!

Cuando llegaba la hora de apagar las luces, Emi había trabajado y trabajado y todavía no había terminado sus tareas. Ser un prisionero, decía, era como besar a una jirafa.

—*¡Bésame!* —*dice la criatura, y tú subes por el cuello.*
—*¡Ámame!* —*dice ella, y tú bajas por el cuello.*
—*¡Bésame!* —*y subes.*
—*¡Ámame!* —*y bajas.*

Arriba y abajo, arriba y abajo hasta el infinito. Esa era la vida.

★

44. Patas arriba

Mientras se gana, se pierde

1962. Después de trabajar medio año en la rehabilitación de jóvenes en las prisiones, Adolfo Rivero consiguió su propia rehabilitación de la mano de uno de los políticos más importantes de Cuba.

Fabio Grobart, un inmigrante judío-polaco que hablaba mejor el yiddish que el español, había ayudado a organizar el PSP en los años veinte[38]. Cuatro décadas después, Fabio era un líder de alto rango, que, al mirar a Adolfo, veía una versión de su antiguo yo.

---

[38] El editor miamense Kiko Arocha, que se unió al movimiento revolucionario en la Universidad de La Habana en los años cincuenta, escribe de Fabio Grobart que "llegó a Cuba en 1924 enviado por el Comintern y fue el verdadero jefe del Partido Comunista, que transmitió los designios soviéticos" (nota al autor, 18 de enero de 2020).

Hermanos de vez en cuando

Se dio cuenta de que el trabajo en la prisión no podía satisfacer a Adolfo ni se estaban utilizando sus talentos. Inmediatamente llevó a Adolfo a trabajar de escritor en el Departamento de Teoría Política del nuevo organismo de gobierno, las ORI. Gracias a ese favor, Adolfo volvía a recuperar el ritmo.

Los meses anteriores le habían traído tristeza. Los desacuerdos con Galina se volvieron insoportables. Se sentía constantemente quebrantado por ella, mientras ella sentía que él no era un hombre serio. La separación era inevitable y tomaron la decisión.

Galina se las arregló para mantenerse bastante bien por su cuenta. Su círculo de estudiantes de lengua rusa siguió creciendo y en el floreciente Estado socialista construyó una empresa, lo mismo que Adolfo les había dicho a sus jóvenes contrarrevolucionarios que no podía hacerse.

Se avecinaban más problemas. A principios de 1962 las políticas colectivistas habían anulado la prosperidad natural de Cuba.

Después de los continuos ataques a la empresa privada, la huida de la clase empresarial cubana, la guerra con Estados Unidos y el fin del acceso de Cuba a los mercados estadounidenses, la economía de la nación gritaba socorro. Tres años después de llegar al poder, la revolución mejor dotada de los tiempos modernos introdujo lo que se llamó "una libreta de abastecimiento"[39].

Era un eufemismo para la cartilla de racionamiento.

Fidel anunció la medida el 12 de marzo, describiéndola como un medio temporal para contrarrestar los efectos económicos del "imperialismo" estadounidense. En su charla, Fidel dio su visión de 1970. En 1970, dijo, Cuba tendría una economía socialista en pleno funcionamiento que sería la envidia del mundo, superando incluso a Estados Unidos en todos los indicadores[40].

---

[39] *Ibid.*

[40] La historia diría lo contrario. En 2020 Cuba todavía tiene una economía de racionamiento —o, como los partidarios del Gobierno podrían llamarlo, una "economía de suministro".

Tercera parte : Juicios

El 13 de marzo, un día después de ese anuncio, fue el quinto aniversario del ataque del Directorio al Palacio Presidencial, un acontecimiento simbólico en la lucha antibatistiana. La conmemoración se realizaría en la escalinata de la Universidad de La Habana. Fidel pronunciaría el discurso de clausura, precedido por un estudiante que leería el testamento del líder mártir del levantamiento, José Antonio Echeverría.

Cuando Fidel se presentó, muchos imaginaron que volvería a hablar del racionamiento. En cambio, se lanzó a una invectiva sobre el hecho de que, en la lectura del testamento de Echeverría, todas las referencias a Dios y al favor de Dios habían sido eliminadas.

Fidel denunció las omisiones como un acto de cobardía. Tronó contra el "sectarismo" y recordó a la audiencia que Lenin la había llamado "la enfermedad infantil del comunismo". Se presentó como un líder tolerante y de mente amplia. Era un espectáculo fascinante y sus embelesados oyentes se olvidaron de la libreta de abastecimientos.

Adolfo, que asistía como espectador ordinario, era un hueso duro de roer.

¿Cuándo ha mostrado Fidel respeto por el Directorio o sus líderes? ¿Desde cuándo se preocupa por los sentimientos religiosos? ¿Cómo es que ninguno de los líderes del país se identifica como católico, mientras que hace solo tres años todos nos llamábamos católicos?

Fernando Ravelo, el antiguo compañero de Adolfo en la revista juvenil *Mella*, era ahora el encargado de Juventud Rebelde en la universidad y había sido uno de los organizadores de la ceremonia. Le dijo a Adolfo que otro líder le había preguntado qué fragmentos del testamento de Echeverría debían ser usados en la lectura. Ravelo aconsejó que, como solo se iban a leer unas pocas líneas, se podían saltar aquellas en las que Echeverría pedía el favor de Dios.

Así que había sido una simple elección editorial, sin intención de censurar. ¿Por qué entonces Fidel había hecho tanto alboroto?

Unos días más tarde, Adolfo preparaba algunos materiales para la revista *Mella*, incluyendo una nota sobre la nueva secretaría de las ORI. En la lista

Hermanos *de vez en cuando*

de líderes que llegó había sido tachado un nombre. Parecía una corrección tipográfica.

Adolfo tenía que buscar algo en la oficina de Fabio, que estaba al lado. Fabio estaba hablando con el veterano secretario del partido de la provincia Camagüey, Felipe Torres Trujillo[41]. Como de costumbre, "Felipón" saludó a Adolfo calurosamente. Adolfo se puso a trabajar y escuchó vagamente a los demás hablar de Aníbal. De regreso a su oficina, sin saber por qué, Adolfo buscó el nombre de Aníbal en la lista de la secretaría. Era el nombre que había sido tachado.

Adolfo sintió como si un objeto grande y contundente se hubiera estrellado en su cabeza. Entonces, esperó que Fabio estuviera solo para hablar con él.

—Fabio, el nombre de Aníbal no está en la lista de líderes. Está tachado.

El viejo cuadro miró a Adolfo y se tomó una larga pausa. Al final le dijo:

—Aníbal ya no está en la dirección.

—¡Pero eso no puede ser! —dijo Adolfo con los ojos llenos de lágrimas.

—Rivero —dijo Fabio con voz cansada—, después de las críticas contra Stalin, este es el golpe más duro que he recibido en mi vida. —Hizo una pausa otra vez—. En las revoluciones tenemos desacuerdos, tenemos contradicciones. Los hombres cometen errores.

—¿Quieres decir que Aníbal se equivocó?

El hombre mayor habló con deliberación.

—Lo crucial es que no haya divisiones entre nosotros. Debemos mantener el Partido unido bajo el liderazgo de Fidel. La revolución sigue adelante. No hagamos más comentarios sobre estos temas.

Adolfo tomó el punto. Aníbal, por la razón que fuera, había chocado con el único hombre que había hecho del comunismo un éxito en Cuba. Discutir con ese hombre pondría en peligro el logro. Ningún buen comunista lo sancionaría.

---

[41] http://www.adelante.cu/index.php/es/historia/61-personalidades/7187-felipe-torres-trujillo-modestia-revolucionaria-personificada.

*Tercera parte : **Juicios***

Ciertamente era injusto. Pero entonces, ¿quién debería haber sentido por Aníbal más que el propio Fabio? Si Adolfo quería a Aníbal como padre, Fabio lo quería como hermano. La principal tarea del Partido, su única tarea, era proteger la revolución. Fabio tenía toda la razón.

Por supuesto que no había límites para Fidel, quien fue a la televisión para hablar sobre algunas "diferencias" en la revolución. Aníbal, o eso decía el líder supremo, había sido comunista durante muchos años, un buen comunista, un comunista honesto, pero Aníbal se había equivocado. Había tomado el mando de las ORI y tomó decisiones que crearon el caos.

En realidad, Fidel nunca había perdido o cedido el control. Él mismo había sido el portador del caos. Estaba descontento porque el poder de Aníbal se había convertido en un control para él mismo. Así que enmascaró ese resentimiento convirtiéndolo en una crítica a Aníbal y a los viejos comunistas, a los que acusó de defender su secta, el Partido, a expensas del bienestar del pueblo.

Por fin se había aclarado el sentido de los comentarios de Fidel sobre Echeverría. Era su herramienta en la guerra contra las sectas.

El derrocamiento de Aníbal fue la primera pelea de Fidel contra los viejos comunistas. Desde 1958 el Partido había apoyado a la guerrilla de Fidel sin ningún reparo. Pero ahora Fidel, en lugar de avanzar en la revolución, se había tragado al fiel partidario que le impedía llegar al poder total.

Los veteranos no lo habían visto venir. Su amor por la doctrina les había cegado ante el peligro de la *Realpolitik* de Fidel: su total falta de escrúpulos. Y habían malinterpretado a Fidel, a quien habían visto como un joven bien intencionado elevado al poder por la lógica de la historia.

Unos años más tarde, cuando el momento político le dio a Fidel otra oportunidad de mostrarse, el viejo remanente comunista se daría cuenta de que el joven y agradable guerrillero había resultado ser algo potente, más aterrador y bastante más allá de la capacidad de ellos para controlarlo. Pero por ahora podían aferrarse a la idea, amada por los comunistas de todo el mundo, de que se movían con la historia y que ellos mismos movían la historia.

***

Mientras se desarrollaba la crisis del sectarismo, el Primer Congreso de la Asociación de Jóvenes Rebeldes estaba en sesión en el Habana Libre, antiguo Hotel Hilton. Adolfo decidió visitar las sesiones y encontró que la mayoría de sus antiguos compañeros le daban la espalda. César, el único amigo que le quedaba en la dirección de la Juventud, recibía el mismo trato.

—¡Me están echando de la dirección! —César se lo dijo a Adolfo con rabia—. Me están enviando a un trabajo recóndito. ¡Se deshacen de mí, como se deshicieron de ti!

—¿Quién se deshizo de mí? ¿Cuándo? —Adolfo lo dijo como un tonto que busca sus gafas.

—¡Despierta! —exclamó César—. Te sacaron del liderazgo juvenil por tu disputa con el sectarismo. ¡Eso fue gracias a Aníbal, el jefe de los sectarios! ¿No fue Aníbal quien te apartó con ese trabajo de los presos? ¿Qué clase de trabajo era ese para ti? Todos se sorprendieron.

En aquel momento, en realidad, había sido César quien había alabado el encargo, pero así era César. Como el propio Adolfo, podía discutir un lado del asunto y luego tomar el otro lado solo por diversión. Muy pocas personas tenían ese tipo de inteligencia o humor. Pero Adolfo sabía que, en su amistad, César era auténtico; y la presente charla fue un relámpago.

Grandes fuerzas trabajaban en favor de César y Adolfo. Esta vez, irónicamente, su salvador resultó ser la principal bola de demolición del sectarismo: el propio Fidel. En una de sus charlas, Fidel calificó a los líderes de Juventud Rebelde "más anibalistas que Aníbal" y les dio a todos una buena y rápida patada.

El siguiente paso del líder fue enviar a su perenne compañero Raúl al Congreso Juvenil para "mediar" entre los hombres de Aníbal y César. La

Tercera parte : Juicios

solución estaba clara: César fue reconocido por su correcta actitud y se reafirmó como líder juvenil.

Habiendo llegado a la cima, César presentó el caso de Adolfo y aseguró su regreso al poder. Adolfo obtuvo la cartera de relaciones exteriores de Juventud Rebelde, convirtiéndose en el embajador internacional de la juventud cubana. Cuando Fidel fue a dar el discurso de clausura del congreso, Adolfo estaba en el podio junto a él.

★

45. La granja

Abuso doméstico

[De los recuerdos de Adolfo]

1962. Poco después de su congreso, a Juventud Rebelde le entregaron una granja para convertirla en un proyecto modelo. La granja, que bordeaba el mar a lo largo de la carretera de Matanzas, era en su totalidad una tierra rocosa y estéril.

Joel Iglesias, aún director de Juventud Rebelde y no afectado por las purgas, expresó serias dudas sobre la granja. Sugirió formar un equipo de estudiantes de las facultades de agronomía y veterinaria para estudiar el lugar y dar una evaluación sobre su posible uso.

Poco después nos reunimos con el estudiante de agronomía que dirigía el grupo.

—Ese lugar es malísimo —dijo Joel, que además era guajiro y conocía la vida rural.

—¿Crees que podría utilizarse para algo? —pregunté.

Hermanos de vez en cuando

—Creo que sí —dijo seriamente el estudiante de agronomía, un mulato simpático y agudo—. Creemos que podría utilizarse como centro de estudio de patología vegetal.

—¿Qué quieres decir? —dije sonriendo por dentro, porque sabía adónde iría a parar.

—El problema no se limita a la falta de tierra vegetal, ni siquiera al hecho de que el arrecife sea visible. Hemos detectado varias variedades de hongos y enfermedades parasitarias. Mucha fumigación podría limpiar el arrecife y ponerlo en buen estado, pero en nuestra opinión no tiene sentido. Sería mucho mejor conseguir un buen pedazo de tierra en otro lugar. Entonces aplicaríamos técnicas intensivas y obtendríamos resultados útiles.

Joel suspiró.

—El problema es que esta es la granja que nos dio Fidel.

—¡La granja no sirve! —dijo el estudiante—. ¡Estoy dispuesto a explicárselo al comandante! Firmaremos un informe con nuestros nombres.

—Nadie puede estar en desacuerdo con él —le dije a Joel—. El país tiene muchísima tierra buena que está pidiendo a gritos un cuidado adecuado.

Acordamos que abordaríamos el tema con Fidel.

En nuestra siguiente reunión, Joel le dijo:

—Fidel, esa pequeña granja... enviamos un equipo de la universidad para examinarla, entre ellos estudiantes de agronomía y medicina veterinaria. La opinión de ellos es que no tiene condiciones productivas en absoluto.

—No hay que prestar demasiada atención a los técnicos —afirmó Fidel—, sonriendo pícaramente a Emilio Aragonés[42], que sonrió también.

Joel se opuso.

—El lugar es malo.

—Cuando me dijeron que era malo —Fidel lo interrumpió—, yo dije que iba a dárselo a los jóvenes y que ellos verían cómo hacerla producir.

—Pero comandante —insistió Joel—, no sé qué vamos a hacer. ¡No tiene tierra vegetal!

---

[42] Un miembro del círculo interno de Castro.

*Tercera parte : **Juicios***

—¿Por qué no has llevado tierra vegetal de los pantanos de la Ciénaga de Zapata? —le preguntó Fidel—. Podrías haberla llevado en camiones.

¿Llevar barro del pantano de la Ciénaga de Zapata a más de trescientos kilómetros de distancia y construir un suelo artificial en los arrecifes? ¿Cuánto costaría tal operación? ¿Qué significado podría tener? ¿No acababa el Gobierno de explicar la grave situación del país con respecto al combustible? ¿No se estaba racionando la gasolina?

Permanecimos en silencio mientras Fidel hablaba del pantano y de la granja de cocodrilos que pretendía organizar allí.

—Los cueros de cocodrilo tienen muy buen precio en el mercado internacional —afirmó—. Para 1970, los exportaremos en cantidades sustanciales.

Ahí estaba otra vez, 1970, la fecha en la que se lograrían grandes transformaciones. De hecho, sucederían, pero no de la manera que se esperaba.

★

46. Bajo el hongo

¿No es eso romántico?

Cuartel general de Juventud Rebelde, martes 23 de octubre de 1962. Esa mañana Adolfo estaba escribiendo en una gran mesa de conferencias, cuando se abrió la puerta y entraron cuatro o cinco camaradas. Joel Iglesias iba delante con su pequeña cojera.

—Hola Joel. ¿Qué tal?

—¿No has oído las noticias? —preguntó Joel con urgencia.

—No, acabo de llegar.

—Anoche Kennedy declaró un bloqueo naval a Cuba.

—¡Un bloqueo! ¿Qué significa?

***Hermanos** de vez en cuando*

—Significa que no permitirá la entrada de ningún barco en aguas cubanas.
—¿Barcos? ¿Pero qué clase de barcos?
—¡Ningún barco, coño! ¡Ninguno!
Joel se había puesto muy serio.
—¿Qué pasará con el petróleo?
—No habrá barcos, ni petróleo, ni comida, ni nada. ¿Entiendes?
—Es verdad, Adolfo —dijo César.
—¡Pero... pero... la Unión Soviética no puede permitir que detengan a sus barcos en medio del mar! —Adolfo balbuceó—. ¡Eso sería guerra!
—¡Bien! ¿Lo ves? —le dijo César a Joel—. Es inteligente. Solo tienes que darle un poco de tiempo.
—Reunámonos esta noche cuando yo sepa algo del Partido —dijo Joel—. Lo más probable es que yo me quede en La Habana y ustedes vayan a las provincias.
Esa noche, fuera del edificio, se despidieron unos de otros.
—¡Nos vemos bajo el hongo! —dijo Carlos Quíntela, el amigo de Adolfo que caminaba hacia su auto.
—¡Mierda! Todos queremos salvar el pellejo —dijo otro camarada que se iba, dejando de lado la indiferencia de Quíntela.
—¡Qué carajo! Nos vemos bajo el hongo —dijo César y también se fue.
Adolfo subió a su auto. Bebo, su chofer, estaba al volante.
—¿A casa? —preguntó Bebo.
—Sí, sí, mañana salimos para Santa Clara.
—¡Bueno para ti! —le dijo Bebo—. En Santa Clara podrás ver a la chamaca que te gusta.
Al día siguiente, en Santa Clara, mientras el peligro se cernía sobre todos, Adolfo se hacía cargo de la organización juvenil local para enfrentar la crisis.
Al final de la tarde, Bebo lo llevó a las afueras de la ciudad, a una casa vieja con techo de tejas. Adolfo llamó a la puerta. Nadie respondió.
—¿Estás seguro de que es aquí? —le preguntó Adolfo a su chofer.
—¡Sí! Esta es la dirección.

Tercera parte : Juicios

—¿Quién es? —preguntó una voz femenina desde adentro.

—¡Buenas noches! —Adolfo respondió—. ¿Está Marisa?

—¡Sí, soy yo! Estaba en la cama. Necesito un minuto.

—¡No hay prisa!

Marisa emergió vestida con el uniforme de miliciana. La apariencia de la hermosa joven de diecisiete años le dio a Adolfo todo el aliento que necesitaba.

—¡Hola! —dijo ella dándole a Adolfo un ligero beso—. ¿Cómo está la situación?

—Al menos Nikita y Kennedy están intercambiando cartas, pero como hay un ambiente extraño decidí regalarte algo la próxima vez que te viera.

Metió la mano en su bolsillo, sacó una cajita y se la entregó a la chica.

—No es un anillo fino, pero es de mi madre.

Adolfo le había reclamado el anillo a Galina cuando se separaron. Marisa estaba asombrada.

—¡Nunca había pensado en casarme tan pronto!

—Sí —dijo Adolfo—, pero la situación es que somos revolucionarios y hemos hecho una revolución socialista frente a la nación capitalista más poderosa del mundo. No podemos esperar a que los americanos se olviden de nosotros. Y nosotros no podemos esperar a vivir una vida normal.

—Por supuesto —dijo la chica de manera vacilante.

—Podríamos explotar en cualquier momento.

—¿No estás exagerando?

—Escúchame atentamente —le dijo—: ¿Han hecho un bloqueo naval contra Cuba o no? ¿Es real la posibilidad de un ataque atómico o no?

—Lo han hecho. Es así.

—Pues aquí estamos —le dijo, besándola apasionadamente.

47. Rōnin

Los samurái se encuentran con Godzilla

Domingo 28 de octubre de 1962 y los días siguientes. Seis días después de que Kennedy anunciara el bloqueo naval, se terminó abruptamente la crisis de los misiles con el acuerdo de los soviéticos de retirar sus armas nucleares de Cuba.

Fidel no participó en el acuerdo, del que se enteró por las noticias. Bastante amargado, se escabulló de la alianza soviética durante los siguientes seis años, sin una actitud clara, hasta que aceptó de nuevo el abrazo de Moscú.

Para Emi Rivero y sus miles de compañeros de prisión, el final de la crisis fue desgarrador. Significaba que Estados Unidos no derrocaría a Castro.

Para Adolfo y sus compañeros, por otro lado, la vida comenzaba de nuevo. Juventud Rebelde, que años antes se habían llamado Juventud Socialista, se convirtió en lo que siempre habían querido ser: la Juventud Comunista. Con gusto, los jóvenes comunistas volvieron a los placeres ordinarios de la destrucción política.

César, el amigo de Adolfo, que ocupaba un lugar en la dirección de la juventud, dirigiría también la Unión de Pioneros de Cuba, la organización juvenil que agrupaba a niños y adolescentes. A los ojos de Adolfo no era un gran trabajo, pero a César le encantaba.

Ese tipo de situación era típica del poder en las estructuras comunistas. Un tipógrafo del diario del régimen podría ser también miembro de la dirección del Partido y tendría más influencia en los asuntos políticos que los editores del periódico. De la misma manera, el trabajo de César con la Unión de Pioneros no proyectaba la gran influencia que tenía él como cuadro juvenil.

Tercera parte : Juicios

Cuando se abrió el puesto de dirigente juvenil de la región de La Habana, César se interesó y los directores de la Juventud Comunista le dieron su apoyo.

Sin embargo, sorprendentemente, el Partido de La Habana dijo que no. La orden vino del nuevo secretario general de la región capital, Joel Domenech.

¡Él otra vez! ¿Cómo había sobrevivido a las purgas? Además de ser Domenech el más duro de los sectarios, también había sido el "hombre de Aníbal que estaba al lado de Fidel". Con Aníbal fuera del poder y deshonrado por "sectario", Domenech debería haberse desplomado. Sin embargo, ahora estaba más alto que nunca.

Debió haber hecho el trabajo de un orfebre. A escondidas, Domenech había dejado de ser el hombre de Aníbal al lado de Fidel y se había convertido en el hombre de Fidel al lado de Aníbal.

César y Adolfo no hicieron ese tipo de conexión porque eran demasiado nobles para semejante comportamiento. Cuando Domenech propuso un hombre propio para el puesto de líder juvenil en La Habana, César y Adolfo desafiaron a todos en un debate en el que estaba presente el presidente de Cuba, Osvaldo Dorticós.

Adolfo, como era de esperar, se quejó del comportamiento de Domenech en la discusión sobre Rolando Cubela. Domenech dijo que esa afirmación era una mentira de Adolfo. Mientras se debatía, Fidel entró en la oficina del presidente.

Sin darse cuenta de que habían sido vencidos, Adolfo y César se animaron más. Fidel dirigió su furia hacia ellos y gritó con la voz más fuerte de la historia humana: "¡Ustedes no tienen fe en mí, y yo no tengo fe en ustedes!".

Pasados unos momentos se calmó y dijo que no podía estar más contento que con Adolfo y César. Pero ahora hablaba en voz baja a dos hombres a los que acababa de aniquilar.

El puesto de líder juvenil se lo dieron al hombre de Domenech, Isidoro Malmierca. Un tiempo después, Domenech se dio el gusto de separar a César y Adolfo de las organizaciones juveniles.

Hermanos de vez en cuando

Los vencedores tendrían grandes futuros en la jerarquía[43], mientras que Adolfo y César, después de la paliza que les diera Fidel, tuvieron una clara visión de su destino: *rōnin*, samurái sin empleo[44].

Por el momento la decepción parecía cortés. Raúl Castro envió a César a la academia militar, mientras que Adolfo recibió un par de cargos académicos: una cátedra de filosofía en las recién formadas Escuelas del Partido y una cátedra de marxismo en la Universidad de La Habana.

En una carta donde informaba a sus padres de los cambios, Adolfo adoptó un tono melancólico: "No se puede tener todo en la vida, cada camino tomado trae satisfacciones y renuncias".

Todavía sin haber salido de sus veinte, Adolfo rozaba la madurez.

★

48. Un hombre en la muchedumbre

Los misterios de la atracción

[De los recuerdos de Emi]

En la prisión compartían con nosotros algunos hombres que, sin ser delincuentes políticos, habían cometido delitos más allá de lo normal. A esas personas las llamábamos fronterizos.

El fronterizo que yo conocía había ido a la cárcel por su implicación en el asesinato de una persona que pertenecía a una familia de élite. El crimen había ocurrido durante un período muy anterior, cuando Batista directa o indirectamente gobernaba el país[45].

---

[43] Domenech sería ministro de Industrias y Malmierca ministro de Relaciones Exteriores durante quince años.

[44] Samurái errante, sin señor ni maestro.

[45] La familia Paniagua, durante el primer período de ascenso de Batista, entre 1933 y 1944.

Tercera parte : Juicios

Un día le estaba dando una lección de judo a un compañero de prisión sobre cómo hacer un estrangulamiento. Mientras el otro hombre intentaba el estrangulamiento conmigo, el fronterizo pasó y le dijo a mi estudiante: "¡Oye! ¡Cuidado con el doctor!".

Todos se congelaron, incluyendo otros prisioneros que estaban observando. Temían que el fronterizo matara a mi alumno por ponerme una mano encima. El fronterizo tenía un aire de violento y parecía llevar bajo su ropa un cuchillo hecho en la prisión.

Los prisioneros evitaban su mirada por miedo a que sacara una conclusión errónea. Los camareros, criminales violentos que servían la comida a los prisioneros políticos, evitaban hablar con él. Los guardias le permitían salir de su galera, privilegio que negaban a otros prisioneros, porque le gustaba limpiar los pasillos. Incluso los guardias preferían no molestarlo.

El fronterizo limpiaba mi celda todos los días. No importaba lo que yo estuviera haciendo o con quien estuviera conversando, él venía a mi celda, tiraba agua al piso y sin decir una palabra empezaba a limpiar.

También me traía té. Entre los cubanos, que prefieren el café, mi hábito de tomar té era tan raro que en la clandestinidad me preguntaba si la Policía podría rastrearme preguntando en los cafés sobre quién iba a tomar el té. El fronterizo me lo servía diariamente y gritaba a todo pulmón para que todos le escucharan: "¡Doctor Rivero! ¡Té!".

Nadie comprendía por qué el hombre me daba esas atenciones. Es cierto que yo le daba mi asignación mensual de cigarrillos, un tesoro en la cárcel, pero no creo que fuera por eso. Creo que era su respuesta porque lo trataba con compañerismo, respeto y un toque de afecto.

Nadie más en Isla de Pinos le ofrecía esa cortesía. Por otra parte, nunca he seguido a la multitud.

49. Renato

Los placeres de un alma tranquila

Isla de Pinos, 1964-1965. Por primera vez en tres años de prisión, a Emi y sus compañeros tajantes, "intransigentes", militantes y autores de delitos políticos que se negaron a cualquier forma de rehabilitación, se les permitió sentarse o caminar bajo el sol. Estaban realmente eufóricos, pero debieron imaginarse que no estaban recibiendo el regalo de forma gratuita.

De hecho, el régimen estaba preparando otra sorpresa, un cambio que solo ese tipo de gobierno podía realizar. Planeaban borrar del sistema carcelario del país la categoría de preso político. Pero antes, ese grupo específico tendría un paseo bajo el sol para que los líderes del régimen pudieran presentarse como personas decentes antes de enterrar tranquilamente a un grupo de "delincuentes sociales que nunca sería echado de menos".

Los prisioneros políticos se identificaban plenamente con su estatus. Si no fuera por sus escrúpulos políticos o morales nunca los hubieran enviado a esa "gran cárcel". La mayoría no había tenido problemas con la ley más que por alguna multa de tráfico. A diferencia de los presos comunes que llevaban trajes azules, sus uniformes caqui los definían y daban sentido a sus vidas.

En el verano de 1964 las autoridades de la prisión se preparaban para reclutar presos que trabajaran en las granjas estatales cercanas. Esas órdenes contravenían una costumbre de larga data en Cuba y otros países en la que no se podía obligar a los prisioneros políticos a hacer trabajos manuales. Pero el régimen de Castro, que ya había sumido a la isla en el racionamiento, ahora llevaría las cosas a otro nivel de caos.

El resultado era reclutar muchas manos extras para un "trabajo voluntario" que no era voluntario.

Tercera parte : Juicios

El tema planteaba cuestiones incómodas para la justicia revolucionaria. Ver a los presos políticos leyendo literatura, hablando de Grecia y Roma, sentados al sol y consumiendo la comida del pueblo, mientras el resto del país trabajaba muy duro para comer, realmente no era correcto.

Para eliminar la prohibición de los trabajos forzados, y aquí estaba la idea novedosa de Fidel, solo había que eliminar la categoría de prisionero político. Eso sería posible con solo quitar el uniforme caqui. Deshacerse del uniforme y *voilà*, una nueva fuerza de trabajo.

La táctica estaba llena de un tipo de violencia que los regímenes totalitarios adoran: erosionar las almas de manera que casi nadie lo pudiera notar o medir. Pero lo primero en el orden de prioridades del régimen era mandarlos a trabajar. Eliminar el uniforme caqui era la cereza del pastel.

El nuevo orden con respecto al trabajo se preparaba con cautela, pieza a pieza. Al final de una tarde de verano, Emi y sus compañeros observaron que una brigada de otra circular regresaba del trabajo al aire libre. Era una visión espantosa; los hombres se veían desgastados y abatidos.

Una frase de Cervantes apareció en la mente de Emi: "Esta es cadena de galeotes[46], gente forzada del rey, que va a las galeras".

—¡De eso, nada! —decidió Emi—. ¡No voy a caer en eso!

Habló con varios amigos, incluyendo a Alfredo Izaguirre. Ambos habían recorrido un largo camino desde el día en que Emi, en el papel de Brand, tratando de salir ilegalmente de Cuba después de la ejecución de Plinio, buscó la ayuda de Alfredo y este no se la dio. Después de su regreso a Cuba en paracaídas, Emi había disfrutado de la camaradería de Alfredo; y cuando Emi se enteró que lo habían capturado en una operación de contrainteligencia, unos meses después de su propio arresto, se disgustó amargamente.

En Isla de Pinos, Emi y Alfredo formaron un imponente dúo. Como Alfredo tenía unos diez años menos que él, lo llamaba cariñosamente

---

[46] "Prisioneros", *El Quijote*, Miguel de Cervantes, capítulo XXII.

"Alfredito". El joven estaba decidido, al igual que Emi, a resistirse a las nuevas órdenes.

—¡Apúntame! Yo tampoco voy a trabajar —dijo Alfredito.

—¿Cómo podemos hacer de esto un escándalo? —se preguntó Emi—. Tú perteneces a algún tipo de asociación internacional de prensa mundial, ¿no?

—Sí, a la Sociedad Internacional de Editores de Periódicos.

—¿Por qué no provocas que te den una paliza? Seguro que eso sería un escándalo.

—¡No es una mala idea! —dijo Alfredito.

Alfredito se peleó con los guardias. Le dieron la paliza de su vida; casi se murió. Pero no hubo escándalo y en pocos días Alfredito fue incluido en la lista de trabajo de la circular.

Como Emi y Alfredito se negaron a trabajar, los sacaron de la circular y los llevaron al "pabellón de castigo", una instalación separada con celdas de aislamiento para los reclusos que violaban las reglas de la prisión.

El pabellón de castigo era una amplia estructura de un piso con varias filas de celdas que se abrían en abanico desde la entrada. Cada celda era lo suficientemente grande como para que un hombre pudiera dar uno o dos pasos dentro y tenía una ventana hecha de persianas de hormigón que dejaba pasar aire, pero no luz.

Las celdas tenían diferentes tipos de puertas. Algunas tenían ventanas enrejadas que dejaban pasar la luz del pasillo, mientras que otras eran placas de hierro que dejaban entrar rayos de luz del grueso de un alfiler durante pocos minutos al día. Para evitar que la oscuridad destruyera la vista, había que ponerse delante de ese rayo y dejar que la luz diera vida a los ojos durante esos momentos.

En todas las celdas el techo era bajo y permeable, por lo que entraba el agua de lluvia. Durante el día te asabas de calor mientras que por la noche temblabas de frío, pues las mínimas raciones de comida no generaban la energía calórica suficiente para no sentir frío.

Tercera parte : Juicios

La cama era el piso y, en casos especiales, un cabestrillo de lona. La comida la introducían por un agujero en la puerta. El retrete era otro agujero en el piso con dos grifos, uno arriba y otro abajo.

Los guardias tenían que abrir y cerrar los grifos, una celda a la vez. Como odiaban esa tarea tanto como a los prisioneros, disfrutaban jugando con los grifos. Los prisioneros se sentían afortunados si lograban llenar de agua dos platos de aluminio al día, antes de que el guardia dejara de dispensarla.

Cada prisionero tenía solo un par de gavetas y un par de platos de aluminio. Todas las demás posesiones —libros, revistas, cartas, juegos, material de escritura, almohadas, sacos de dormir, alimentos y paquetes que sus seres queridos les enviaban—, estaban prohibidas. Lo mismo ocurría en el caso de las comunicaciones con el resto del mundo.

Durante todo el tiempo que estabas "de vacaciones" en el pabellón, no veías a ningún ser humano. Sin embargo, los prisioneros podían hablar de celda a celda levantando la voz. Cuando alguno quería hablar con alguien ubicado a varias celdas de distancia, los de las celdas intermedias tenían la cortesía de pasar la voz.

En Miami, los padres de Emi se dieron cuenta de que algo estaba muy mal cuando dejaron de recibir sus cartas. Acudieron a Adolfo en busca de ayuda, pero este se puso del lado del régimen.

En una carta de febrero de 1965, Adolfo les dijo a sus padres que las medidas disciplinarias en contra de Emi no amenazaban su vida y que eran una respuesta apropiada a su desobediencia. Escribió: "En una prisión no son los prisioneros los que dan las órdenes".

[De los recuerdos de Emi]

En el pabellón nos trasladaban constantemente de una celda a otra. A mediados de 1965, Alfredito y yo estábamos en el mismo pasillo y en celdas no muy separadas. Solíamos jugar al ajedrez. Jugábamos a ciegas, anunciando nuestros movimientos, ya que no teníamos papel ni lápiz ni

Hermanos *de vez en cuando*

otro material que pudiera ser usado como tablero y piezas. Creíamos que esta práctica podía mejorar enormemente nuestro juego si volviésemos a jugar en el mundo normal.

Fue durante esos días que Renato y yo nos conocimos.

Era un sapo de aproximadamente tres centímetros de largo. Una mañana, al despertar, lo vi posado en el borde de una de las dos placas de aluminio que siempre tenía llenas de agua.

Tuve mucho cuidado al moverme alrededor de la celda para no dañarlo o asustarlo. Aparentemente era un ser tranquilo, seguro de sí mismo, porque incluso cuando me senté en el suelo cerca de él, observándolo atentamente, se mantuvo fresco y distante, por encima de cualquier pasión que pudiera mover a un sapo.

Para dar relevancia y autenticidad a nuestro mundo fracturado, lo llamé Renato. Les hablé de él a mis compañeros de prisión. Cuando conseguía comida siempre dejaba algunas gotas o granos, en caso de que Renato quisiera, aunque nunca vi que se los comiera.

Como los días pasaban y Renato seguía en la celda, no me di cuenta del consuelo que había entrañado su compañía. ¿Cómo pude? ¿Cómo podía el talante de un ser racional, de un hombre endurecido por los conflictos civiles, animarse por la presencia casual de una de las criaturas más humildes de la tierra que nunca estableció una relación con los hombres?

Una mañana me desperté y descubrí que ya no estaba en la celda. Después de dos décadas todavía siento la tristeza con la que le dije a Alfredito, "Renato se fue".

Tercera parte : *Juicios*

★

50. ¿Hasta cuándo los impíos...?

¿Quién da las órdenes?

[De los recuerdos de Emi]

Isla de Pinos, marzo de 1966. Después de año y medio en el pabellón de castigo, Alfredito y yo nos habíamos convertido en una especie de atracción turística. Cada vez que los oficiales del G2 venían de La Habana para inspeccionar la penitenciaría, los llevaban al pabellón y caminaban por los pasillos, a veces parando en las puertas cerradas y haciendo preguntas a los prisioneros.

Me acostumbré a que siempre se detuvieran en mi celda y a que el oficial que guiaba a los visitantes me presentara con la frase:

—Este es la mierda de la prisión.

Al salir, muchos de los oficiales me decían:

—Te vas a podrir ahí dentro.

Mi reacción habitual era sonreír o reír y se enfurecían, pues lo tomaban como un acto de bravuconería. De hecho, no era nada de eso; es que tengo sentido del humor.

En esa época escuché algo fuera de mi celda que me sorprendió. Era una voz de mujer. Mi corazón saltó violentamente y como estaba tan débil casi me desmayo. Por supuesto que era natural ese tremendo amor del hombre por la mujer, y su falta nos había enfermado a todos.

En un momento dado, Alfredito y yo éramos los únicos reclusos que habíamos permanecido en el pabellón durante más de un mes. Pero ahora, otros dos, Odilo Alonso, español, y Nerín Sánchez, exoficial del Ejército Rebelde, se habían unido a nosotros como invitados permanentes.

La falta de luz y de una alimentación digna nos había vuelto esqueléticos. Yo había perdido pestañas y cejas. Vivíamos como menos que animales. Al pasar, las ratas y los insectos nos miraban por encima del hombro.

Los cuatro decidimos iniciar una huelga de hambre para exigir una comida decente, vitaminas, el derecho a estar al aire libre tres veces a la semana y el derecho a enviar y recibir cartas. Hasta que nuestras peticiones fueran concedidas, no aceptaríamos comida de nuestros carceleros.

Tan pronto como dejamos de aceptar comida, el pabellón se volvió aún más sombrío y ominoso que antes. Los prisioneros hablaban en voz baja y menos. Casi nadie nos hablaba, aparentemente por miedo a las represalias de los guardias.

Al atardecer del primer día de huelga, mi amigo Gregorio Ariosa me llamó. Me acerqué a la puerta con barrotes de mi celda.

—Rivero, me imagino por lo que estás pasando. Espero que tu problema se resuelva pronto. Sé que este es el peor momento del día para ti. También sé que no eres creyente, pero sé que te gusta la Biblia. Así que cada día al atardecer recitaré la Biblia durante una hora.

Ariosa elegía lo que iba a recitar. Cuando escuchaba un versículo que me gustaba especialmente, le pedía que lo repitiera. A veces se lo pedía varios días después. Siempre que se lo pedía, me lo recitaba de nuevo sin asomo de vacilación, y la belleza de esos versos se convertía en un bálsamo para mí.

"Jehová, Dios de las venganzas, Dios de las venganzas, muéstrate. Engrandécete, oh Juez de la tierra; da el pago a los soberbios. ¿Hasta cuándo los impíos, hasta cuándo, oh, Jehová, ¿se gozarán los impíos?"[47].

"El Señor reina; que el pueblo tiemble; se sienta entre los querubines, que la tierra se mueva. El Señor es grande en Sion, y está en lo alto de todo el pueblo. Que alaben tu gran y terrible nombre, porque es santo"[48].

La huelga de hambre se prolongó durante días y más días. Muchas veces escuché a Ariosa mientras estaba tirado en el suelo, porque me sentía

---

[47] *Antiguo Testamento Reina Varela,* Salmo 94.
[48] *Antiguo Testamento Reina Varela,* Salmo 99.

mareado y temía que, si permanecía demasiado tiempo junto a los barrotes de la puerta, me desmayaría y me lastimaría en una caída.

Desarrollé una fuerte afición por Hebreos XI y una preferencia por algunos de sus versos: "Por la fe habitó como extranjero en la tierra prometida". "Por la fe cayeron los muros de Jericó después de rodearlos siete días". Y también los Hechos XXVI: "Hablando así para sí mismo, Festo dijo en voz alta: Pablo, estás fuera de ti; mucha ciencia te enloquece. Pero dijo: No estoy loco, noble Festo, sino que digo las palabras de verdad y sobriedad. Agripa dijo a Pablo: Casi me convences de ser cristiano".

El decimoséptimo día de huelga los oficiales de la guarnición nos prometieron que nuestras peticiones serían concedidas. Comenzamos a comer de nuevo, pero después de una semana, cuando vimos que sus promesas habían sido una artimaña para probarnos y quebrarnos, comenzamos la huelga de nuevo. A pesar de todo, Ariosa no paró sus recitales ni una sola vez por más que los guardias nos amenazaran o por más malhumorados que se pusieran.

Una noche Ariosa siguió hablando conmigo al terminar de recitar. Hablamos, como lo hacíamos a menudo, sobre Estados Unidos. Disfrutaba tanto escuchando mis historias sobre este país que interrumpía constantemente con preguntas e intenso anhelo de conocimiento. Esa noche en particular escuché su voz rompiéndose y temblando.

—¿Es cierto que en Estados Unidos les lanzan perros a los negros? —preguntó.

Sentí que mi garganta se cerraba. Mis ojos se llenaron de lágrimas. Este hombre admiraba a Estados Unidos, soñaba con Estados Unidos, como una tierra prometida. Sin embargo, era negro y una terrible duda ardía en su mente.

—Sí —respondí, es verdad—. Estados Unidos tiene minorías que son racistas y miran con odio a los negros. Pero sabes, Ariosa, la mayoría de los estadounidenses blancos miran con mayor odio a los racistas blancos, porque entienden que los racistas contradicen y corroen los ideales que hacen grande a Estados Unidos.

Esperaba que algún día pudiera demostrarle mi punto de vista[49].

Después de veinte días en su segunda huelga de hambre, los cuatro reclusos que protestaban fueron trasladados al centro médico de la prisión; el régimen no estaba dispuesto a dejarlos morir. Uno por uno los hombres fueron atados de pies y manos a las camas del hospital y alimentados por la nariz.

Cuando Emi entró en la enfermería y vio a su amigo Alfredito atado a una cama, reunió todas sus fuerzas y le dio un golpe en la clavícula al oficial que estaba a punto de atarlo.

El golpe fue respetablemente duro viniendo de un hombre que apenas había comido en cuarenta días, pero el guardia ni se aturdió. Emi fue entonces atado a una cama y alimentado a la fuerza junto con el resto.

Después de dieciocho días de ser alimentados de esa manera, los cuatro ya estaban lo suficientemente fuertes para transferirlos. Al Presidio Modelo de Isla de Pinos, una de las mayores concentraciones de prisioneros políticos del mundo, lo estaban desmontando porque se había convertido en una carga para sus señores.

El cuerpo de presos políticos había desbaratado el esfuerzo del régimen para cancelar su identidad mediante la imposición de brigadas de trabajo. Habían cometido sabotajes a gran escala contra los proyectos de trabajo, haciéndolos improductivos y enterrando las herramientas donde los guardias no las pudieran encontrar. Los reclusos capturados por sabotaje fueron golpeados y confinados al pabellón, pero las autoridades de la prisión no pudieron obligar a que esos hombres le sirvieran de bueyes a Castro.

La memorable afirmación de Adolfo Rivero a sus padres resultó ser memorablemente incorrecta. En la prisión de Isla de Pinos, fueron

---

[49] Ariosa llegó a EE. UU., donde grabó un video de YouTube sobre sus años de prisión: https://www.youtube.com/watch?v=wOeJNgzX6pQ (en español).

finalmente los prisioneros y no los carceleros quienes dieron las órdenes decisivas[50].

★

51. Más cerca de la raza

En paz con su pasado

1966. Después de lograr con sus compañeros de prisión el cierre de la prisión política de la Isla de Pinos, Emi Rivero fue transferido a la Fortaleza de La Cabaña en La Habana, un monstruo de piedra cuyo semblante se había vuelto aún más severo desde los juicios y ejecuciones que habían dado inicio al régimen castrista.

Los prisioneros de La Cabaña habían saludado a Emi como una celebridad, algo que no le cayó bien. Los guardias tuvieron una reacción similar con los presos que habían rechazado el uniforme de prisionero común. Uno de los guardias le dijo a Emi y a Alfredito:

—Ustedes jodieron mucho en Isla de Pinos, los mantenemos en la mira.

La Cabaña era un nuevo y fresco terreno en el que guerreaban los mismos ejércitos irreconciliables. Los guardias se llevaron los uniformes caqui y los reemplazaron por los de color azul, que los prisioneros disidentes se negaron a usar. Esos hombres se quedaron en calzoncillos y fueron confinados a sus celdas sin tiempo al aire libre.

Las emociones se elevaron peligrosamente en la prisión. Ansiosos por resolver la disputa, los funcionarios del Ministerio del Interior enviaron a un hombre a hablar con los prisioneros. La reunión, aunque cordial, no encontró una solución.

---

[50] La prisión de la Isla de Pinos ha permanecido como un coloso vacío durante más de medio siglo: http://strangeabandonedplaces.com/the-strange-abandoned-model-prison-of-cuba/.

Poco después de llegar a La Cabaña, llamaron a Emi para una visita. Demacrado por las huelgas de hambre, fue a la sala de visitas con una sábana colgada sobre sus hombros, como una toga. Allí estaba su primera esposa, Lizbet, a la que no había visto desde el día de su separación hace más de una década.

En esos años Lizbet se había vuelto a casar y a divorciar. Aparte de su hijo Emilito, que ahora tenía casi veinte años, no había ningún hombre en su vida. Su padre, a quien Emi adoraba, había muerto recientemente y su hermano había muerto en la invasión como miembro de la brigada anticastrista.

Lizbet quiso vincularse a un hombre y sintió compasión por Emi. Así que se ocupó de él en la cárcel, visitándolo regularmente.

Era un tipo de tributo de los que valida la vida de un hombre. Pensar en ella a las puertas de la prisión, de pie, bajo un sol abrazador con una bolsa comida que había preparado para él, tocó su corazón y lo hizo más humano.

★

52. La casa encantada

El comunismo no es divertido

Cuba, años sesenta.

—¡Nada aquí es como debía ser!
—Sí, Fidel es testarudo. Cree que puede tener éxito con una política que llama marxismo, pero está viendo la película equivocada.
—¿En serio? ¿Qué película es esa?
—El hombre y Miguel Ángel en Cuba.
—Nunca he oído hablar de ella.
—Aún no se ha hecho.

Tercera parte : Juicios

—Entonces, ¿cómo puede estar viéndola Fidel?
—Fidel hace cosas que nadie más puede hacer.
—¿Y espera que el resto de nosotros se ponga a su nivel?
—¡Somos revolucionarios! Tenemos el deber de ser excepcionales.
—¿Y si somos simplemente ordinarios?
—Tenemos que cambiar.
—¿Y si no podemos?
—En ese caso, Fidel conseguirá un nuevo pueblo.
—¡Imposible!
—¡Te lo dije! Hace cosas...
—¡Está bien, está bien! ¿Qué se supone que vamos a hacer hoy?
—Hoy nos toca producir.
—¿Producir qué?
—Todavía no nos lo han dicho.
—¿Quieres decir que los propios jefes no lo saben?
—Están esperando que Fidel se los diga.
—Tal vez debemos dar discursos.
—Ese es el departamento de Fidel.
—¿Qué hay de las estrategias de producción?
—Fidel está a cargo de las estrategias.
—¿No tiene suficiente que hacer?
—¡Olvídalo, amigo! Estamos montados en ese famoso dedo índice hasta que lleguemos a la Luna.

¿Quién en el reino de Castro hablaría de esta manera? ¿Prisioneros? ¿Locos de asilo? ¿Fantasmas?

Esta era la pandilla de Adolfo que aún servía al régimen.

En 1965, Fidel volvió a cambiarle el nombre al Partido y le puso Partido Comunista. La coalición revolucionaria ya no era una mezcolanza de entidades con nombres en constante cambio. A partir de ahora el único nombre válido era "comunista" y el único líder era Fidel.

El nuevo Partido Comunista de Cuba había cobrado vida con la idea de que su revolución era el punto de partida de la humanidad. Los fidelistas de nueva cara ignoraban la historia soviética, entre otras cosas.

En palabras de Adolfo Rivero, el Partido adoptó una plataforma de "deconstrucción socialista". Se cancelaron abruptamente los procedimientos oficiales de todo tipo. Se abolió la contabilidad. Las medidas fiscales se utilizaban solo para el cambio de divisas. Los cubanos continuaron recibiendo salarios y gastando dinero, pero no había ningún sistema económico que respaldara los intercambios.

El Estado redujo a unos pocos centavos el costo de muchos servicios públicos: teléfonos particulares, autobuses, transporte público, cines y otros espectáculos. Ciertos servicios, como el uso de los teléfonos públicos y la entrada a eventos deportivos, se declararon oficialmente gratuitos y permanecieron así durante mucho tiempo.

Adolfo y sus amigos, jóvenes que habían heredado el sombrero de "viejos comunistas", eran personas de principios profundos, cuyos puntos de vista habían madurado durante años de formación ideológica y hábitos de escrutinio cuidadoso que los respaldaban. Eran conscientes de lo que habían intentado los primeros bolcheviques como lo que ahora establecían Castro y el Che Guevara: experimentos utópicos con resultados desastrosos.

Los nuevos "viejos comunistas" mantuvieron su apoyo a la revolución, pero también se consideraron obligados a criticar las políticas que podían perjudicar a la sociedad.

En opinión de ellos, sonreír y mantener la boca cerrada mientras el país se iba a pique era un mal comportamiento. Luchaban fuertemente en el frente ideológico, aunque perdían influencia con los dirigentes de altos cargos que les decían "eres demasiado bocón", "¿Cuándo vas a crecer?", y en otros momentos "eres demasiado adulto".

Adolfo y sus compañeros se enteraron de que había funcionarios que los calificaban de "prosoviéticos". En aquel contexto era un término ominoso.

Tercera parte : Juicios

Sin embargo, irónicamente, fue más o menos en esta época que Adolfo y sus amigos comenzaron a repensar la experiencia soviética.

En 1966 y 1967 los escritos de Isaac Deutscher, con sus novedosos puntos de vista sobre la Unión Soviética, estaban en boga entre los intelectuales de Cuba y otros lugares. Deutscher, un comunista polaco que vivía en Gran Bretaña, había publicado algunos años atrás biografías épicas de Trotsky y Stalin. Esas narraciones habían mostrado que las inmensas crueldades del período de Stalin no eran solo desafortunados subproductos del progreso de la Rusia soviética, como Nikita y otros habían afirmado. Más bien, como dijo Deutscher, el estilo de gobierno de Stalin era la esencia de un sistema corrupto desde la médula.

Esa visión del sistema soviético no era la de un rival ideológico sino de alguien filosóficamente afín, de inteligencia profunda y penetrante. Además, estaba escrita en un estilo literario convincente. El impacto de los libros de Deutscher en Cuba, cuando la revolución se convertía en el fruto de las fantasías de un solo hombre, fue sorprendente.

Leyendo a Deutscher, Adolfo y sus amigos se sintieron traicionados por todo lo que creían saber. En respuesta a las utopías sin sentido de Castro, ¿qué tenían los comunistas honestos que ofrecer sino el "realismo" de la experiencia soviética?

Sumándose al pensamiento de Deutscher, un par de jóvenes comunistas polacos habían lanzado un desafío notable desde la propia Polonia. Jacek Kuroń y Karol Modzelewski, contemporáneos exactos de Adolfo y César, habían publicado una declaración brillante de disensión: "Carta Abierta al Partido"[51] de noventa y cinco páginas. La pareja había sido arrestada de inmediato y las noticias de esa disidencia corrieron como la pólvora a través del mundo comunista.

Adolfo y sus amigos se sentían moralmente extraños. Sentían que su agradable morada, su ideología pulcra y bien formada era en realidad la

---

[51] https://www.marxists.org/history/etol/newspape/isj/1967/no028/kuron.htm.

casa encantada de la historia. Y desde el interior de ella, su propia casa, escuchaban gritos insólitos, terribles.

★

53. Un clima muy saludable

Se acaba la fiesta

A finales de 1966, Brian Pollitt, hijo del líder comunista británico Harry Pollitt[52], visitó Cuba para hacer un estudio rural, proyecto predilecto sobre Cuba en la época que estaban de moda los intelectuales de la izquierda europea. En La Habana, las escuelas del Partido crearon un equipo de sociología bajo la dirección de Adolfo para apoyar al estudio.

Los investigadores querían escrutar a los campesinos del Escambray. Era un tema difícil. Esa región central había sufrido una resistencia armada masiva contra Castro y se había hecho la relocalización forzosa de miles de campesinos: el Ejército de Castro había "limpiado" la región de familias que pudieran ayudar a la rebelión. Cuando llegaron los académicos, los campesinos que quedaban fueron muy cautelosos en lo que decían[53].

Sin embargo, era un proyecto interesante y estimulante. Marisa, la esposa de Adolfo, había aceptado dejar sus estudios y participar. Ella y Adolfo pasaron meses viviendo en la cima de una montaña y practicaban a diario el alpinismo. A Marisa no le importaban para nada las duras condiciones. Le encantaban las caminatas y se fortalecía al escalar montañas.

Una noche, al apagar la luz de la cabaña, escucharon un ruido tremendo. ¿Qué sería? Encendieron la luz y vieron ratas correr por la habitación.

---

[52] https://grahamstevenson.me.uk/2011/07/17/pollitt-brian/.

[53] Para una introducción actual al tema, véase Enrique Encinosa, *Unvanquished* (Pureplay Press, 2004), Capítulo VI y subsiguientes.

Tercera parte : Juicios

A Marisa no podía importarle menos. Tenía una resistencia y un vigor fantásticos; cuanto más difícil se ponían las cosas, tanto mejor para ella.

Solo que faltaba algo entre ellos. Adolfo lo sentía, aunque no pudiera explicarlo. Marisa era una buena compañera, una buena camarada; pero he aquí a dos jóvenes en una montaña sin nada ni nadie que se interpusiera entre ellos, sin nada que les impidiera acercarse. Pero no lo hicieron.

A finales de 1967, Adolfo viajó a una conferencia de sociología en Évian, Francia. Su amigo César, al despedirlo en el aeropuerto, le preguntó enigmáticamente: "¿Por qué no piensas en quedarte allá?".

César tenía un extraño sentido de los acontecimientos políticos. Adolfo lo pensó, pero no se quedó. Si hubiera cambiado sus planes, se habría ahorrado bastantes problemas.

Como su hermano el día de su captura, Adolfo estaba parado en una bifurcación del camino. Al igual que su hermano, el camino que eligió fue el más difícil.

La gente de conciencia a menudo se siente atraída por el camino más difícil, lo que le da al menos una ventaja: le permite ver exactamente dónde está parado. Para Adolfo, como para Emi, el camino difícil tuvo otra ventaja: les proporcionó una satisfacción moral que cualquier hombre habría perdido en el camino fácil.

El precio que se paga por el camino difícil es obvio. El precio que se paga esquivando obstáculos y tomando el camino fácil es mucho más pesado de calcular, y a menudo no es menos arduo.

[De los recuerdos de Adolfo]

Semanas después de regresar de Europa, todavía yo procesaba datos del estudio del Escambray. Ese trabajo de rutina era completamente aburrido para mí, aunque afortunadamente Marisa se ocupaba de muchas cosas con su habitual eficiencia.

Hermanos de vez en cuando

Un día, a finales de enero, fuimos a comer, como siempre, al comedor de las Escuelas del Partido. Después de la comida nos pusimos a conversar en la mesa cuando apareció mi amigo íntimo Félix de la Uz, con aspecto preocupado.

—Tenemos que irnos —me dijo Félix, y nos fuimos en su motocicleta.

¿Qué pasaría? Félix estaba extrañamente callado.

Al fin giró la cabeza y me dijo:

—Tu nombre está incluido en un informe que se va a publicar en el periódico *Granma*. Te señalan como miembro de la facción de Aníbal Escalante.

Sentí que mi cara y mis manos se tornaban frías.

—¡Pero no he visto a Aníbal hace más de un año! —respondí a Félix, casi sin poder oír mi propia voz.

La cosa no tenía ningún sentido. César había llegado un día, diciendo: "Mira, Aníbal se pasa el día sentado en su casa sin hacer nada. ¿Por qué no pasamos por ahí?".

¿Dónde estaba el daño? Era una oportunidad para hablar con la historia. Si Churchill o De Gaulle estuviera sentado en un pórtico leyendo el periódico, ¿quién no iría a platicar con él?

En el edificio de las Escuelas del Partido subimos a la oficina del último piso de nuestro jefe, Leonel Soto. El local era pequeño, pero estaba alfombrado y con aire acondicionado. Leonel nos recibió con su habitual sonrisa.

—La cosa está mala —nos dijo.

El Comité Central (CC) estaba en sesión y había hecho una pausa para almorzar. Leonel, miembro del CC, había aprovechado el descanso para volver a su oficina y llamarnos a Félix y a mí.

Leonel nos dijo que Raúl Castro había presentado un informe con un nuevo diseño de acusación sobre Aníbal. Lo llamaba "microfracción". Mi nombre aparecía al principio del informe, junto con el de César.

—Se menciona otra vez a César, pero no a ti.

*Tercera parte : **Juicios***

Supuse que Leonel intentaba consolarme con su último comentario. Sin embargo, por regla general, un disparo en la cabeza es suficiente.

—¿Qué dice el informe? —le preguntó Félix a Leonel.

—Que Aníbal no está de acuerdo con nada.

Félix se lanzó a explicar lo absurdo que era meterme en el mismo saco que a Aníbal. Habló con su habitual pasión y claridad. Leonel se sentó a escuchar atentamente. Pero la charla entre ellos era solo un gesto de solidaridad y simpatía.

—¡Te dije que no visitaras a Aníbal! —me dijo Leonel cuando Félix terminó—. ¡Incluso te pasé un mensaje de Fidel!

—¡Y yo escuché ese mensaje! —le respondí exasperado—. Incluso antes que tú, Carlos Rafael[54] me lo había dicho, ¡y eso me bastó para no volver a visitar a Aníbal!

—Nunca debiste haber ido la primera vez. Mucha gente del viejo Partido está involucrada en este lío —dijo Leonel—. Aníbal se resintió con la campaña antisectaria. Y todavía tiene ambiciones. Se reunió con gente en la embajada soviética.

—¡Es otra purga! —dije amargamente.

—Si Fidel no fuera desconfiado, no estaría vivo —respondió Leonel.

Era obvio que cualquiera en el Comité Central que estuviera en desacuerdo con el informe parecería ser parte de la conspiración. Así que todos estarían de acuerdo.

Leonel se puso de pie.

—Tengo que volver —dijo, presionando mi hombro con afecto—. Tal vez no publiquen el informe.

Félix me llevó de vuelta a la cafetería, donde Marisa me esperaba. Mientras caminábamos, tuve que darle la noticia.

—Tal vez no se publique —concluí.

---

[54] Carlos Rafael Rodríguez fue un líder comunista del siglo XX que podría llamarse el Talleyrand de Cuba. Sirvió en el gabinete de Batista durante la guerra y sirvió a Castro durante casi cuarenta años.

Hermanos de vez en cuando

—Esperemos que no —dijo ella desoladamente.

Por supuesto, se publicó. Los titulares resaltaban las acusaciones como hechos:

¡Conspiración de la microfracción!

¡Actividades conspirativas!

¡Cómo y dónde se reunían los traidores!

¡Acercamientos a gobiernos extranjeros!

¡Trabajos insidiosos de engaño y proselitismo!

¡Circulación clandestina de declaraciones contra la revolución!

El informe siguió y siguió con relatos de testigos oculares, comentarios oficiales, miles de palabras que llenaron el periódico del próximo día.

Al día siguiente fui a almorzar como de costumbre a las Escuelas del Partido. Nadie se sentó conmigo. Solo un hombre se detuvo y me dijo: "Eres radiactivo".

La imagen se hizo notar. Decidí no volver allí para salvar a mis colegas de una mayor contaminación.

Al otro día Félix me invitó al restaurante del Centro Vasco con Javier de Varona y Ezequiel. Éramos amigos que celebrábamos nuestro fracaso profesional y una censura pública de la más pútrida clase.

Javier levantó una copa.

—¡Por Siberia! Dicen que tiene un clima muy saludable.

★

54. Zaratustra

La historia clama por ser escuchada

Poco después del informe de la microfracción, Adolfo y Javier de Varona, junto con Félix de la Uz y Ezequiel, elaboraron un largo alegato sobre el Gobierno de Cuba que tenía ochenta páginas.

Tercera parte : Juicios

Los compañeros de Adolfo conocían la "Carta Abierta al Partido" polaca y casi seguro que la tenían en mente cuando escribieron su manifiesto. A diferencia de los disidentes polacos, ellos presentaron civilizada y cortésmente su trabajo a las autoridades a través de los canales oficiales. Pero la declaración cubana era dura y clara en esencia.

El punto principal, en palabras de Adolfo, era que "los problemas de Cuba se derivaban de una incorrecta aplicación de principios básicamente justos. Era la personalidad del innombrable y sus 'desviaciones políticas' las que obstaculizaban el desarrollo económico y social, no las concepciones comunistas mismas".

En el verano de 1968, Kiko Arocha, un ingeniero excomunista, respondió a un llamado a su puerta. Era Adolfo, a quien no había visto en años. Su relación se remontaba a la lucha contra Batista en la Universidad de La Habana. También compartían un amigo de confianza: César Gómez.

Adolfo le entregó a Kiko un grueso atajo de papeles.

—Échale un vistazo y dime lo que piensas —dijo sin ceremonias—. Volveré mañana.

Al día siguiente, cuando Adolfo regresó, Kiko dijo con entusiasmo:

—¡Es impresionante! Toda la historia del desastre está ahí. Lo único en que no estoy de acuerdo es en el último párrafo. La conclusión decía que solo Fidel podía enderezar las cosas y que seguía siendo el líder legítimo de Cuba.

—¿Cómo pueden decir que la fuente de todos nuestros problemas es quien los arreglará? —preguntó Kiko.

—Le presentamos esto al Partido —dijo Adolfo—. Necesitamos esa declaración para evitar que nos destruyan. En caso de que lo intenten, hemos enviado la declaración fuera del país.

Kiko hizo varias copias y las repartió entre colegas de confianza del Centro Nacional de Investigaciones Científicas. También le dio una copia a su asistente, a quien apenas conocía. El asistente entregó el documento a la Policía política ese mismo día.

Hermanos de vez en cuando

Kiko fue arrestado e interrogado en Villa Marista, el cuartel general de la Seguridad del Estado. Tomó una postura no cooperativa. Lo mantuvieron allí durante sesenta y dos días y luego lo confinaron a un campo de trabajo en Isla de Pinos sin celebrarle juicio.

La infame prisión política ya había sido cerrada por una revuelta de los prisioneros contra los trabajos forzados. Pero el régimen seguía reuniendo gente cerca de ese lugar para usarla como bestias de carga. A Kiko no le pagaron por su trabajo; era un esclavo.

Después de catorce meses se le permitió volver a casa. Durante casi tres décadas más, en sus palabras, vivió como un ciudadano de tercera clase en su propio país.

Hasta el día de hoy el documento que puso a Kiko en un campo de trabajo sigue siendo desconocido. Kiko se deshizo de su copia radioactiva, como aparentemente hizo Félix. Poco después de que el grupo lo presentara al Partido, Javier murió misteriosamente de un disparo. La muerte se archivó oficialmente como suicidio. Adolfo guardó su copia, pero doce años después, durante una redada en su apartamento, la Policía la encontró y la confiscó.

En el momento de escribir esta historia, Ezequiel, que vive con su esposa en La Habana, es el único sobreviviente del grupo que creó el documento. Si no tiene una copia, los únicos en Cuba con acceso a ella son los archiveros de la Seguridad del Estado y del Partido Comunista.

Después de medio siglo, es hora de que ese documento, quizás la primera declaración disidente de la revolución cubana, salga de las sombras. Para dar una clara identidad a la declaración, el autor del presente texto la llama Zaratustra. Como Nietzsche y su profeta, a quienes Adolfo y Emi admiraban, este Zaratustra cubano lleva un mensaje al mundo.

Se puede esperar que el Gobierno de los Castro mantenga a Zaratustra engavetado. Pero ese destino puede ser subvertido por un solo individuo. ¿Alguien en Cuba o en otro lugar, que tenga acceso al documento, abrirá la jaula y lo dejará volar para que encuentre su camino hacia las audiencias que merece?

Tercera parte : Juicios

55. Proletarios

Volviéndose electricista

1968-1969. A fines de mayo de 1968, Adolfo escribió a sus padres sobre su situación y la de sus amigos, expulsados de sus trabajos por supuestos delitos ideológicos.

"Continuamos sin trabajo, aunque nos sigan pagando. No tengo idea de lo que podré hacer. He corrido casi la mitad del curso de mi vida y todavía no he logrado echar el ancla.

"Mi única seguridad está en los principios que han dirigido mi vida y en el afecto de unos pocos. Sin embargo, es muy curioso para mí que ciertas experiencias generales tengan una amplia gama de validez. Entre mis amigos, por ejemplo, algunos de los dichos de papá que usó constantemente se han vuelto muy populares; también, de seguro, algunos de los de Emi.

"Todavía creo que yo tenía razón en los aspectos fundamentales. Pero las cosas eran infinitamente más complicadas de lo que pensaba".

Siete meses después, a principios de 1969, Adolfo les dijo a sus padres: "Con el fin de año, el largo proceso de mis conversaciones con el Partido también llegó a su fin. En realidad, participé solo en dos reuniones, una en junio y otra en octubre. La segunda, que tardó solo cinco minutos, fue para recibir la declaración del Partido.

"Me dijeron que yo tenía 'serias diferencias con la Revolución', que el Partido estaba 'rompiendo relaciones' conmigo y que el Ministerio de Trabajo determinaría mi situación laboral... Solo se me permitirá trabajar en el campo o en una fábrica. Entre las posibles opciones que los camaradas del ministerio discutieron muy gentilmente conmigo, llegamos a la conclusión de que 'asistente de electricista' sería lo mejor.

"Así que este año me encontrarán transformado en proletario, al que he dedicado mi vida a defender".

Hermanos de vez en cuando

CUARTA PARTE : Victorias

Adolfo y Alejandro, años setenta

56. Caballerosidad

La virilidad de mamá

1969. Después de estar más de ocho años en las cárceles cubanas, Emi Rivero no había aceptado la propuesta del régimen de renunciar a su identidad de preso político.

En 1969 trasladaron a Emi, repentinamente, desde la fortaleza de La Cabaña al Castillo del Príncipe, otra prisión de La Habana. Ahí estuvo unas pocas semanas antes de volver a trasladarlo a la prisión de Guanajay, a unos cincuenta kilómetros de La Habana.

En Guanajay no solo se mantuvo la disputa por los uniformes, sino que lo privaron de algo más: le confiscaron sus pertenencias personales, incluyendo los libros.

Cuarta parte: Victorias

A pesar de su decisión de no ser rudo con los guardias, hicieran lo que hicieran, Emi se enfureció por la confiscación de los libros. Gritó a sus captores y vociferó: "¡La única manera de coaccionarme es que Fidel Castro venga aquí y me chupe la polla!".

Gritando como un recluso de Bedlam[55], añadió: "¡Si los soplones escuchan pueden repetirle a sus amigos de la administración central lo que digo!".

Hablar así desde las abismales prisiones de Castro no era una bravuconería sino una locura. Le devolvieron los libros. Aun así, Emi lamentó haber perdido el control.

[De los recuerdos de Emi]

Aunque en la prisión de Guanajay mi sección no tenía visitas ese día, el guardia me llamó y me dijo que debía estar preparado para salir de la celda "correctamente vestido". Supuse que mi familia había conseguido una visita extra.

Mientras fisgoneaba para ver si encontraba a uno de mis parientes, el guardia me dijo que lo siguiera. Atravesamos el pasillo hasta la entrada de la prisión. Un oficial de Seguridad me estaba esperando. Firmó un papel y me hizo señas para que entrara en un auto donde me esperaban dos guardias.

El Oldsmobile despegó a toda velocidad rumbo a La Habana; el velocímetro marcaba entre 160 y 180 kilómetros por hora. El conductor era bastante bueno.

Llegamos al cuartel general de la Seguridad del Estado. Me condujeron a través de escaleras y pasillos a un piso superior. Un oficial salió de una pequeña sala de recepción y me dijo que estaba a punto entrevistarme con el doctor Guillermo Alonso Pujol.

Inmediatamente reconocí al hombre que había servido como vicepresidente de Cuba bajo el gobierno de Carlos Prío. Radicaba en Venezuela, mantenía

---

[55] En inglés tiene el significado de "casa de locos", debido al Hospital Bethlehem en Londres, primer hospital siquiátrico de Europa.

gran interés en los asuntos cubanos y estaba en contacto frecuente con mis padres, una amistad que perduraba.

—Durante casi dos años he estado trabajando por tu libertad —dijo el doctor Pujol—. Tu padre está gravemente enfermo. Te ruego que hagas todo lo que esté en tus manos para que mi esfuerzo por ti dé sus frutos. No me hagas fracasar.

—Me piden que hable de cosas de las que nada sé o de las que no puedo hablar —respondí—. Y me piden que lleve un uniforme de prisionero común, lo cual es algo que no puedo aceptar.

El oficial de Seguridad que había estado observando nuestra conversación intervino.

—Debes llevar el uniforme que el ministerio ha elegido para ti —dijo el oficial—. En este momento estás en estado de rebelión y no consideraremos liberarte a menos que cambies de actitud. En cuanto a tus actividades, sabemos todo sobre ti. Solo hay algunos detalles que debes decirnos. Si cumples esas dos condiciones, consideraremos tu liberación.

El doctor Pujol me miró y dijo:

—He presentado tu caso a los niveles más altos del Gobierno cubano. Las personas con las que he hablado quieren estar seguras de que, si eres liberado, no vas a realizar actividades contra el Estado.

—Mi único interés es volver a mi familia y reconstruir mi vida —respondí—. En cuanto a la política, el caso cubano se terminó para mí.

—¿Estarías dispuesto a decir eso por escrito? —preguntó el doctor Pujol.

—No tengo ninguna objeción.

Mientras escribía esas palabras, le comuniqué al doctor Pujol mis dudas de que la Seguridad del Estado aceptara. Ellos insistirían en que yo les diera información y como consecuencia no tendríamos ningún trato.

—¿Qué importancia le atribuyen a hablar de cosas que pasaron hace nueve años? —respondió el doctor Pujol—. Eso pertenece a la historia. ¡No pongas en peligro la oportunidad que tengo de devolverte a tus padres!

—Aparentemente estos caballeros quieren convertirme en un informante, y eso es algo que no acepto.

El oficial intervino de nuevo.

—¡Nadie está tratando de convertirte en un informante!

La reunión terminó en un punto muerto.

1970. Para tratar de asegurar su liberación, los padres de Emi estaban conversando en paralelo con la CIA, cuyo principal interés era proteger que sus redes de inteligencia no fueran reveladas. Los oficiales norteamericanos estaban comprando la liberación de sus agentes en Cuba con dinero en efectivo.

Por alusiones en las cartas de su madre, Emi entendió que su caso era un tema de negociación entre la CIA y las autoridades cubanas. Pero no tenía ni idea de que los negociadores de la CIA estaban disgustados con él por negarse a tomar una salida "fácil".

Cuando los oficiales de la CIA hablaron con la madre de Emi sobre su fracaso en hacer un trato en su caso, estaban llenos de rencor.

—¡Su hijo quiere permanecer en prisión! —le dijeron.

—Eso no es verdad —dijo la vieja con firmeza—. Lo que no quiere es ser un traidor.

★

57. Destino

Encuentro tras las rejas

Prisión de Guanajay, 24 de octubre de 1970.

—*Wilkommen, Bruder!* —gritó Emi. ¡Bienvenido, hermano!

El saludo, que salió *fortissimo* y en un idioma extraño, asombró a los numerosos reclusos, visitantes y guardias que no pudieron evitar escucharlo.

Emi y Adolfo se veían por primera vez luego de una década de su polémico almuerzo en La Habana.

El encuentro lo había provocado el viejo, que había llamado a Adolfo desde un hospital en Miami. Cuando el viejo le imploró a Adolfo que visitara a su hermano, este aceptó el deseo de un padre moribundo.

Era un deber que Adolfo desdeñaba y temía. Visitar a su hermano tendría como consecuencia un grave descrédito político. Ya no tenía el privilegio de ocuparse de la política, pero en Cuba todo era político y necesitaba el trabajo que tenía. ¿Cómo se comportarían sus jefes si se enteraran que fue a visitar a un agente de la CIA en la prisión?

De cualquier manera, aquí estaban, juntos por primera vez en diez años.

Emi fue directamente al asunto.

—¡Escucha! ¿Has leído los volúmenes de Isaac Deutscher sobre Trotsky y Stalin? ¡Son trabajos extraordinarios!

Como los libros de Deutscher habían ganado fama en Cuba, Adolfo no se sorprendió de que Emi los conociera. Pero la noticia de que Emi compartía sus puntos de vista en este asunto crucial fue como un rayo. De un golpe, Emi se había acercado a su corazón.

Adolfo se animó y encendió un cigarro. Le relató a Emi el episodio de la microfracción, de su expulsión del Partido y de Zaratustra, la declaración de ochenta páginas escrita por él y otros camaradas.. Emi, por su parte, estaba plenamente consciente de la campaña que el régimen de Fidel había emprendido contra su hermano y lo escuchó con simpatía.

—¿Qué hay de una liberación anticipada? —preguntó Adolfo.

—No soy optimista —dijo Emi y le mencionó la charla con el exvicepresidente Pujol.

—Estoy de acuerdo —dijo Adolfo—. Estás tratando de salir limpio de aquí y ellos no quieren dejarte salir limpio de aquí.

Emi le lanzó una mirada que su hermano podía leer muy bien.

—Solo piénsalo —le dijo Adolfo—. ¿Lo pensarás? No tienes que quebrarte. Solo tienes que parecer quebrado. Tienes que darles algo.

Cuarta parte: **Victorias**

Me despedí, tomé mi gorra y salí de la prisión. Me fui y él se quedó. Quedé destrozado. Lo que me conmovió fue que me había comportado muy mal con Emi y él se lo había tomado todo muy bien. El regreso a La Habana fue muy difícil. No quise flaquear en el auto de un amigo que me había llevado hasta allí. Cuando llegué a casa ni siquiera saludé a Marisa. La pasé por delante, fui directamente a mi habitación y cerré la puerta.

★

58. Laurel y Hardy

La pérdida de un camarada

La Habana, años setenta. En medio de la soledad de Adolfo, casi como una ocurrencia tardía que había olvidado, Marisa concibió. Y en mayo de 1971 nació Alejandro.

A partir de esa fecha, las cartas de Adolfo no hablaban de otra cosa que de un niño con piel color melocotón. En 1975 les dijo a sus padres:

"Alejandro estaba en el regazo de Marisa y yo le dije: 'Lo que más te gusta es jugar, ¿no?'. Marisa, burlándose, le dijo: '¿Qué dirías de tu papi? ¿Qué es lo que más le gusta a papá?'. Dijo: 'Leer y tomar ron'. Le dije: 'Eso está muy bien. Eres un sabelotodo. ¿Qué hay de tu mami? ¿Qué es lo que más le gusta?'. Lo pensó y dijo: 'Estar aquí así, conmigo'".

Las palabras de Adolfo reflejaban los "años grises" que estaba viviendo y su único valor redentor era el amor a un chico color melocotón. Sucedió que ese valor, con un poco de ron, fue suficiente para indicar el camino a la felicidad.

La Habana, circa 1975. Adolfo y César se habían conocido en la Universidad de La Habana durante el movimiento clandestino contra Batista. Rápidamente se volvieron inseparables. Kiko Arocha, un amigo común, dijo que esa cercanía le recordaba a Laurel y Hardy. La observación

Hermanos de vez en cuando

dio lugar a una idea chispeante: ¿Cómo habrían actuado Laurel y Hardy en el escenario comunista cubano?

Cuando la Universidad de La Habana reabrió sus puertas en 1960[56], el Partido nombró a César secretario general de su movimiento juvenil. Era un nombramiento prestigioso. El Partido consideraba que la universidad era la séptima provincia de Cuba[57] debido a la enorme influencia de la FEU[58], cantera de futuros políticos, miembros del Congreso, ministros y presidentes.

César era un prodigio político, con un talento especial para la lógica que podía aplastar a cualquier oponente en un debate. Cuando hablaba en las reuniones, parecía estar entregando la palabra de Dios. Después de que él hablaba, la gente se comportaba como si no hubiera nada más que decir.

A partir de 1962, en el círculo de César y su esposa Thais había muchos comunistas que, como ellos, estaban descontentos con la política de Fidel. El enorme talento de César debería haberlo convertido en un ministro del gabinete o más. Pero habló sin considerar la línea del Partido y su franqueza lo relegó a posiciones marginales en el altamente regimentado Estado castrista.

Al igual que Adolfo, César sufrió una gran tragedia cuando el informe de Raúl lo nombró como parte de la conspiración de la microfracción. Pero los dos amigos reaccionaron de forma diferente. Alrededor de 1975 Adolfo le pidió a César una charla privada. César sabía lo que se avecinaba, lo que temía.

Se encontraron en una playa de La Habana y nadaron lejos de la orilla, hasta un lugar donde ningún micrófono pudiera captar su intercambio.

---

[56] La universidad había cerrado por orden del sindicato de estudiantes en 1956 para que los militantes estudiantiles pudieran dedicarse al derrocamiento de Batista.

[57] Esa frase se la dijo al autor Kiko Arocha. En 1960, Cuba estaba todavía dividida en seis provincias: Pinar del Río, La Habana, Matanzas, Las Villas, Camagüey y Oriente.

[58] Federación Estudiantil Universitaria.

Incluso entonces, César salpicaba el agua para enmascarar la conversación con un ruido que frustrara cualquier grabación.

—He decidido romper con el régimen —dijo Adolfo.

—Tienes que tener cuidado —advirtió César.

—Ya me cansé de tener cuidado. Tengo la intención de hacerlo abierta y públicamente.

—¡Por favor, no! —le imploró César—. ¡Esos son unos hijos de puta y te matarán!

—No dejaré que mis acciones se rijan por el miedo —dijo Adolfo con firmeza.

—¡Te destruirán de tal manera que no querrás vivir! —le dijo César con el corazón adolorido—. Y, además, tendré que romper contigo para proteger a mi familia y a mí.

Tenía, con Thais, una hija y un hijo que considerar.

—Lo sé —dijo Adolfo—, acercándose al tono de su amigo. Es por eso por lo que estoy aquí, para decirte adiós.

Laurel y Hardy nunca se volverían a ver.

Con el paso del tiempo, César se volvió cada vez más autoprotector y temeroso. Se alejó de la política. Terminó la carrera de ingeniería química y trabajó de burócrata común. Él y Thais se divorciaron. Ambos se volvieron a casar.

A mediados de los años ochenta, Kiko se encontró con César en un autobús urbano.

Cuando pasaban cerca de un parque, César le susurró:

—Vamos a bajarnos aquí.

Kiko se exaltó, pensó que pasarían unos minutos jugando con la política como en los viejos tiempos. Pero cuando se sentaron en un banco del parque, César se lanzó a una diatriba a favor de Fidel.

—El líder —dijo— está siendo atacado por fuerzas políticas siniestras de aquí y de allá.

***Hermanos** de vez en cuando*

Fue un extraño arrebato que venía de alguien que no se parecía en nada al viejo amigo. Parecía ser un tipo cualquiera de los del Comité de Defensa de la Revolución (CDR).

Asombrado, Kiko escuchó en silencio.

Una década después, Kiko se exilió. Veinte años después, en 2014, César falleció en Cuba.

Para Adolfo, la pérdida de esa amistad fue una triste melodía que escuchó a *sotto voce* hasta sus últimas horas. Pero cuando perdió su vínculo con César, ya Adolfo había hecho su descubrimiento más vital como hombre: Alejandro, el niño color melocotón, era el gran depósito al que podía devolver toda la dulzura y ternura que sus padres vertieron en él.

★

59. El amor que te pertenece

Carta de una hija

Combinado del Este, La Habana, abril de 1978. Emi se acercaba al final de su segunda década en los alojamientos especiales que tenía Fidel Castro para ciudadanos caprichosos cuando recibió una carta que marcó la última etapa de una persecución muy larga. ¿Quién lo estaría persiguiendo? Parecía ser su hija. ¿Pero cómo podría Ermi estar persiguiéndolo a él o a cualquiera?

Es que la Ermi de tres años se había ido, e Irma Alicia de veinte años ocupaba su lugar.

Durante su infancia y niñez, Irma Alicia tuvo un vacío en el centro de su vida: no tenía padre. El hombre, eso le dijeron, había muerto mucho tiempo atrás en la lucha por Cuba. Fue pintado como mártir. En ocasiones solemnes le rindieron homenaje en voz baja, y por lo demás fue olvidado.

Cuarta parte: Victorias

Si Irma Alicia y su hermano hubieran conocido a sus abuelos paternos, que en realidad vivían cerca en Miami, habría sido diferente. Pero esos abuelos no podían ni siquiera acercarse a los niños.

Los viejos sabían perfectamente que tenían nietos cerca de ellos. De vez en cuando, usando sus habilidades de reportero, el viejo pudo comprobar que los niños estaban bien. Pero los Rivero no se atrevían a acercarse a ellos.

El hermano de Irma Alicia, Rubén, rubio y guapo, era el preferido de su madre y no se preocupaba por su padre. Ella, en cambio, era una rebelde. Rechazaba la realidad con que le alimentaban sus mayores. De adolescente se escabullía en armarios y cajones, buscando pistas sobre su padre, tratando de oler el rastro de su sangre.

A los veinte años encontró un artículo en la prensa de habla hispana de Miami que describía a su padre como realmente era: un conocido contrarrevolucionario que cumplía una condena de treinta años como prisionero de Castro. Se puso en contacto con el reportero y le pidió la dirección de su padre. Era la prisión del Combinado del Este en La Habana.

En una carta fechada "Valle de los Caídos, 19 de abril de 1978", Emi le decía a su hija:

"Cada vez que pensaba en ustedes dos, y no pasaba un día sin que pensara en ustedes, la nostalgia arrojaba una sombra sobre mis recuerdos. Pero ahora tus líneas están aquí y todo ha cambiado. Ahora, de golpe, mis hijos están a mi lado. He estado esperando tu carta, porque he vivido seguro sabiendo que, tarde o temprano, vendrías en busca del amor que te pertenece, un amor que ninguna circunstancia de la vida puede arrebatar".

Hermanos de vez en cuando

60. Una patada en el trasero

Mamá está al tanto

Años setenta. Las fracciones que hicieron la revolución socialista de Cuba, entre ellos Adolfo y sus prominentes amigos, pensaban en términos de poder, no de derechos. Abrazaron la idea comunista de la guerra de clases, de un grupo de la sociedad contra el otro grupo. Esa guerra continuaría hasta que todos los recuerdos, todos los ecos, todos los rastros del otro lado fueran destruidos.

No era una guerra a través de fronteras reconocidas. Era una guerra que se libraba dentro de la sociedad, dentro de un vecindario, dentro de una casa de familia. Se convirtió en la guerra de un dormitorio contra otro, incluso, a veces, una guerra entre personas que dormían en la misma cama.

Finalmente fue una guerra dentro de cada persona. Las personas estaban distanciadas no solo de los demás, sino también de sí mismas. Y de ahí en adelante así se formarían las generaciones de cubanos.

Los líderes de Cuba habían declarado contrarrevolucionario a Adolfo Rivero, quien despreció ese juicio, pero no pudo evitar sus consecuencias. Ahora, como un paria, se aferraba tan fuertemente a la idea de la revolución que aceptó su reclamo más vital: el poder y, por lo tanto, su derecho a hacer de su vida un desastre.

Pasaron once años antes de que alguien destrozara la idea de Adolfo de que debía vivir como un paria. ¿Cómo había sucedido? ¿Quién había quebrado su derrotismo?

¿Había sido su padre, a quien más amaba en este mundo? No, el viejo había muerto en Miami en 1975 sin su casa ni sus hijos, a los que no vio en sus últimos quince años.

¿Había sido su hermano mayor, la personalidad presuntuosa que se había cernido sobre su vida durante tanto tiempo y que incluso ahora, desde

Cuarta parte: **Victorias**

las lejanas prisiones de Castro, seguía ejerciendo un control sobre él? No, tampoco había sido Emi. Tanto como Adolfo había llegado a admirar a su hermano, Emi era todavía un espectro para él, no un ser vivo.

¿Qué hay de Marisa? No es probable. Mientras ella y Adolfo habían encontrado una convivencia, ella todavía estaba casada con la revolución. Podían vivir en la misma casa y compartir un hijo, pero no jugaban en el mismo equipo.

De seguro fueron sus amigos, la élite intelectual de los jóvenes comunistas. Habían pasado juntos por los grandes acontecimientos; habían conocido la revolución a fondo. Como Adolfo, esos jóvenes fervorosos habían sido degollados por la bestia y habían llegado a experimentar la revolución de afuera hacia dentro.

Se reunían los fines de semana por la tarde para tomar una botella de ron y charlar sobre las cosas que mejor conocían. Más que nadie, eran la gente de Adolfo, los que tenían fuerza y sentido para él. Si algunos hubiesen sido capaces de cambiar su opinión, deberían haber sido sus amigos. ¿No es así?

No, tampoco fueron sus amigos.

A finales de 1978 el Gobierno estadounidense bajo el presidente Jimmy Carter comenzó un proceso para restablecer sus lazos con Cuba, rotos unos diecisiete años antes. Como consecuencia, Castro decidió por primera vez en todos esos años permitir las visitas de la comunidad migrante cubana en Estados Unidos.

Una de las primeras en obtener un visado fue la madre de Adolfo. Después de la separación de la familia, las desgarradoras disputas, la captura y encarcelamiento de Emi, su propia desgracia y rendición, y finalmente la muerte del viejo, esta inminente visita de su madre llenó a Adolfo de temor.

Enero de 1979. Adolfo se encontró con su vieja en el vestíbulo del hotel Habana Libre, anteriormente Hilton. A pesar de los años y de su vida, todavía se veía vigorosa y hermosa, mientras que él se sentía inmaduro y tímido como un niño. Alejandro, su hijo de siete años, lo acompañaba.

Hermanos de vez en cuando

Mientras se encontraban parados en la terraza, con una encantadora brisa de invierno, el clima favorito de Adolfo, gris y borrascoso, la vieja se volvió hacia él y le preguntó: ¿Cuánto tiempo más vas a dejar que te pateen el trasero?

En ese justo momento sus propósitos cobraron vida. Poco después de la visita de la vieja, Adolfo se despidió de su vida segura e infeliz y miró hacia lo desconocido. Desde su *Sancta Sanctorum* escribió una nota en la que pedía a las autoridades un visado, el derecho a salir del país.

★

61. Se cierra el círculo

Emi sale del edificio

Combinado del Este, La Habana, 1979. La isla se abrió a los visitantes de la comunidad cubano-estadounidense, pero el efecto más dramático de la diplomacia Carter-Castro fue que Cuba comenzó a liberar anticipadamente a los prisioneros políticos.

Entre los prisioneros propuestos para liberar estaban los periodistas. Emi Rivero entraba en ese grupo, gracias a su título de la Universidad de La Habana y, más aun, gracias a la tapadera que había declarado en su captura y su permanencia de dieciocho años.

Cuando Emi vio a su madre por primera vez desde su juicio, quedó conmovido por su lozanía, con apenas una aspereza en su voz. La vieja le dijo:

—Que no te queden dudas: vas a ser liberado.

A medida que avanzaba 1979, los presos políticos salían de la enorme prisión del Combinado del Este a razón de cien a doscientos por mes. Emi supo que su caso sería difícil, incluso si el régimen, acorralado, tuviera que

Cuarta parte: **Victorias**

reconocerlo como periodista. Lo que no sabía, y no podía saber aún, era cuán decisivamente los había vencido.

En septiembre de 1979 Emi fue convocado para una entrevista con un oficial del G2.

—En caso de que el Gobierno tenga que liberarte —le dijo el oficial—, no queremos vernos forzados a tener que ejecutarte primero.

Los secuaces de Castro no estaban bien asesorados para fanfarronear con hombres como Emi y Adolfo. Esa amenaza de ejecución simplemente mostró cuán débil se sentía el régimen con respecto al encarcelamiento de Emi.

El hecho simple era que Emi había agotado a sus captores. En dieciocho años de confinamiento no les había dado nada y se había mostrado listo para terminar la condena de la misma manera. Él podría morir en sus manos, pero su muerte no les dejaría más que un saco de problemas. Serían más inteligentes si utilizaran la apertura diplomática como cubierta para perderlo.

Otro asunto intervino. Aparte de su familia en Estados Unidos, Emi también tenía una familia en Cuba, su primera esposa Lizbet y su hijo Emilito. Sus visitas a la prisión habían sido su sostén. Él bien sabía el deseo de ellos de salir del país. Pidió a las autoridades que los dejaran salir con él.

Emilito era un ingeniero talentoso. Las autoridades no querían perderlo.

—Si no los dejan salir —dijo Emi a sus carceleros de manera amable y sincera—, no podré dejar atrás el caso de Cuba, porque estaré pensando en ellos aquí.

Ese era el incentivo que necesitaban. Emitieron pasaportes para los tres. En cuanto a la liberación de Emi, la declaración oficial se limitó a señalar con un toque de pompa que Cuba "no veía mayor utilidad en dejarlo prisionero".

En octubre de 1979, Adolfo pudo decirle a su madre: "Mientras escribo estas líneas, hace una semana que salió. Casi ha olvidado su vida en la cárcel, no es un hombre que viva mirando hacia atrás.

"Está en muy buena forma, física y mental... Lo que es inevitable, por supuesto, es que está un poco desconectado de la realidad. Es como un buceador que sale del agua, necesita tiempo para descomprimirse.

"Alguien tiene que poner en su cabeza la noción de que carece de maldad o lo que suele llamarse 'contacto con la realidad'. Necesita un poco de sana desconfianza. Como lector, como estudiante, tiene la experiencia de un sabio. También se ha perfeccionado como guerrero. Pero como hombre de la calle... en este sentido, tiene menos experiencia que sus años.

"Con sus hijos no debe esperar milagros. Caerá como un paracaidista sobre gente adulta que ha hecho su vida sin él. Necesitará tacto y paciencia.

"Él y yo hemos hablado mucho pero, por supuesto, no lo suficiente. Unas pocas horas de conversación no pueden llenar el vacío de tantos años. Lo sorprendente es lo bien que nos entendemos. En cierto modo no me sorprende. Las experiencias que hemos vivido son diferentes pero complementarias. Creo que somos y seremos esenciales el uno para el otro, irreemplazables, dondequiera que la vida nos lleve".

En un momento, durante los ocho días que permaneció en La Habana entre la salida de la prisión y la salida de la isla, Emi entró en una "tienda de dólares" y se compró un reloj. Le gustaba y Adolfo se dio cuenta.

—¿Y ese reloj? —preguntó.

—Un reloj —dijo Emi distraídamente.

—Sí, pero ¿qué marca?

—No lo sé.

—¡Las marcas son importantes! —exclamó Adolfo.

—¿Por qué?

—¡Tienen una importancia moral! ¡Significan el derecho a elegir! —Adolfo estaba lleno de emoción.

Su discusión de un cuarto de siglo antes había cerrado el círculo[59].

---

[59] Ver el capítulo 3, "Necesitamos una revolución", arriba.

Cuarta parte: Victorias

62. Sofisticación

Corrección política

Octubre de 1979. Después de volar de Cuba a Costa Rica y luego a Miami para ver a su familia, Emi fue a Washington D. C., la ciudad en la que viviría.

Su objetivo en la capital de Estados Unidos era trabajar con los responsables políticos que se ocupaban de los asuntos cubanos, especialmente los que atendían las actividades de Cuba en América Latina. Cuba trabajaba como un adjunto del imperio soviético en toda la región e incluso en algunos países de África. Emi podía ayudar a Estados Unidos en esos asuntos mientras mantenía su palabra de no aplicar ninguna fuerza contra el régimen de Castro.

Su primera parada fue la CIA, para cuyo interés había trabajado durante casi veinte años. La gente con la que había trabajado no estaría, pero sus sucesores sí lo estarían esperando.

Primero fue examinado por un médico del Gobierno que no podía creer en sus signos vitales. Emi no estaba en las condiciones de un hombre que había pasado casi veinte años en las mazmorras de Castro. A los cincuenta y un años era joven y físicamente en forma, con una vitalidad desbordada.

Cuando Emi preguntó sobre la entrevista, un joven miembro del personal de la CIA le informó que no se llevaría a cabo ninguna entrevista. No se preocupe, el joven le aseguró, la CIA emitiría un pago para cubrir todos sus años de servicio atrasado, una suma considerable.

Para Emi era vino viejo en botella de Coca-Cola. Los ecos de sus primeros días con la agencia se precipitaron entre sus sienes. Los estadounidenses tiran el dinero en situaciones difíciles. Cuando te dan dinero, creen que son tus dueños.

Al igual que en 1960, el dinero no era la primera de las preocupaciones de Emi. Su objetivo era ayudar al proceso de la política de Estados Unidos.

Hermanos de vez en cuando

Quería poner su conocimiento y experiencia para el mejor uso posible. La mala noticia que enfrentaba, muy mala noticia, era que la gente que mejor lo conocía en Washington D. C. no le daría esa oportunidad. Lo estaban comprando.

El joven empleado tenía preparadas las explicaciones. El presidente Carter estaba en el proceso de restablecer las relaciones con Castro. Esta reforma tendría grandes beneficios para Estados Unidos, para Cuba y para el hemisferio. Las actividades de Estados Unidos de principios de los años sesenta eran ahora parte de un pasado desacreditado. Cualquier remanente de esa vieja política, si reapareciera ahora, detendría esos proyectos.

Especialmente Adolfo, en los años venideros, contestaría: "Supongo que eso es lo que se llamaría sofisticación".

★

63. Una ciudad con muletas

De prisión en prisión

[De los recuerdos de Adolfo]

La Habana, 4 de abril de 1980. *Durante años no había sido capaz de caminar por los barrios de la ciudad sin ser golpeado por su aspecto decadente, sórdido y ruinoso: escaparates vacíos y llenos de polvo, puertas clavadas, carteles de pared descoloridos, paredes de yeso descascaradas, aceras rotas. En el centro de la ciudad, aparecieron inesperadamente terrenos baldíos, símbolos de recientes demoliciones. Por todas partes, la gente había colocado vigas de madera para sostener los marcos de las puertas y balcones que se estaban desmoronando, en un esfuerzo por demorar las demoliciones que se avecinaban. Era una ciudad con muletas.*

Cuarta parte: Victorias

En medio de este caos, El Canelo era un refugio de estructura, claridad y fe. También había sido el lugar de los éxitos de Adolfo en el comercio de libros usados. Esa tarde se hizo con un botín: una colección de ensayos publicados por la Universidad de Harvard, una biografía de Aníbal, una vieja edición de historias de cómics. Se llevó los libros a casa y comenzó a revisarlos en serio. A las cuatro y media de la tarde, salió de nuevo para encontrarse con Alejandro, que regresaría caminando desde la escuela.

"Ale" llegaba a su hora, con el cuerpo de ocho años escorado por el peso de la maleta con libros. Como siempre, Adolfo se adelantó para cargar la maleta y dar el breve paseo a casa de la mano de su hijo. Dejando a Ale para que jugara, Adolfo se reunió con sus nuevos compañeros en la terraza, preguntándose si debía empezar con Aníbal o con el discurso de Ruskin sobre las flores.

Un coche se detuvo frente a la casa. Marisa llegó de la oficina y fue a la terraza.

—¿Por qué no vamos al cine? —preguntó.

El primer pensamiento de Adolfo fue quedarse en casa con sus libros. Pero entonces sintió el tono frío y directo y lo entendió como: no tengamos otra noche aburrida en casa.

—Claro. ¿Por qué no?

Fueron al Teatro-Cine Trianón, conocido en esos días porque todavía funcionaba el aire acondicionado. Los largometrajes eran un par de producciones norteamericanas que a Ale le gustaron bastante. Cuando salieron del cine, un mar de gente esperaba para entrar. Los autobuses circulaban repletos, demasiada gente hacía cola para viajar, así que regresaron a pie, una caminata de cuarenta minutos con Ale protestando durante todo el camino.

En el trayecto Adolfo compró una copia del *Granma*, el periódico oficial. Un artículo de primera plana anunciaba que los guardias de la Policía cubana habían sido retirados de la embajada de Perú. Un grupo de seis personas que intentaba conseguir asilo en Perú había chocado un ómnibus contra la

Hermanos *de vez en cuando*

cerca de la embajada y un oficial cubano había muerto en la pelea[60]. Cuba pidió a Perú que devolviera a los refugiados para ser juzgados por cargos de asesinato. Perú eligió honrar la tradición de asilo venerada en los países latinos.

En el *Granma*, el Gobierno defendió la retirada de la Guardia Policial, aduciendo: "No podemos proteger a las embajadas que no cooperan con su propia protección"[61]. La respuesta de Cuba había sido muy agresiva; el régimen abría el territorio de Perú para vándalos, violentos y alborotadores.

En casa, Adolfo se bañó, vio un poco de televisión y se acostó en el sofá de su biblioteca. Se despertó con el sonido de golpes violentos en la puerta. Se levantó, fue a la puerta y la abrió.

—¡Policía! —le gritó alguien en la cara.

Aturdido y en calzoncillos, los dejó entrar.

—¡Vístete y despierta a todos en la casa! ¡No toques nada! —le espetó un mulato canoso, obviamente el oficial superior.

Eran seis. Adolfo se dirigió a la habitación de Marisa, que ya estaba levantada y vestida. Ale, quien dormía en la habitación de su madre, no se había despertado. Adolfo lo dejó dormir.

—Es la Policía —le dijo a Marisa—. Solo están registrando. No te asustes.

Se puso algo de ropa y volvió al vestíbulo. Ahora que pudo concentrarse, vio a cinco hombres: el mulato y otro hombre de uniforme, un hombre de civil y dos de sus propios vecinos, presidentes del Comité de Defensa de la Revolución del bloque.

El oficial superior sacó un papel, lo miró y le dijo a Adolfo:

—Se le acusa de haber robado obras de arte que están en su posesión. Los miembros del Comité de Defensa están presentes para verificar esta acusación.

---

[60] Kiko Arocha escribe: "Los asaltantes estaban desarmados. Uno de los guardias les disparó y mató a otro guardia por error. El Gobierno hizo creer que los fugitivos lo habían asesinado" (nota al autor, 18 de enero de 2020).

[61] "La Habana retira la guardia de la embajada peruana" (en idioma inglés), el *New York Times*, 5 de abril de 1980.

*Cuarta parte: **Victorias***

—Todos estos cuadros son míos —dijo Adolfo.

—¿Tiene recibos de ellos?

—Nadie da recibos por las pinturas. He tenido la mayoría de ellos durante años. Creo que puedo encontrar a los antiguos propietarios.

Los oficiales de Policía fueron directamente a la habitación de Adolfo. Cuando se dieron cuenta de cuántos libros, periódicos y papeles estaban empaquetados allí, se desanimaron notoriamente.

—Esto es increíble —dijo el oficial superior con un fuerte suspiro.

Comenzaron a sacar libros de los estantes, inspeccionándolos uno por uno.

—¡Eh! ¡Éste tiene un sello oficial! —exclamó el otro oficial en uniforme, un joven blanco fornido.

—Bien —dijo el oficial superior—. Eso significa que es robado.

—No significa nada de eso —dijo Adolfo en la voz alta—. Sabes tan bien como yo que la revolución, desde hace muchos años, ha estado cerrando bibliotecas y vendiendo los libros. Tengo docenas de libros con sellos oficiales en ellos.

—Esto es un diario, ¿no? —dijo el hombre de civil, cogiendo un cuaderno.

—Es una miscelánea: notas, ideas al azar, lluvia de ideas…

El hombre de civil leyó en voz alta:

—"El verdadero ateísmo reside en la indiferencia. ¿No podemos decir, por otra parte, que el amor apasionado que los ateos proyectan hacia la humanidad es en realidad un sentimiento religioso?".

El oficial superior se dirigió a Adolfo y le dijo desdeñosamente:

—Estás buscando muchas cosas, ¿no es así? Estás buscando arte. Buscas a Dios. Buscas una forma de salir del país. ¿No se te ocurre que podrías estar buscando demasiado?

Esas palabras tenían el inconfundible sello de la Seguridad del Estado.

—No puedo evitarlo —respondió Adolfo—. Es mi personalidad. Es la razón por la que me convertí en un revolucionario.

—Has cambiado mucho.

—Sí. Nunca he visto la inercia como una virtud.

Después de dos horas de esfuerzo, la Policía había desmontado la biblioteca. Abrieron el armario del baño y, para su asombro, lo encontraron más densamente abarrotado de libros que la otra habitación.

Desdichadamente, revisaron el armario. Encontraron un documento bastante grueso que no se parecía a ningún otro. El oficial superior lo hojeó y levantó la cabeza en señal de alarma.

—¡El comandante en jefe es mencionado aquí!

—Es un viejo memorándum que se envió a la dirección del Partido —dijo Adolfo en su mejor tono.

De hecho, era mucho más potente. Era Zaratustra, el documento de ochenta páginas que había escrito con Javier de Varona y otros durante el episodio de la microfracción. Ahora mismo no quería que nadie con autoridad se acordara de aquello. El oficial dejó de lado el documento como un zapador que encontrara una mina viva.

Cuando terminaron con lo del documento, no quedaba mucho más que registrar.

Mirando hacia el armario del dormitorio, uno de ellos se volvió hacia Marisa y le preguntó:

—¿Esa es toda la ropa que tienes?

—Sí. No es mucho, ¿verdad? —dijo con tristeza.

—Su marido tiene que venir con nosotros —le dijo el oficial superior a Marisa—. Esperemos que esto se aclare pronto.

La Policía se llevó unas docenas de libros y una pila de papeles, incluyendo a Zaratustra. Se retiraron para darle a la pareja un momento privado. Adolfo y Marisa se sentaron en la cama.

—Escucha, vieja —le dijo, tratando de resumir todo en unos pocos segundos—. Solo recuerda: la vida es un juego. No le des demasiada importancia a una sola cosa. Y por favor, no sufras.

Cuarta parte: Victorias

Ale estaba todavía dormido. Adolfo lo besó en la mejilla. Mientras los policías lo llevaban abajo, un vecino miembro del CDR le dedicó una sonrisa triunfante.

★

64. ¿Quién quiere irse a Estados Unidos?

Adiós a los gusanos

La Habana, 1980. En la estación de Policía los guardias llevaron a Adolfo hacia una puerta de hierro y la abrieron. Un calor sofocante y el hedor de orina le cortaron el aliento. Tampoco podía ver. Cuando sus ojos se adaptaron, pudo discernir tres o cuatro siluetas moviéndose en las sombras.

—¿Qué hiciste? —preguntó alguien con voz de preso.

—Me llamo Adolfo Rivero Caro —dijo con firmeza—. Soy abogado[62] y la Policía me está usando de ejemplo por razones políticas.

El sonido de su propia voz le volvió a dar vida. Lo habían arrastrado aquí con un cargo falso, y la razón era obvia. Sabiendo que tenía la intención de abandonar el país, no querían que se escapara a través de la embajada de Perú.

En las calles de La Habana se desarrollaba una situación extraordinaria. La gente entraba en la embajada, no por decenas ni centenares, sino por miles. En el lapso de setenta y dos horas, casi once mil cubanos habían llenado las habitaciones, patio y jardín de la embajada hasta que no quedó ni un centímetro de tierra.

El presidente estadounidense Jimmy Carter, que trabajaba diligentemente para mejorar las relaciones entre Estados Unidos y Cuba, decidió torcer un

---

[62] Unos años antes Adolfo había completado la carrera de Derecho que no había podido obtener en los años cincuenta, cuando la Universidad de La Habana suspendió su actividad académica. Ver el capítulo 5, "Vientos de cambio", arriba.

Hermanos *de vez en cuando*

poco el brazo a Fidel. Anunció que su país recibiría a todos los cubanos que quisieran venir a las costas de EE. UU. El anuncio fue rápidamente seguido por declaraciones de líderes cubano-estadounidenses que suministrarían barcos para llevar a los refugiados a Florida.

Fidel anunció de nuevo que permitiría la salida de todos los cubanos que quisieran irse. La jugada de Carter había sido una bravuconada y ahora se enfrentaba a un "Don Corleone" a gran escala.

Después de la peor semana de su vida en el calabozo de la Policía de La Habana, Adolfo había aterrizado en el Combinado del Este, la misma prisión que su hermano había dejado seis meses antes.

Los rumores, que eran la energía eléctrica de la prisión, corrían por el interior del Combinado. Los guardias se apresuraban por los pasillos, gritando:

—¿Quién quiere irse para Estados Unidos? ¿Quién quiere irse para Estados Unidos? —Y abrían las puertas de las celdas—.

Esos fueron los frutos de la política del presidente Carter, un huracán humano desatado por un líder que había sido cordialmente invitado por otro a asaltar las puertas de Estados Unidos.

El pandemonio se había liberado en la enorme prisión cubana. Ya no les veían sentido a los prisioneros. ¿Era un truco? ¿Dónde terminarían realmente si aceptaban que los sacaran de sus celdas?

Los prisioneros más odiados por los guardias, los prisioneros políticos, no irían a ninguna parte. No tenían ni siquiera el consuelo de vivir con sus pares. Por haber sido arrestados por cargos de robo o posesión de divisas, fueron alojados con criminales comunes. A su alrededor, abrían las puertas de las celdas de los asesinos, violadores y ladrones, mientras que ellos tenían que quedarse y ver lo que sucedía.

Entre la primavera y el verano, más de 120 mil cubanos abandonaron la ciudad portuaria de Mariel y se dirigieron a Florida en cualquier tipo de embarcación. Del Combinado, se fueron los tipos duros, los del corredor de la muerte y otros con poco que perder.

Cuarta parte: Victorias

El país, al parecer, tenía un suministro inagotable de prisioneros. Casi tan pronto como se vació el Combinado, se volvió a llenar. Muchos de los nuevos prisioneros eran personas que habían tratado de salir del país ilegalmente.

¿Ilegalmente? Sí, ilegalmente. Fidel ahora estaba metiendo a la gente en la cárcel por lo mismo que los soltó antes.

La ventana de la embajada de Perú y el paso a Estados Unidos se cerraron de golpe. Estados Unidos reanudó sus conversaciones con el régimen de Castro y detuvo la libre entrada de cubanos. Mientras tanto, Castro canceló el derecho a emigrar tan abruptamente como lo había concedido.

Por supuesto, las emociones humanas que despertó en Mariel no se apagarían tan fácilmente. La gente siguió tratando de salir de Cuba sobre cualquier cosa que flotara y, como siempre, seguían siendo capturados por la Policía de Fidel.

Cuando los arrestados entraban en el Combinado se mezclaban con presos de su misma edad. El Combinado tenía cuatro poblaciones: prisioneros comunes menores de veintiún años, prisioneros comunes mayores de veintiún años, homosexuales de todas las edades y prisioneros políticos. A los jóvenes balseros no les gustaba estar con los jóvenes duros. Eran jóvenes ordinarios que querían dejar el país, mientras que otros prisioneros de su edad eran anormalmente violentos y crueles. Los jóvenes balseros pedían a las autoridades de la prisión que los trasladaran para estar con prisioneros comunes mayores o con prisioneros políticos.

Después de intentarlo y no conseguir respuesta, un grupo de jóvenes balseros decidió actuar. Cuando los dejaron salir al patio de la prisión para tomar sol, se negaron a volver a sus celdas hasta que el jefe de la prisión viniera para hablar con ellos. En lugar del jefe de la prisión, fue la guarnición la que se presentó.

—¡Oye, para! ¡Eso es asesinato! ¡No puedes matar a esos muchachos!

Gritos y más gritos se escuchaban a través de los barrotes.

Hermanos de vez en cuando

Adolfo fue hacia a la ventana y apoyó su cabeza contra los barrotes. Nunca había visto tal brutalidad.

La Policía golpeaba a los muchachos con palos, sables, machetes y bayonetas. Incluso seguían pateando y golpeando a los que yacían inconscientes. El patio se llenó con el ruido de los golpes y los gritos de las víctimas, mientras que cientos de hombres encarcelados en sus ventanas rugieron y maldijeron al ver que los muchachos eran pulverizados.

Los guardias de los edificios corrían gritando por los pasillos.

—¿Quién está aquí por salida ilegal?

Un tipo ubicado no tan lejos de Adolfo, que estaba dormido cuando se desató el motín, escuchó la pregunta sobre la salida ilegal y se presentó somnoliento. Los guardias lo agarraron, lo bajaron, lo arrojaron al patio y lo golpearon.

Los jóvenes balseros fueron juzgados por resistirse, desobedecer y golpear a los oficiales de Policía. Los mejores abogados independientes de La Habana defendieron a los muchachos. Presentaron registros hospitalarios que mostraban fuertes moretones en los nudillos y dedos de los pies. Hicieron pedazos al fiscal del Estado. Sin embargo, el tribunal falló en contra de todos los muchachos y extendió el tiempo de prisión hasta quince años.

Tras el motín, Adolfo escuchó intrigantes fragmentos sobre los derechos humanos, un concepto que consideraba irrelevante para Cuba. Las historias se entrelazaban con el nombre de otro preso político que Adolfo algo conocía: Ricardo Bofill.

Como Adolfo, Bofill era abogado y militante del partido que había caído en la trampa de la microfracción. Había sido director de publicidad de Fruticuba, una empresa oficial de la época cuyos directores se habían enfrentado a Fidel de forma casi cómica.

Como todo el mundo en la política cubana sabía, Fidel no gobernaba yendo a una oficina, celebrando reuniones o tomando decisiones de forma inteligible. Fidel no tenía horarios ni rutinas de ningún tipo. En su poder seguía el hábito del combatiente proscrito que había sido: no tener hábitos

*Cuarta parte: **Victorias***

o patrones. Tenía una energía inmensa; el día nunca era lo suficientemente largo para él. Siempre estaba alerta, moviéndose con un séquito de hombres armados, llevando un arma cargada, listo para la batalla. Nadie sabía dónde comería o dormiría. Todos los días, en cada una de sus muchas casas en toda Cuba, las criadas le hacían la cama y los cocineros preparaban sus comidas, en caso de que él llegara. Nunca se sabía dónde encontrarlo.

Con él, además, había que pensar dos veces antes de actuar sin su aprobación; pues, si él aparecía y no le gustaba lo que habías hecho, las consecuencias serían graves. Armado, no solo con una pistola, sino con una convicción férrea en sí mismo, una memoria inhumanamente perfecta, las herramientas verbales que necesitaba para convencer a casi cualquiera de su omnisciencia, recorría el país en aviones, helicópteros, barcos, autos y *jeeps*, yendo adonde le parecía oportuno, tomando decisiones para todos, en cualquier nivel de la sociedad, dondequiera que fuera. Tan solo con su propia mente ya estaba totalmente equipado para tomar decisiones políticas, así como para curar enfermedades, diseñar tecnologías, hornear ladrillos, dirigir tiendas, dar clases, lanzar pelotas de béisbol o arbitrar disputas familiares. Nada de lo que cualquier cubano pudiera hacer estaba fuera de su alcance.

Así que el comandante en jefe se presentó en Fruticuba para ver cómo andaba aquello y dar su opinión.

Los fruticultores habían estado trabajando con expertos en cítricos de Israel, tal vez los mejores del mundo, tratando de determinar las condiciones óptimas de cultivo para su cosecha. Los israelíes habían aconsejado cultivar la fruta en lotes numéricos, con un área de X por Y por lote.

Cuando Fidel vio los planes de producción de cítricos dijo:

—X por Y es demasiado pequeño. Tienes que aumentar el rendimiento y cultivar los frutos en lotes de P por Q.

Bofill y los directores de Fruticuba, como Adolfo y sus amigos, no habían entendido el mensaje de obedecer al jefe a toda costa. Por lo tanto, cuando Fidel llegó y dijo que cultiven las frutas en lotes de P por Q, la gente de

***Hermanos** de vez en cuando*

Fruticuba le respondió que los lotes de X por Y ya estaba funcionando bastante bien.

Poco después, cuando el hermano de Fidel y el segundo al mando, Raúl Castro, reveló la llamada conspiración de la microfracción, los directores de Fruticuba ocuparon un lugar destacado en el cuadro de honor. Bofill perdió su posición en la sociedad y vio su vida desmoronarse. A diferencia de Adolfo, fue a la cárcel, donde recibió el golpe más duro de todos. Sus padres murieron sin que pudiera despedirse de ellos y él sucumbió a la rehabilitación.

La desgracia lo convirtió en un hombre desesperado. Después de su liberación, se subía a los autobuses públicos de La Habana y decía en voz alta sin dirigirse a nadie en particular:

—Los hermanos Castro son gánsteres. ¿Sabes que el país está siendo dirigido por un par de gánsteres?

La gente se movía hacia el otro extremo del autobús, pensando que era un loco, que lo era, esperando que la Policía subiera en cualquier momento, lo que de alguna manera no sucedió.

Así como a Adolfo, la Seguridad había arrestado a Bofill para evitar que corriera a la embajada de Perú. Fidel y su círculo, mientras ignoraban al resto de la población, estaban obsesionados con la idea de que unos cientos de exfuncionarios purgados podrían aprovechar la oportunidad de escapar de Cuba.

Parecía que todos tenían un esqueleto, o dos, dentro del escaparate. El de Adolfo era Zaratustra, el documento de ochenta páginas que la Policía había tomado de su apartamento. Cuando lo interrogaron, supo que sus temores eran fundados.

—Ciertos documentos fueron encontrados en tu casa —dijeron.

—Así es —dijo—, tenía algunos folletos.

—Esos no son folletos. Son borradores y bosquejos de documentos de propaganda. Estuviste ayudando a Bofill a preparar esos papeles, ¿verdad?

—Nada de eso —respondió—. Eran solo unos panfletos extraños.

—¿Cómo llegaron a tu posesión?

—No puedo decirlo. Mucha gente me ha dado papeles a lo largo de los años.

—¿Qué más puede decirnos sobre Bofill?

Esa era la clave. No lo querían a él, querían a Bofill.

—¡Apenas conozco a Bofill! —Adolfo dijo limpiamente y con optimismo.

Viendo que no tenían adónde ir con él, terminaron la plática.

Adolfo, sin embargo, había obtenido buena información de ellos. La desconocida campaña de derechos humanos de Bofill se había convertido en una seria preocupación para el Estado. Esa era una oportunidad.

★

65. En el Partenón

La pasión se apodera de Adolfo

Combinado del Este, 1980-1982. Adolfo comenzó a visitar a Bofill en su celda. Bofill vivía en una celda más privada que una galera. Sus compañeros activistas Elizardo Sánchez y Enrique Hernández también estaban cerca, por lo que la celda de Bofill era un lugar de encuentro ideal.

—Háblame de tu grupo —le preguntó Adolfo a Bofill—. Dicen que lo tienes todo organizado. ¿Cuál es tu programa, tu ideología, tu estrategia?

—No tenemos nada de eso. Todo es público. Nada está oculto. No conspiramos.

—Pero eso es fatal. ¿Cómo te las arreglas sin esas cosas?

—La pregunta es, ¿cómo me las arreglaría con esas cosas? Fidel ha derrotado todos los programas, ideologías, estrategias y conspiraciones que van en su contra. La forma de vencerlo es pararse firme y negarse a comer mierda, a la vez que no se le da nada para que te ataque.

—¿Y cómo lo haces?

Hermanos *de vez en cuando*

—Mira, este Gobierno puede hacer lo que quiera. Tú lo sabes y yo lo sé. Pero el Gobierno no puede decir que hace lo que quiere. Tiene que fingir que la gente tiene algunos derechos. Tiene que obedecer la Constitución. Lo sé, la Constitución es una mierda. Todo el mundo sabe que es una mierda. Pero la Constitución es importante, porque te da un espacio en el que trabajar. Es un espacio diminuto, mínimo, pero puedes trabajar en él.

»Así que cuando el Gobierno está fastidiando a algunos tipos le decimos: "Mira, no puedes joder a esos tipos, la ley no te lo permite". Y adivina qué. ¡Es verdad! No pueden decirte que te calles porque eso sería prohibirte hablar. El Gobierno nunca admite que te ha quitado el derecho a hablar. Máximo lo que hacen es intimidarte para que no uses tu derecho. No pueden acusarte de desviación ideológica porque estás usando la ley, ¡que es su maldita ideología!

»Vale, pueden meterte en la cárcel pero tarde o temprano tienen que dejarte salir. Su mejor táctica es ignorarte. Si tu jefe te ignora, le escribes una carta a su jefe. Muy pronto estarás escribiendo a los jefes nacionales y luego a los jefes del comunismo internacional. Finalmente, cuando nada más funcione, escribes a las organizaciones internacionales de derechos humanos. Estás haciendo todo este ruido, ¡y Fidel no tiene una maldita cosa que decir al respecto!

—¿Quieres decir que eso es todo lo que hay? ¿Decirles que no pueden joder a fulano? ¿Esa es la gran idea que les asusta tanto? —preguntó Adolfo.

—Eso es todo.

—¡Pero tienes que tener un programa! ¿De qué otra forma esperas ganar gente para tus ideas?

—La idea básica es no aceptar mierda de esos hijos de puta. Puede que no parezca una gran idea, pero en realidad lo es. Todo el mundo la tiene muy dentro. Así que vamos a demostrarlo y mantener la puerta abierta para que otras personas se unan.

—¿Cuántos son?

—Elizardo, Enrique y yo. Ahora mismo somos nosotros tres.

*Cuarta parte: **Victorias***

—¿Solo tres? ¿A eso te refieres con lo de tener las cosas organizadas?
—¿Cuánta gente tenía Fidel cuando empezó en la Sierra? ¿Veinte? ¿Diez? ¿Cinco?
—En ese punto tienes toda la razón —dijo Adolfo.
—El punto no es cuántos tienes sino cuántos pudieras tener. Comienzas a partir de uno. De ese uno, obtienes tres o cuatro. Tres o cuatro personas que se lo propongan pueden cambiar un país.
—¿Y qué hay de tu estrategia?
—Nuestra estrategia es no tener ninguna estrategia. De esa manera nadie puede averiguar nuestro próximo movimiento. Muchas veces ni siquiera yo sé lo que voy a hacer antes de hacerlo. Por supuesto, eso significa que la Seguridad tampoco lo sabe y no pueden usar sus métodos conmigo.

Curioso, pensó Adolfo con desdén. Pero cuando reflexionó sobre la paliza a los jóvenes balseros, la idea de Bofill se apoderó de él.

Adolfo se convirtió en un visitante habitual de la celda de Bofill. Por primera vez en años tuvo una nueva emoción sobre lo que más le gustaba. En lugar de vestirse de negro de viuda por las ideas socialistas, Adolfo podía tomar parte a favor de la gente real a la que el sistema había maltratado.

Bofill, con contactos por todas partes, tenía muchas historias sobre gente golpeada. Para Adolfo esas historias eran el límite. Incluso después de su caída personal, cuando dejó el régimen, había insistido en cartas a sus padres: "Sí, aquí la gente va a la cárcel porque ha actuado contra el Estado, pero las autoridades no maltratan a nadie, las palizas son insólitas". Y ahora, todos los días, Bofill tenía historias de nuevas palizas.

Mientras Adolfo recordaba los muchos boletines o "balas" de su autoría que habían salido del Combinado, sus pensamientos volvían ineludiblemente a la noche. Una noche, interrumpiendo sus reflexiones, otros presos se le acercaron con una petición graciosa:

—¡Eh, abogado! Más tarde haremos un juicio de la obra en el segundo piso. Otros cuatro abogados están llegando. ¡Tú también vienes! ¡Va a ser muy interesante!

Hermanos de vez en cuando

—No lo creo —dijo Adolfo, molesto—. Saltar de un piso a otro no es fácil. De todos modos, ya tienes cuatro abogados. ¿Qué quieren de mí?

—Mire, profesor, los hombres preguntaron por usted por su nombre.

—Si insisten, iré. Pero envía a alguien a buscarme.

A la hora señalada, un hombre pequeño y con gafas entró en la galera de Adolfo. Todos lo llamaban J. J. Era un físico que había asesinado a su esposa. J. J. estaba de patrulla con su compañero, un hombre con rasgos asiáticos.

—¿Dónde está el abogado? —llamó J. J.

—Aquí mismo, J. J.

—Ven con nosotros —dijo J. J—. Tengo que hablar contigo.

Los tres salieron de la galera.

—Escucha J. J., no tengo ganas de ir. Ya tienes cuatro abogados.

J. J. sonrió.

—Sí, pero los otros cuatro acaban de ser liberados de la prisión.

—¡De acuerdo, maldita sea, iré!

J. J. se detuvo y miró incrédulo a Adolfo.

—No te has dado cuenta, ¿verdad?

—¿Cuenta de qué?

—Tu liberación acaba de llegar.

Adolfo estaba aturdido.

—Estas bromeando.

—Nadie bromea sobre eso. Llegó hace unos minutos. Los otros liberados ya se han ido. Ahora únete a ellos y lárgate.

Se dieron la mano. Otros hombres se acercaron a Adolfo.

—¡Hermano, te echaré de menos!

—¡Maestro, saluda a las calles por nosotros!

Volvió a la galera en estado de shock.

La galera se había vaciado, los hombres estaban en la sala de la televisión. Adolfo fue a su litera y lentamente hizo su maleta.

Los hombres entraron a hurtadillas. Se habían enterado de su liberación y querían despedirse. Lo abrazaron, se burlaron de él, le quitaron cosas.

Cuarta parte: Victorias

Antes de que se diera cuenta, estaba fuera del edificio.

Un oficial lo estaba esperando para llevarlo a otro edificio. Alguien le entregó un sobre con sus documentos personales. Un patrullero lo llevó a otro edificio y a una habitación con enormes estantes, miles de paquetes. El patrullero leyó una tarjeta, sacó un paquete de un estante y se lo dio a Adolfo.

—Esta es tu ropa.

Adolfo abrió el paquete y encontró la ropa que llevaba puesta cuando fue arrestado casi dos años antes. Tomó el paquete, se hizo a un lado y se puso cada prenda, una por una.

El patrullero le mostró una puerta y le señaló el exterior.

—Sigue ese camino. Ve a la autopista. Allí encontrarás una parada de autobús.

—No tengo dinero.

Adolfo estaba tan seguro de sí mismo como para decir eso.

—No tendrás problema, los conductores lo saben.

Mientras se alejaba de sus últimos dos años de su vida, pensó que lo echaban de la prisión exactamente como lo habían metido.

Era pasado medianoche cuando Adolfo se bajó en la parada de autobús cerca de su casa. Miró y vio que las luces seguían encendidas. Echó un vistazo rápido y subió las escaleras, sintiendo su ropa muy arrugada.

La puerta del apartamento estaba abierta. Alguien en la entrada hablaba con Marisa: Carlos Menéndez, un economista afrocubano y, al parecer, el amante de Marisa. Adolfo conocía al otro hombre desde sus días de estudiante y le gustaba. Carlos, al oír los pasos, miró hacia abajo y vio a Adolfo.

—Tenemos visita —le dijo a Marisa.

Los hombres se abrazaron. Adolfo entró, miró a su alrededor y le dio a Marisa un beso en la mejilla. Ella tenía lágrimas en los ojos y estaba tratando de mantener el control.

Hermanos de vez en cuando

—Te estábamos esperando —dijo—. Tu caso llegó a juicio. Fuiste encontrado culpable y sentenciado a un año. Como ya habías cumplido casi dos, el juez ordenó que te liberaran inmediatamente. Eso fue hace tres días. —Ella hizo una pausa—. Despertaré a Alejandro.

—¿Cómo te sientes? —le preguntó Carlos.

—Aturdido. Esto es una completa sorpresa para mí.

Ale apareció en su pijama. Corrió hacia su papá y le dio un gran abrazo.

—¿Me estabas esperando? —dijo Adolfo.

—¡Siempre! —respondió el chico con júbilo.

Carlos se despidió. Marisa se llevó a Ale a la cama, mientras Adolfo preparaba la biblioteca. Miró el espacio con atención, bebiéndolo hasta que se le acabaron las energías. Un joven que acampara en una noche estrellada en el Partenón no habría estado más deslumbrado que Adolfo yendo a dormir esa noche en el sofá de su biblioteca.

★

66. Siempre joven

De feliz memoria

[De los recuerdos de Emi]

Miami, 1983.

—Recuerdo cómo te sostuve en mis brazos, acunándote y poniéndote a dormir. Me sonreíste, extendiste tus brazos y me tocaste los dientes. Mis dientes llamaron tu atención —me dijo la vieja.

Se ha dicho que algunas personas adquieren un aura, una luz, una especie de purificación cuando la muerte se acerca. Mi madre siempre fue una persona de gran voluntad, extremadamente femenina, cariñosa con toda su familia, pero con un núcleo duro que todos conocíamos bastante bien.

Cuarta parte: **Victorias**

Con nosotros, sus hijos, era una disciplinaria. Pero en sus últimos dos años, cuando sintió el más allá a su alcance, su naturaleza cambió notablemente.

Derramó sus recuerdos de matrimonio, de mi temprana juventud, de lo grande que era mi cabeza y de cómo todo el mundo se burlaba de ella; de lo pobres que éramos, de su costura de pañales hechos de banderas políticas, de nuestros viajes al campo; de mi tío abuelo José Manuel y sus gallos de pelea, del nacimiento de Adolfito, de lo hermoso que era y de lo fácil que era amarlo. La animé a recordar, porque cuando lo hacía, mi madre volvía a ser joven.

Ni una sola vez, cuando estuvimos juntos o cuando hablé con ella por teléfono, dejó de mencionar a mi hermano.

—Recuerda a Adolfito. Saca a Adolfito de Cuba.

Se convirtió en su obsesión.

Nuestra madre había sido una intrépida protectora de sus dos hijos. Unos años antes, cuando trabajaba como ascensorista en uno de los hoteles de Miami Beach, Henry Kissinger subió a su ascensor. Mientras llevaba al famoso estadista a su piso, no perdió la oportunidad de contarle sobre sus dos hijos que eran detenidos políticos en Cuba. Y por supuesto, siendo Kissinger, tomó una nota al respecto[63].

La falta de salud no impidió que la vieja trabajara por la liberación de Adolfito. Escribió a Gabriel García Márquez, pidiendo al escritor que interviniera con Fidel. García Márquez tenía un vínculo extremadamente fuerte con Fidel y en ocasiones rescató a Fidel de su propia locura, obteniendo la libertad de personas que de otra manera Fidel habría destruido.

---

[63] En 2014, Kissinger, en su décima década, fue criticado severamente por los medios de comunicación occidentales por la revelación de que él y el presidente Ford, unos treinta y ocho años antes, habían considerado atacar a Cuba por su intervención armada en Angola. Al contar esta historia, los periodistas cayeron en la trampa de la narración histórica al estilo del siglo XXI; se olvidaron de la Guerra Fría. Así que sus relatos no mencionaban que Fidel, al enviar tropas a Angola, había actuado como un sustituto soviético: https://www.nytimes.com/2014/10/01/world/americas/kissinger-drew-up-plans-to-attack-cuba-records-show.html?searchResultPosition=1.

García Márquez escribió a mi madre, diciéndole: "Señora, hice lo que me pidió y créame, no fue fácil". Cuando Adolfito salió del Combinado a principios de 1982, parecía que mi madre y García Márquez podrían haber tenido algo que ver.

En 1983 la vieja se estaba muriendo de cáncer de laringe. Adolfito estaba libre en La Habana, luchando abiertamente contra Castro. Visité a nuestra madre en el hospital durante una difícil cirugía; una parte de su nariz había sido reemplazada por un colgajo que los cirujanos habían injertado. Incluso saliendo de la anestesia, dio toda su energía para decirme que debía entrar en Cuba clandestinamente y traer a Adolfito a Estados Unidos.

La vieja murió en Miami en septiembre de 1983 a la edad de setenta y dos años. Ella había sido el centro de su familia y su muerte fue dura para todos. Cuando su hermano mayor Ramón, que se había quedado en Cuba, recibió la noticia, cayó en cama y no volvió a levantarse.

★

67. Una línea de coro

Los hermanos trabajan juntos

Años ochenta. Después de la liberación de Adolfo de la prisión, la Seguridad escuchó o vio casi todo lo que hacía: cada llamada que hizo, cada libro o paquete que trajo, cada visita que recibió. Adolfo se volvió amigo de los tipos que lo seguían.

Bofill no dejó de enfrentarse al régimen. Su casa era un escondite de folletos, documentos, libros y revistas extranjeras, una trampa política del tipo más descarado.

La Policía y los miembros del Comité de Defensa lo acosaban a todas horas. Pero los recibía la esposa de Bofill, Yolanda Miyares, una hermosa mulata que cuando se enfurecía era aterradora. La gente que venía a

*Cuarta parte: **Victorias***

molestar a Ricardo la hacía enojar. Yola defendió a su marido con coraje y ferocidad, asustando a los intrusos.

La Policía atrapaba a Bofill con un cargo tras otro. Entraba y salía del Combinado con tal frecuencia que la gran prisión se convirtió en un segundo hogar para él o quizá en su primer hogar.

Cada vez que Bofill caía en el Combinado enviaba boletines de derechos humanos o "balas" a Adolfo. Eran historias de abuso a los derechos humanos llevadas desde la prisión por visitantes que usaban una serie de ingeniosos medios para pasarlos de contrabando a través de los guardias.

Esas balas eran las únicas cosas que Adolfo ocultaba a los guardias de seguridad. Tampoco las compartió con Marisa, quien, como leal cuadro del régimen, seguramente lo habría desaprobado. En un trabajo solitario, Adolfo refundía esas historias para transmitirlas al mundo entero.

El Gobierno de Estados Unidos había comenzado a hacer transmisiones de radio a Cuba, tal como lo había hecho durante décadas a las naciones del bloque soviético. Las emisiones de Radio Martí, llamada así por el apóstol de Cuba, estaban ganando grandes audiencias en la isla. De alguna manera la emisora estaba recibiendo historias de derechos humanos del Combinado. Y las ondas en Cuba se llenaron de ellas.

Seguridad apretó las tuercas al grupo de activistas. Mientras Adolfo pensaba en una salida ilegal, Bofill, ahora fuera del Combinado, tomó una acción propia: entró en la embajada francesa y pidió asilo. Con esa acción, Bofill pretendía hacer varias cosas de golpe: armar un escándalo público sobre la situación de los derechos humanos en Cuba, crear problemas diplomáticos para Fidel y encontrar una salida del país para él y su grupo.

Los franceses admitieron a Bofill, incluso cuando vieron el aprieto en el que los estaba metiendo. Inmediatamente el Gobierno cubano protestó, exigiendo la retirada de Bofill de la embajada. Era exactamente el enfrentamiento que Bofill quería. Pero entonces los franceses dieron otro paso. Lo confinaron en una habitación con un guardia, sin permitirle ningún contacto con el exterior ni visitas ni llamadas telefónicas, nada.

Hermanos de vez en cuando

En realidad era peor que la prisión. Desde el Combinado, Bofill había librado una guerra de palabras. Desde la embajada francesa no podía pasar ni una sílaba.

Además de eso, había dejado a sus compañeros expuestos. En pocas horas Adolfo, Elizardo y Enrique habían sido capturados y encerrados en la Seguridad. Radio Martí se subió al tren en movimiento, emitiendo continuos boletines: "¡El activista de derechos humanos Ricardo Bofill, prisionero en la embajada de Francia en La Habana! ¡Los directores del Comité de derechos humanos de Cuba, arrestados por la Seguridad del Estado!".

Los interrogatorios eran mucho más urgentes esta vez. Los interrogadores de Adolfo se habían convertido en un coro de Salomés bailando por la cabeza de Juan el Bautista.

—Rivero Caro —le dijeron—, morirás en este lugar a menos que nos des los nombres de todos los gusanos[64].

El gracioso término de Fidel, "gusanos", había sido sacado del almacén para enlodar a los colegas y ayudantes de Bofill en su campaña por los derechos humanos.

La Seguridad quería dos cosas de Adolfo. En primer lugar, querían a Bofill. Luego querían que les dieran el "camino de Ho Chi Minh", o así llamó Adolfo a la red de caminos de salida por los que los mensajes de derechos humanos salían del país[65].

Bofill estaba a salvo en una embajada, así que no había necesidad de preocuparse por él. El camino de Ho Chi Minh no era seguro, tenía estribaciones y exposiciones por toda La Habana y eso era un problema.

---

[64] "Gusanos" es el término que el régimen revolucionario aplicó a sus oponentes cubanos, especialmente a los que huyeron a Estados Unidos. El propio Fidel había dejado de lado el término durante sus negociaciones con Jimmy Carter. Pero él y sus partidarios, con gusto lo volvieron a usar contra los activistas de derechos humanos. Algunos epítetos nunca mueren y "gusano" parece ser uno de ellos. En el momento de escribir este libro, los seguidores de Fidel en Estados Unidos siguen usando el término para los opositores al régimen de Cuba.

[65] El sistema de rutas por el que Vietnam del Norte abasteció a sus fuerzas que luchaban contra los ejércitos extranjeros en Vietnam del Sur.

*Cuarta parte: **Victorias***

La parte de Adolfo en el relevo comenzó cuando recibió una llamada de la madre de uno de los corredores de Bofill.

—Adolfo, por qué no pasas esta noche por aquí, estoy preparando algo bueno para la cena.

El plato principal era una bala que el corredor había tomado del Combinado.

A veces Adolfo recibía dos o más llamadas sobre la misma bala. Bofill enviaba el mensaje por varios corredores para asegurarse de que lo pasaran. Cada vez que Adolfo recibía una bala, reescribía el mensaje en forma de carta y lo pasaba hacía la siguiente estación del recorrido.

[En el jardín de Maxim, un embajador de Europa]

—¡Mira mis plantas! ¿No son espléndidas? ¡Qué clima para crecer, y solo cincuenta dólares en fertilizante! —dijo Maxim.

—Amigo, por cincuenta dólares podrías haber comprado todo el Jardín Botánico —respondió Adolfo.

—No me importa el Jardín Botánico. ¡Me importa mi jardín!

—Escucha, me enteré de que Bofill está en el monasterio.

—Ah, sí, el monasterio oriental, pero no en la India —respondió Maxim mirando hacia otro lado.

—La cosa es que tengo otra carta. ¿Te importaría enviarla al norte?

—Vamos a ver, una carta del este que va de sur a norte, un norte que resulta estar en el este. ¡El Señor ama una brújula!

Alguien más llevó la carta a Maxim, quien la dejó caer en una valija diplomática que llegó a su capital. Allí entró en el sistema postal y llegó rápida y segura al destinatario de Adolfo, generalmente su hermano Emi, en Washington D. C.

Poco después, aparecía en un medio extranjero la historia sobre el maltrato de los prisioneros en las cárceles cubanas. En todos los casos, Radio Martí transmitía el artículo a una audiencia masiva en Cuba.

Castro y sus secuaces se volvieron locos con esas emisiones. Su Policía, experta en las matemáticas de la intriga, seguramente sabía cómo salían las historias de derechos humanos, pero su incapacidad para detenerlos solo multiplicaba su furia.

Ahora por fin, con Adolfo en el interrogatorio, tenían al enemigo bajo sus pulgares. No podían acusar a Maxim porque era un diplomático; pero podían usarlo contra Adolfo y lo hicieron con gusto.

—¿Cómo salieron las cartas? ¿Fue a través de su amigo Maxim?

Maxim saldrá del país en dos o tres meses. Si lo nombro, la Seguridad irá a sus jefes y le dirán que tienen que deshacerse de Maxim. Sus jefes estarán de acuerdo sin siquiera cambiar su fecha de salida. De todos modos, esos jefes no están tan encariñados con Fidel en estos momentos. Pensarán mejor de Maxim, porque nos ayudó. Vale, no pasa nada si les doy a Maxim.

—De hecho fue a través de Maxim —dijo Adolfo a sus interrogadores.

Habiendo conseguido a Maxim, los interrogadores de Adolfo fueron por el camino de Ho Chi Minh.

—Mucha gente estaba involucrada —dijo Adolfo—. Cada vez eran diferentes. Solían llamarme y decirme: "Ven a comer con nosotros. No recuerdo exactamente quiénes eran".

—¿Esperas que nos creamos eso?

—¿Qué puedo decir? Es la verdad —respondió con uno de esos encogimientos de hombros de niño que pueden conquistar a cualquiera.

Lo interrogaron intensamente. Adolfo vio a un hombre en el fondo de la habitación trabajando con una cámara de video.

—Es algo muy malo para ti que hayas estado trabajando con este hijo de puta de Bofill —le dijeron los interrogadores.

Adolfo se quedó callado.

—Eres un hombre con ciertos privilegios en esta sociedad.

¡De verdad! Háblame de ellos.

—Esta es una sociedad de trabajadores. Y vives sin trabajar. Es un privilegio.

Cuarta parte: Victorias

¿Ah, sí? Deberías probarlo.

—Tu hijo también tiene privilegios. Asiste a una escuela superior de matemáticas, ¿verdad? Y si se queda allí puede tener una buena carrera.

Había sido uno de los episodios más dulces de su paternidad. Cuando Ale estuvo listo para la escuela secundaria, aplicó a una escuela superior que tenía cientos de solicitantes y catorce plazas. El chico era tan inteligente que nadie dudaba de que entraría.

Pero entonces Marisa comenzó a preocuparse de que no lo lograra. Ella y Adolfo fueron bajando en espiral hasta que Víctor, un amigo de la familia y exalumno del "monasterio", les hizo una visita. Víctor los regañó en voz alta.

—¿Cómo se atreven a hablar así? ¡Catorce plazas! ¡Si hubiera una sola plaza no deberían dudar que la obtendrá!

Ale obtuvo la plaza, y ahora Adolfo tenía que enterarse por esos matones.

Quieren que denuncie a Bofill. Van a hacer mi vida muy desagradable hasta que lo haga... y no solo mi vida.

Vamos a razonar. ¿Dónde estoy y dónde está Bofill? Estoy en una mazmorra. Bofill está en la embajada francesa. ¿Qué haría Bofill si estuviera aquí? Haría la denuncia. No vale una mierda y, si intentan usarla, más tarde puedo retirarla.

Vale, voy a denunciar a Bofill.

—¡Ricardo Bofill le ha dado la espalda a Cuba! ¡Ricardo Bofill ha traicionado a la revolución! ¡Ricardo Bofill es un traidor al socialismo!

Fue una denuncia completa, espectacular en su amplitud y vehemencia. Los interrogadores de Adolfo lo filmaron todo, estaban tan llenos de alegría que no pudieron contenerse.

Una vez de vuelta en su celda, se acostó en la litera y se preguntó: "¿Dónde diablos está Adri?".

68. El mejor pie adelante

Un movimiento se afianza

1987. El visitante más regular que tuvo Adolfo en la Seguridad fue su prima Sonia, un ángel de la familia que durante décadas había ido a visitar a Emi en la cárcel. Cada semana, Sonia le traía noticias. El día que le dijo que Adriana la había llamado fue uno de los más felices que Adolfo podía recordar.

—¡La paloma apareció! ¡La paloma apareció! —le dijo a todos.

En las siguientes visitas de Sonia, Adolfo no supo nada más de la paloma. Pero era Adri; sus idas y vueltas no se podían entender.

La madre de Adri, Rita R., era periodista independiente y compañera de viaje en la campaña de Bofill. Quería que su hija de catorce años aprendiera inglés. Bofill le había hablado de Adolfo, un experto tutor de inglés.

El día señalado, Adri, no queriendo llegar tarde a su primera lección, llegó al edificio de Adolfo una hora antes y se sentó en las escaleras interiores. Poco antes de la hora acordada, Adolfo fue a su terraza a leer para observar cuando llegaba la estudiante. Todos los accesos eran visibles desde la terraza. Pero como no la había visto llegar, Adolfo se sorprendió al oírla llamar a la puerta.

—¿Qué eres, materia espiritual? —le preguntó—. ¿Te has materializado de la nada?

Adri contestó como contestaba casi cualquier cosa. Se rio.

Adri tenía una aptitud tremenda. También se aburría rápidamente. Si no conseguía algo de golpe, lo apartaba. Así fue el idioma inglés.

—¡Coño! De todos modos, ¿por qué debería hablar esa cosa? —dijo ella riéndose.

Cuarta parte: **Victorias**

A cualquier otro, Adolfo le habría mostrado la puerta. Adri se salió con la suya. Se rio junto con ella, un comportamiento notable para un hombre que había pasado por la vida con una sonrisa sardónica.

Adolfo era un ratón de biblioteca, tan apegado a la lectura que solo un asunto político importante o la fuerza del amor por su hijo podía apartarlo de ella. Entonces esa pequeña mujer le dijo a Adolfo:

—¡Mira, deja tu libro y ven conmigo!

Para su sorpresa, obedeció riéndose.

Por su madre, Adri conocía el lenguaje de la campaña de Bofill y no le intimidaba desafiar los puntos de vista de Adolfo. A Adolfo le encantaba su audacia. Descubrió que Adri tenía una visión aguda, especialmente sobre las reacciones de los jóvenes a una idea o a una posible acción. Bofill, a quien Adri se dirigía como a un igual, la llamaba su amiga.

Adri se enamoró de Adolfo y se convirtieron en amantes. Con Adri vivió como nunca antes. Era feliz sin saberlo, la felicidad más pura posible.

Ahora estaba sentado en la Seguridad, esperando su llamada. ¿Dónde estaría ella? Habían pasado semanas desde el último mensaje. Sonia no había sabido nada de ella ni Víctor tampoco.

Adolfo no podía entenderlo. Después de mucho pensar se dijo a sí mismo: "No te quemes los sesos. La vida no es un silogismo. No siempre se puede interpretar. Cualquiera que sea la razón, lo descubrirás más tarde".

Miró las paredes de su apartamento. La materia gris se había extendido por las habitaciones; libros grises, ventanas grises, marcos grises que bloquean los paisajes en gris, una hermosa mujer con pelo gris.

Víctor apareció con un brillante traje blanco y lo abrazó. Adolfo salió a la calle, deslizándose por la ciudad en muletas. Subió la calle que llevaba a la casa de Adri. Adri corría hacia él, vestida de blanco y negro, frunciendo sus labios de color rojo brillante con alegría. Adolfo la rodeó con su brazo.

Se fueron alegremente y Adriana dijo:

—¡Cuéntame! —preguntaba ella por su liberación.

Él miró y miró y no vio nada.

—Adri —dijo—, esto es un sueño.

—¡No! —ella insistió—. ¡Esto no es un sueño, es real!

—Adri, te digo que es un sueño.

Se detuvo y se alejó de ella... atrás, atrás y ¡puf! Se despertó.

La prima de Adolfo, Sonia, fue a visitarlo y le dijo:

—Marisa llamó con una noticia. Tu amigo Ricardo fue a verla pero ella no lo recibió en la casa.

Adolfo saltó. ¡Bofill estaba en la calle! Ni en la embajada, ni en la Seguridad, ni escondido detrás de los muros de otra persona. ¿Cómo?

Deben haber llegado a un acuerdo. Bofill saldría de la embajada y a cambio Seguridad no lo arrestaría. De acuerdo. ¿Qué hay de Adolfo y los otros tipos en la Seguridad? Bofill nunca aceptaría un trato que los dejara fuera, nunca.

Los días pasaban sin más noticias. Después del almuerzo, Adolfo escuchó a su compañero de celda durmiendo y unas voces que venían del pasillo; inusual, pues los guardias no se hablaban en el pasillo. Debe ser un guardia que habla a través de la puerta abierta de la celda, dando instrucciones a un prisionero. Escuchó pasos y una puerta que se cerró; su puerta se abrió.

—Rivero Caro, ¡sigue!

¿Era un interrogatorio? No, lo estaban llevando por otro camino. Y así sucesivamente. ¡Pero qué demonios! Sintió que sus entrañas se volvían líquidas; su corazón hacía tic tac como una bomba.

—¡Permiso para entrar! —dijo su escolta en voz alta.

—¡Adelante! —alguien respondió. Fue llevado a una gran oficina. Dos coroneles del ministerio estaban esperando.

—¡Eh! ¿Qué pasa? ¿No me reconoces? —dijo uno de ellos como si fuera un viejo amigo.

Adolfo se quedó callado.

—¡Soy Blanco, el interrogador de tu hermano! Fui a verte a la Juventud Socialista. Me he acordado de ustedes por veinticinco años. ¡Los dos estuvieron estupendos!

Cuarta parte: Victorias

Una interesante elección de palabras.

Hace años, este coronel, como interrogador de la Seguridad del Estado, vino a pedir ayuda a Adolfo, un alto funcionario del Partido Comunista. El hermano de Adolfo había sido atrapado conspirando contra Fidel; Blanco era el hombre a cargo del caso. El prisionero estaba cerrado como un puño y Blanco buscaba la ayuda de Adolfo.

En los años intermedios Adolfo apenas había pensado en la entrevista, pero ahora no le extrañaba que el interrogador lo recordara.

—Solo tengo una cosa que preguntarte —dijo Blanco—. ¿Cuándo vas a parar esa mierda?

Se refería a las protestas por los derechos humanos.

¿Qué me está pidiendo? Soy yo quien está arrestado.

—Te conozco —Blanco aclaró—. No me explico lo que haces con los hijos de puta de Bofill y Sánchez. No son dignos de ti.

Adolfo hizo el encogimiento de hombros que había practicado a la perfección.

¿Cómo podría saberlo? ¡Soy un buen tipo!

—Escucha —dijo Blanco. Este Gobierno no va a caer.

¿Qué tal? Le preocupa que el Gobierno caiga.

—Acaban de nombrarme director de esta instalación. Estamos trabajando para cambiar las cosas.

Adolfo sonrió.

—Bien, eso es todo por ahora —concluyó Blanco. Me gustó verte de nuevo.

¡Jesús! El cielo sigue ahí arriba y yo sigo aquí abajo.

Su caminata de regreso a la celda fue mucho más corta. En dos días estaba fuera.

—¡Increíble! ¡Increíble! ¡Todo ha cambiado! —Bofill dijo extasiado—. Fidel tuvo que ceder porque estaba lloviendo mierda. Todo funcionó. Radio Martí realmente funcionó. ¡Somos famosos! ¡La gente habla de nosotros en todo el país! Por eso tuvieron que ponerle fin a la cosa y dejarnos salir.

Hermanos de vez en cuando

Prometieron no volver a arrestar a ninguno de nosotros pero, por supuesto, no les creí. Fui directo a casa desde la embajada, me afeité y me duché y esperé a que llegara la camioneta de Seguridad. Toda clase de gente se presentó solo para conocerme y agradecerme por lo que estamos haciendo. Pensé, ¡esto no puede ser real! Uno dijo, "soy un agricultor de Pinar del Río[66], escuché sobre su campaña en la radio y solo quiero decirles que es fantástica, estoy con ustedes al cien por ciento". Todo lo que pude decir fue: "Pasa y tomemos un café". ¡Increíble!

—Mira —dijo Adolfo con gravedad—, tengo que decirte algo.

—¿Qué?

—Te denuncié.

—¡Olvídalo! En tu lugar yo habría hecho lo mismo.

—Eso no es todo. Lo tienen en cámara.

—No te preocupes. Llamaremos a *Efe* y diremos que te han forzado a hacer una denuncia en Seguridad, y si los hijos de puta intentan usarla contra nosotros no vale nada.

—¡Está bien! ¡Genial! —dijo Adolfo.

Entonces, pensó para sí. *Demasiado fácil. Tiene que sentirlo de alguna manera.*

—Marisa está furiosa —le dijo Víctor cuando se encontraron—. Después de que te llevaron preso, me dijo que me alejara de Ale. No la escuché. Seguí hablando con Ale, dándole noticias, manteniéndolo al tanto de los acontecimientos. Marisa se enteró y se puso furiosa.

—Hiciste exactamente lo correcto.

—¡Por supuesto! Y además, no me acerqué a tu prima Sonia. Cuando supe que Adri la había llamado, le dije que no lo volviera a hacer.

—¿Por qué? ¡Confío en Sonia al cien por cien!

—Podría haber hablado con Marisa. Fue lo que sentí.

Víctor miró a Adolfo con ojos de fiel perro de caza.

—Olvídalo, amigo. Todo está bien ahora.

---

[66] La provincia más occidental de Cuba.

Cuando se encontró con Adri, ella lo abrazó y gritó de alegría, y él se sintió tan alto y alborotado como un globo de helio.

El núcleo de activistas de derechos humanos en La Habana había crecido hasta incluir docenas de personas. Un domingo se reunieron en una iglesia en la parte antigua de la ciudad, que se conservaba muy bonita. Mientras la gente hablaba en pequeños grupos en la acera, apareció una camioneta negra que se movía delante de ellos a velocidad microscópica. Todo el mundo sabía que era una furgoneta de Seguridad que les estaba filmando. Un joven muy simpático se adelantó, sacó un peine de su bolsillo y empezó a arreglarse el pelo.

—¡Oye! ¡Si van a tomarme fotos, quiero lucir bien!

Adolfo se enfrentó a la camioneta y sacó un peine. Todos comenzaron a peinarse mirando fijamente a la camioneta.

★

69. Adiós, Casablanca

Días heroicos

La Habana, marzo de 1988. Adolfo se subió a una mesa y anunció:

—¡Señoras y señores! ¡Bienvenidos a esta exposición! Estamos presentando a pintores y artistas de la contracultura cubana. En otros países el establishment juega al cricket con la contracultura. Aquí los peces gordos juegan un juego más duro y nosotros tenemos que estar alerta.

Los dueños de una hermosa casa en el centro de la ciudad habían movido casi todos sus muebles para hacer espacio para una improvisada galería de arte. Docenas de personas estaban disfrutando de la exposición. Una elegante pareja norteamericana admiraba un cuadro del amigo de Adolfo, Nicolás Guillén Landrián.

Hermanos de vez en cuando

—¿Qué significan todos esos pequeños fantasmas? —le dijo el caballero a Nicolás—. ¡Qué ojos tan agudos! ¿Qué es lo que buscan?

—Son espermatozoides dentro del órgano sexual del hombre y están buscando una mujer para agredirla —dijo Nicolás claramente.

La dama norteamericana se quedó estupefacta. Adolfo se tragó su risa.

Los reporteros extranjeros hablaban con los cubanos que se quejaban del comportamiento de los agentes de la Seguridad del Estado. Un hombre con un bloc de notas se acercó a Adolfo; era claramente un agente de Seguridad.

—Sabes —le dijo Adolfo—, la comida en la Seguridad no es mala.

Al caer la noche la gente salió de la casa en racimos. Adolfo se volvió a subir a la mesa y anunció:

—¡El próximo sábado nos encontraremos aquí de nuevo! Esto va a seguir siendo una exposición permanente, un club de derechos humanos en el corazón de La Habana.

Bofill estaba jubiloso.

—Nadie le ha hecho esto al régimen de Castro, ¡nadie!

—¡Ha sido fantástico! ¡Increíble! —Adriana exclamó.

El siguiente sábado el grupo era mucho más pequeño y de alguna manera más lúgubre. Tres o cuatro mujeres tristes habían venido a contar a los periodistas sus experiencias con la Seguridad.

Bofill se dirigió a los periodistas.

—Acabo de llamar a unas cuantas embajadas y todas me dicen lo mismo. Alguien llamó y dijo que la reunión no iba a tener lugar. Obviamente es la Seguridad. Por favor, antes de hablar con nosotros, hablen con estas mujeres. ¡Son las que Castro y el Gobierno deben enfrentar!

Empezaron a golpear fuertemente la puerta. El dueño, René, un exconstructor, abrió y se encontró con una docena de personas.

—¡Soy el presidente del Comité de Defensa de la Revolución! —proclamó un hombre—. ¡Sabemos que se está celebrando una reunión contrarrevolucionaria en esta casa y no vamos a tolerarlo!

Cuarta parte: Victorias

—No tenemos nada secreto o subterráneo aquí —respondió René—. Esta es una actividad abierta que se está llevando a cabo en mi casa.

—¡No vamos a tolerarlo! —repitió el hombre.

Otros defensores de la revolución gritaban fuera de la casa.

—¡Gusanos!

—¡Contrarrevolucionarios!

—¡Váyanse para Estados Unidos! ¡Abajo la gusanera!

Los manifestantes hicieron un movimiento para entrar. La impresionante mirada de René los paró. Pero la multitud hostil crecía. Ya había cuarenta o cincuenta personas. Algunos de los miembros del Comité de Defensa entraron. René estaba a punto de atacarlos cuando Bofill intervino.

—¡No, René! ¡No a la violencia! ¡La única violencia es la de ellos!

La multitud entró en la casa. Los de la Seguridad tomaron fotos y buscaron detalles incriminatorios. La contrarrevolución se estaba volviendo escandalosa.

—¡Ve y haz algunas llamadas telefónicas! —Bofill le gritó a Adolfo—. Arreglaremos las cosas aquí.

Adolfo se alejó por la parte trasera de la casa al mismo tiempo que Adriana se acercaba a la parte delantera. Viendo a la multitud, apretó los puños y gritó:

—¡Déjenme pasar! ¡Déjenme pasar! ¡Quiero verle las caras!

La gente la tomó por una revolucionaria justa llena de odio de clase. La pequeña de dieciséis años estaba dando una actuación de calidad. La multitud se separó, dejándola acercarse a la puerta.

—¡Bofill! —gritó.

Él abrió la puerta y ella saltó dentro.

—¿Dónde está Adolfo?

—Se acaba de ir, Enrique también. Tenemos que llamar a las embajadas y ver qué se puede hacer.

—¡Esto es divertido, muy divertido! —Adri gritó y se puso a bailar.

Hermanos de vez en cuando

—¡La niña de Adolfo está loca! —dijo Nicolás, el pintor—. Quiere volar como un pájaro. ¡Eh, pequeña! ¿Eres una mujer o un pájaro?

Los contrarrevolucionarios de afuera se habían multiplicado por cientos. El aire olía a combustible.

Llegó el ministro del Interior; dos ministros más y varios coroneles se le unieron. Hablaron con Bofill y acordaron una ruptura pacífica de la reunión. Bofill hablaba con los ministros de Fidel, ¡todo un espectáculo!

Unos días después Adolfo estaba en casa arreglando flores cuando oyó que llamaban a la puerta. Abrió y se encontró con uno de los oficiales de Seguridad asignados para vigilarlo, un hombre del que Adolfo se había hecho casi amigo.

—¡Ey! —dijo el hombre—. Te dije que esto se iba a poner serio. ¿No te lo dije?

—Sí —respondió Adolfo—, me lo dijiste.

—Bien, ahora es serio.

El teléfono sonó. Era Bofill.

—Tenemos que encontrarnos. Recoge a Enrique y ven a vernos.

Adolfo se fue de inmediato sin intentar esconderse del hombre de la Seguridad, todo a la vista, nada encubierto.

En el camino a casa de Enrique compró el periódico de la mañana y leyó el editorial. Casi antes de leer los detalles, sus intestinos se llenaron de una vieja y familiar sensación. Era un editorial enorme, de media página: "Grupo de gánsteres de los derechos humanos: la Revolución apuñalada por la espalda. Ataque de contrarrevolucionarios en la reunión de la ONU en Ginebra".

La pieza era extremadamente áspera en el tono y al mismo tiempo seria. Adolfo pensó: "Ni siquiera mi maldita madre me hablaría después de leer esto". Dejó el periódico y se metió en casa de Enrique, que desayunaba tranquilamente.

—¡Estamos en el maldito editorial de *Granma*! —exclamó Adolfo.

Enrique lo miró con frialdad.

—De ti es de quien se discute aquí —le dijo a Adolfo.

—Esto lo escribió el mismo Fidel —dijo Adolfo—. Es su estilo, estoy seguro.

En las calles de La Habana las cosas eran considerablemente más difíciles. Al mismo tiempo que el editorial de *Granma*, la televisión cubana lanzaba un programa sobre el movimiento de derechos humanos titulado: "La historia de un fullero". El epíteto lo eligió Fidel para denigrar a Bofill.

[*De los recuerdos de Adolfo*]

Cuando Bofill y yo estábamos en la calle, la gente gritaba: "¡Ese es Bofill!". Normalmente eran admiradores, pero alguien siempre podía lanzar un ladrillo. No temíamos a la gente; nos preocupaban los ladrillos.

Mi amigo Víctor trabajaba ahora como entrenador de ajedrez para Maxim, el embajador. Yo le había conseguido ese trabajo. Maxim le dijo a Víctor:

—Tengo un amigo que quiero que conozcas.

Resultó ser un oficial soviético. El ruso le dijo a Víctor:

—Sé que tienes relaciones con ciertas personas y quiero que sepas que las miramos con aprobación. Por supuesto, si publicas esto diré que es una maldita mentira.

Cuando Víctor me contó la historia dijo:

—Mira, quiero que sepas esto pero no creo que sea buena idea que Bofill consiga los detalles. Es muy emotivo. En un impulso podría hacer un anuncio. Los rusos tendrían que negarlo y tendríamos un lío.

Estuve de acuerdo. Cuando hablé con Bofill le dije que deberíamos interesarnos más por la Unión Soviética porque las condiciones políticas eran las adecuadas. Sugerí que escribiéramos una carta a Gorbachov.

Bofill lo aprobó.

—Genial, fantástico, escribir una carta a Gorbachov.

Escribí una carta y la llevé a la embajada soviética. La carta decía básicamente que Fidel le estaba dando mala fama al socialismo y que apelábamos a los buenos oficios de nuestros amigos soviéticos en nombre de los derechos humanos en Cuba. La carta también decía que, si a veces en el grupo de derechos humanos habíamos apelado a potencias occidentales y no a los soviéticos, no era porque dudáramos de la buena voluntad de los soviéticos, simplemente no queríamos ponerlos en un aprieto; y que estábamos seguros de que lo entenderían. Estaba tan orgulloso de esta carta como de cualquier otra cosa que hubiera hecho.

Entonces, de repente, me llegó el permiso de salida. Adri consiguió el suyo también y los visados eran para París[67]. Salí para el aeropuerto en cuestión de horas y todavía tenía que explicarle a Bofill lo de los soviéticos. Mis amigos íntimos habían venido a casa para estar conmigo y se quedaron en el pasillo conversando entre ellos, mientras yo estaba en mi máquina de escribir.

Esas últimas visitas fueron muy cargadas. Cualquiera que viniera era consciente de que la Seguridad estaba vigilando el lugar. En ese tipo de ambiente se desarrolla la piel de un rinoceronte. Cuando los amigos deciden, por su propia seguridad que tienen que darte la espalda, lo entiendes.. Pero el día que me fui, todos los grandes estaban allí. Félix vino, Ezequiel vino, otros vinieron, incluso sabiendo que estarían en el video. Fue muy emocionante.

Claro, lo más difícil fue Alejandro. Yo era el que tenía que mantener la cara seria. Me vio a punto de derrumbarme y me puso la mano en la boca. Cuando salí de la casa ni siquiera me di la vuelta. Sabía que me estaba mirando desde la terraza. Solo levanté la mano para despedirme.

---

[67] Kiko Arocha escribe sobre un encuentro accidental en la calle con Adolfo, quien le dijo "con gran alegría que estaba a punto de dejar el país a petición de François Mitterrand, el presidente de Francia". Bofill pronto estaría en camino a Estados Unidos. A fines de noviembre de 1988, él fue recibido en el despacho oval de la Casa Blanca por el presidente Ronald Reagan, quien pronunció cálidas palabras sobre la campaña por los derechos humanos, así como sobre Bofill mismo. https://www.youtube.com/watch?v=XCjTiA6Nd8o (a partir de 11:16)

Cuarta parte: Victorias

70. El tren sellado

Todo a su tiempo

[De los recuerdos de Emi Rivero]

París, mayo de 1988. Adolfito y yo habíamos estado recordando durante varios días, organizando nuestros pensamientos, escribiéndolos, tratando de transmitir nuestras experiencias. La nuestra había sido una familia dividida; un hermano se enfrentó al otro, para desesperación de nuestros padres, en un conflicto despiadado. Teníamos la esperanza de que un día el pueblo cubano pudiera reunirse, como nosotros.

[De los recuerdos de ambos]

—Si hubiera venido a sacarte de Cuba, como lo planeé, te habría llevado a ti y a Alejandro —dijo Emi—. Mi idea era entrar en La Habana, llamarte desde un teléfono público y decirte como cualquier amigo: "Oye, ¿por qué no traes a Alejandro para irnos los tres al cine?". En un par de horas nos habríamos ido en un barco.

—¡Sé que lo habrías hecho absolutamente bien! El problema era Marisa. Le habrías arruinado su vida, porque sigue en Cuba. Se habría convertido en una contrarrevolucionaria que perdía a su hijo por el mundo capitalista infestado de drogas.

»Es parte de un problema más grande —Adolfo continuó, bastante agitado—. ¿Cómo se cría a un niño en una sociedad socialista, una sociedad basada en principios erróneos? ¿Le dices al niño que el sistema es malo o le dices que haga lo mejor que pueda? En un sistema malo, ¿quieres que tu hijo tenga éxito o fracase? —Adolfo hizo una pausa y reanudó—.

»No es ninguna broma. En el caso de Alejandro fue una mejor solución no apartarlo de su madre. A veces las únicas soluciones son las imperfectas.

—Ese último comentario tuyo no suena a mi hermano marxista.

—¡Al contrario! A pesar de todo el mal que ha difundido el marxismo, una noción que reconozco totalmente, el punto de vista marxista sigue siendo el mejor medio de ver la sociedad, mucho mejor que las ideas engañosas que tú y el viejo tenían.

—¡¿Engañosas?!

—Sí, engañosas. No tenían una perspectiva social. Tenían sentimentalismo.

—Es mejor creer en algo y ser destruido por tus creencias que no creer en nada en absoluto.

—Ahí, ¿ves? ¡Sentimental! —exclamó Adolfo—.

Luego, más silenciosamente, dijo:

—Los viejos se alegrarían de vernos así.

—¿Qué quieres decir?

—Pienso en todas esas llamadas telefónicas que me hicieron cuando estabas en prisión. Cómo odiaba esas llamadas, tener que oír el dolor del viejo y no poder ayudar.

—La vieja dijo algo muy duro antes de morir. Ella dijo: "Con toda la educación que ustedes dos tuvieron, nunca se distinguieron".

—Ella tenía razón —dijo Adolfo—. Nunca alcanzamos el nivel del viejo. ¿Qué hice con mi vida? Sacrifiqué los valores humanos a las abstracciones. Eso no debe hacerse nunca. Desde entonces me han pateado el trasero bastante y me parece justo.

—Nunca traicionaste a nadie —dijo Emi de forma protectora—. Nunca entregaste a nadie.

Adolfo ignoró el punto y siguió adelante.

—Probablemente recibiré el castigo que mencionan los budistas. Después de que muera tendré que volver y pasar por más vidas, ¡y que me pateen el culo otra vez! Pero no me quejo. Ha sido una vida útil.

—Sabes, Adolfito, creo que he sido tremendamente afortunado en la vida.

Cuarta parte: Victorias

—¿Afortunado? ¿Tú? —Adolfo estaba casi riéndose.

—He experimentado casi todo lo que un hombre puede experimentar. Cuando miro a la gente veo a través de sus máscaras. Es un lujo. La vida sigue estando llena de ruido, pero escucho la música que hay debajo.

—Es una pena que volviste a Cuba —dijo Adolfo con tristeza—. Debías haber sabido que la CIA te estaba usando o que, de todos modos, la misión estaba condenada.

—En realidad tenía una idea bastante buena de que ambas cosas eran ciertas.

—Y fuiste de todos modos.

—Sí, fui.

—¡Entonces no tuviste el valor para seguir tus convicciones! Debiste haberte quedado en Estados Unidos y esperar el momento adecuado.

—Era el momento adecuado.

—A pesar de que sabías que perderías.

—A veces se pierde para ganar.

—¡Más sentimentalismo! Para ganar en política, hay que estar preparado para ganar. Tienes que tener la firme convicción de un Lenin que estaba dispuesto a trabajar como agente alemán y cruzar Alemania en un tren sellado porque sintió que el momento en Rusia estaba maduro.

—En otras palabras, si quieres ganar, sé un Castro.

—¡Sí! ¡Sé un Castro!

—Pero yo no estoy dispuesto.

—Por eso nunca ganarás.

—No me lo creo —respondió Emi—. Creo que el universo se mueve por fuerzas mucho más poderosas que las de un Castro. No son tan obvias y tardan más tiempo en madurar, pero tienen el tiempo de su lado y prevalecerán. Ese es el tren sellado en el que viajo.

Adolfo, reclinado en la cama, se quitó las gafas. Se ahogaba en la emoción; las lágrimas le caían por la cara. Se volvió hacia Emi y dijo:

—Les pedí que te fusilaran.

Hermanos de vez en cuando

Un rebaño de imágenes se precipitó a través de la mente de Emi. En la última de ellas, estaba en su juicio y la vieja le susurraba: "Tu hermano dice que no debes decir una palabra".

Durante veintisiete años, Emi había estado enojado por ese consejo. Él había entendido que su hermano no quería que hiciera una escena en la corte que le perjudicara su posición en el Partido Comunista.

En medio de la desgracia de Emi, el movimiento de Adolfo apestaba a oportunismo. De la política y la historia, Emi había aprendido que los comunistas son oportunistas naturales. Como los burgueses más bajos, sacrifican casi cualquier valor por anotarse un punto en las apariencias.

Por su propio carácter, Emi había forjado una aversión muy fuerte al oportunismo. Él había arriesgado su vida y había pasado casi dos décadas de prisión por su odio al oportunismo, y era muy sensible a los rasgos de oportunismo en el comportamiento de su hermano. Siempre que Emi pensaba en el consejo de Adolfo por el juicio, temía lo peor sobre el carácter de su hermano.

Lo que veía ahora en la confesión de su hermano era que Adolfo no era en absoluto un oportunista. Emi estaba profundamente conmovido. Fue hacia Adolfito, lo abrazó y besó repetidamente.

—¡No, no, no! —exclamó—. ¡Al decirles que me fusilaran me salvaste la vida! ¡Me salvaste la vida!

Adolfo se quedó estupefacto con su hermano, como ya lo había experimentado diez mil veces.

Emi, sin embargo, rugía de alegría.

—¡Escucha, Adolfito! Si hubieras vacilado o suplicado por mi vida, me habrían ejecutado para disciplinarte. Si hubieras suplicado misericordia, me habrían matado por desprecio. Si hubiera negociado con ellos, me habrían vaciado y luego me habrían matado por despecho. Pero no jugué su juego. Tampoco tú. Tu amigo Blanco tenía razón. Teníamos algo. No lo entendían pero lo querían para ellos. Así que no me mataron y no te mataron a ti. Porque tú y yo, los dos juntos, teníamos algo que ellos querían.

Cuarta parte: Victorias

Adolfo seguía mudo.

»Mira, si mi sistema hubiera sido el que estuviera en el poder y tú hubieras sido el arrestado, habría pedido que te perdonaran la vida porque en mi sistema sería natural. Y sería igual de natural que mis superiores consideraran mi petición a tu favor. En tu sistema, el valor principal no es la compasión, sino el desinterés. La causa está antes que todo, incluso antes que tu familia. No es agradable, pero tiene nobleza. Yo la respeto. Tal vez por eso tus camaradas me respetaron. Me odiaban. Pero me respetaron.

Adolfo guardó un silencio sepulcral.

»Al recomendar que me ejecutaran, demostraste ser un hombre muy puro. Tus camaradas te amaron por eso. No pudieron evitarlo. Y es una contradicción, porque se supone que los comunistas no deben actuar por amor. Pero lo hacen porque son humanos y es inevitable. Creo que la fuerza más poderosa del mundo es el amor. Y cualquier cosa que los líderes del Partido digan al respecto, cualquier razón que den, ¡fue por amor a ti que me perdonaron la vida!

El silencio de Adolfo se rompió.

—¿Sabes en qué estoy pensando?

—¿Qué?

—Algo que los viejos solían decir y que volverían a decir si pudieran vernos ahora: Dios escribe derecho con líneas torcidas.

Adolfo se detuvo un momento y dijo:

—Tú y yo nunca nos hemos metido en ese tipo de cosas. Pero significaba mucho para ellos.

Escuchando a Adolfito, confirmé el respeto que siempre le tuve por su abnegación, su honestidad, su pureza. Ese día en París, sentí que nunca lo había querido tanto.

Hermanos de vez en cuando

★

Epílogo

Los estadounidenses

Emi Rivero no era alguien a quien concibieras en Washington D. C.; era como salido de las páginas de una novela de Dostoievski, uno de esos personajes que solo esperaban su turno para hablar, ansioso por desnudar su alma y en espera de que desnudaras la tuya.

Cuando lo conocí, en 1989, Emi había vivido en Estados Unidos ya por diez años. El trabajo de su vida era crearle problemas políticos a Fidel Castro. En un mundo perfecto él hubiera seguido esa vocación como funcionario del "Estado profundo"[68]. Pero el mundo no es perfecto, y la cualidad más dominante del Estado profundo es su falta de profundidad.

Emi había servido al Gobierno de Estados Unidos, y a la CIA en particular, con honor. A veces ese tipo de compromiso acarrea tribulaciones, y así pasó con Emi. En respuesta a la frecuente y poco elegante pregunta de algunos, "¿En qué trabajas?", Emi no tenía una respuesta fácil. Era una de sus características más simpáticas.

Poco tiempo después de conocer a Emi, escuché de un amigo común que él estaba buscando un lugar para vivir. Ese amigo, que sabía que yo estaba viviendo solo en una casa de nueve cuartos, me preguntó si yo podía tomar a Emi como huésped.

La llegada de Emi comenzó un nuevo capítulo en mi vida. Cuando se mudó, trajo consigo a la Revolución cubana y a su fenomenal elenco de personajes.

---

[68] El "Estado profundo" es una presunta red clandestina dentro del Gobierno, la burocracia, los organismos de inteligencia y otras entidades gubernamentales. El Estado profundo controlaría la política estatal, mientras que los funcionarios elegidos serían meros testaferros.

Cuarta parte: Victorias

Poco después de que Emi se instalara en mi casa, su hermano más joven llegó de París y alquiló un cuarto en el suburbio de Arlington, muy cerca de nosotros. A diferencia de Emi, que se acercaba fácilmente a los demás, Adolfo era taciturno y reservado. Lo dejé en paz y nos convertimos en grandes amigos.

El calificativo de Emi en Washington, constante como un molino, era "exprisionero político". Cuando le pregunté cuánto tiempo había pasado en la cárcel, esperaba oír algo así como uno o dos años.

—Dieciocho años y medio — me dijo en un tono llano.

Los hermanos habían dejado su huella en una sociedad cuyos conflictos eran más recios y peligrosos de lo que la mayoría de los estadounidenses creían. En las reuniones locales hablaban elocuentemente de asuntos vitales para la seguridad de Estados Unidos. Mientras tanto, nuestras discusiones nacionales sobre esos temas estaban a nivel de la escuela primaria. La disparidad era preocupante.

Que Emi estuviera en la discreta lista negra de la CIA no le impedía ayudar a su hermano. Gracias a la ayuda de Emi, Adolfo consiguió un trabajo en Radio Martí, la emisora del Departamento de Estado en Cuba, y más tarde en *El Nuevo Herald*, el principal periódico en español de Miami.

En Estados Unidos, Adolfo dejó los últimos vestigios de su creencia comunista y se reinventó a sí mismo como un político conservador. Sus columnas se convirtieron en un elemento básico para las audiencias de habla hispana. Cuando la Internet maduró, estableció www.neoliberalismo.com[69].

---

[69] Su amigo Kiko Arocha creó y mantuvo ese exitoso sitio web para Adolfo durante más de doce años, donde posteaba los artículos propios de Adolfo y las traducciones realizadas por él, y en ocasiones por Emi, de trabajos de Thomas Sowell, Charles Krauthammer, David Horowitz, Victor Davis Hanson y otros pensadores políticos conservadores norteamericanos. Tras la muerte de Adolfo, otro de sus amigos se encargó de que el sitio no muriera. Kiko también creó y mantuvo otro sitio web para Emi durante otros tantos años, www.newcubacoalition.org, donde posteaba artículos propios de Emi y una selección de trabajos y traducciones de otros pensadores en inglés, español, alemán y ruso. Ver ejemplo en Wayback Machine: https://web.archive.org/web/20070212144824/http://www.newcubacoalition.org/.

Hermanos de vez en cuando

Emi se ganaba la vida como profesor y traductor independiente. Su pasión era trabajar en el seguimiento de las actividades de Fidel. El "líder máximo" exportaba la subversión a todos los rincones del hemisferio, mientras que casi todos los expertos políticos de Estados Unidos miraban hacia otro lado. Emi se mantuvo como un experto en política y como activista ocasional en el Capitolio, donde se destacó por su caballerosidad y estilo del viejo mundo.

Mi pasatiempo favorito con Emi y Adolfo eran los viajes que hacíamos entre Arlington y Miami. Había decidido escribir un libro sobre sus experiencias. En Miami entrevisté a muchos de sus amigos y en los viajes entrevisté a los propios hermanos.

Esos viajes jugaron un papel crucial en mi investigación. La historia de la familia Rivero no era una comedia divertida, sino una saga de malabarismos que planteaba infinidad de obstáculos en la narración. Como todos los que han lidiado con guerra civil y represión, los cubanos no hablan fácilmente de sus luchas. Las historias más trascendentales para ellos las guardaron celosamente para sí.

Es así que la historia de Cuba se presenta con eufemismos o evasivas que permiten a las diversas partes contar sus historias sin contarlas realmente. Para llegar al meollo de las cosas, los hermanos Rivero y yo necesitábamos las horas desoladoras de aquellos largos viajes para dejar que los incómodos silencios trabajaran para obtener la verdad.

Incluso con todos los detalles obtenidos penosamente y entretejidos en un cuidadoso manuscrito, la historia no encontró audiencia pública. Cuando presenté el trabajo a los posibles editores, me dieron la espalda. Varios amigos guardaron copias del manuscrito y a veces me lo recordaban.

Veinte años más tarde, Emi y Adolfo habían muerto en la oscuridad, mientras que su enemigo era llevado en alas de la gloria con elegías que convertían sus más irresponsables acciones en logros[70]. Por mi parte conservaba una narración asombrosa convertida en una herencia. Una vez más, era hora de tomar la pluma sobre este tema.

Las vidas de Emi y Adolfo tienen una curiosa analogía con el juego jai alai. En 1962, el régimen de Castro cerró todas las canchas comerciales de jai alai en Cuba. El excitante juego de apuestas era pecado en un orden socialista. Básicamente, el "festival de la alegría", que es lo que significa jai alai en vasco, su lengua nativa, iba en contra de la moral revolucionaria.

Después de ser expulsado de Cuba, el jai alai entró en declive en toda América. Paradójicamente, la disminución de oportunidades reforzó el juego y se produjo un mayor nivel de rendimiento. En 2013 un manager de Miami afirmaría: "Algunos de los mejores partidos jai alai jamás jugados se están produciendo ahora mismo. Y casi nadie los ve"[71].

Adolfo y Emi vivieron para ver la segunda década del siglo XXI. Sus problemas los habían convertido en hombres más fuertes. En sus últimos años estaban en la cima de su juego. Y tampoco casi nadie los veía.

La Cuba que conocían y amaban había dejado de existir. Pero al igual que sus padres antes que ellos, los hermanos habían disfrutado plenamente la recompensa de Estados Unidos. En su caso, esa gratificación no era la fama o el dinero, sino la libertad y la seguridad.

Para los hermanos Rivero, Estados Unidos era también el país del futuro. Su activismo maduro, que se arraigó en suelo norteamericano, tenía un aire sorprendentemente joven. Despertaban cada día con la idea de que lo mejor de la humanidad, y lo mejor de ellos mismos, estaba por delante.

---

[70] Según el obituario del *New York Times*, Castro fue "el ardiente apóstol de la revolución que trajo la Guerra Fría al hemisferio occidental en 1959 y luego desafió a los Estados Unidos durante casi medio siglo como el máximo líder de Cuba, acosando a once presidentes estadounidenses y llevando brevemente al mundo al borde de la guerra nuclear": https://www.nytimes.com/2016/11/26/world/americas/fidel-castro-dies.html.

[71] https://www.sbnation.com/longform/2013/2/28/4036934/jai-alai-sport-in-america-miami.

Hermanos de vez en cuando

En mayo de 2011, a los setenta y cinco años, Adolfo sucumbió al cáncer, al igual que sus padres. En enero de 2016, a la edad de ochenta y siete años, Emi caminaba hacia el Club Nacional de Prensa, su lugar favorito en Washington, cuando se cayó, golpeándose la cabeza fatalmente.

Décadas antes, cuando se estaba ahogando en el Estrecho de Florida, Emi se había dicho a sí mismo: "¡Qué manera tan estúpida de morir!".

¿Cuál es entonces una forma inteligente de morir? La forma inteligente es no dejar nada sin hacer. Adolfo y Emi no dejaron nada sin hacer.

El legado de los hermanos Rivero es un pensamiento simple que impregnó su historia familiar como la luz solar se filtra a través de los árboles. Los humanos comunes y decentes de este mundo están en constante peligro, amenazados por fuerzas como las que perseguían a los Rivero. Pero las cualidades de esa familia prevalecerán contra cualquier esfuerzo, no importa cuán hábil o resoluto sea, de arrebatarle a uno la humanidad.

ÍNDICE
Capítulos

1. *Noches en los jardines de La Habana* {1950} Estos son hechos históricos. Se trata de una familia cubana y de la revolución que tomará el control de su vida por medio siglo. En 1950, Adolfo Rivero Rodríguez, "Riverito", es una estrella del periodismo cubano. Su esposa Delia, "la vieja", es la fuerza vital de la familia. Sus dos hijos, Emi y Adolfo, entrarán directamente en la vorágine del conflicto civil. *p. 7*

2. *Los informantes* {1961} Adolfo Rivero, un joven líder comunista, se encuentra con dos extraños al salir de su oficina. Son oficiales de la Seguridad del Estado que interrogan a su hermano, Emi, quien permanece bajo su custodia. Los agentes piden su consejo para tratar con su conflictivo prisionero. Adolfo va directo al grano: "Creo que deberían fusilarlo". *p. 10*

3. *Necesitamos una revolución* {1954} En el tercer año del régimen ilegal de Batista, estalla un enfrentamiento durante un almuerzo de la familia Rivero. Adolfo es un comunista doctrinario y Emi le dice cariñosamente que la ideología no es igual a la vida. Riverito trata de disuadir a Adolfo de sus puntos de vista. La vieja habla claramente: "Los cubanos morirán de hambre con el comunismo". *p. 13*

4. *Mantente alerta* {1953-55} Emi considera al régimen de Batista una vergüenza nacional a la cual los cubanos deben oponerse. En medio de un divorcio doloroso, decide tomar las armas. La batalla en La Habana es encarnizada. El principal compañero de Emi resulta ser un doble agente que trabaja para Batista. Emi espera ser arrestado, pero extrañamente la Policía no viene por él. *p. 17*

5. *Vientos de cambio* {1954-57} El grupo de Emi pierde terreno, mientras que Adolfo se convierte en un líder comunista. En el oriente de Cuba, Fidel Castro y su pequeña guerrilla adquieren fama internacional a causa de una serie de reportajes en el *New York Times*. El Directorio Estudiantil de La Habana, organización no comunista, ejecuta un sangriento e inútil ataque al Palacio Presidencial. p. 28

6. *Autosuficiente* {1957-58} La guerrilla de Castro gana terreno y la simpatía del nuevo embajador de Estados Unidos. La Policía de Batista captura y asesina a un camarada de Adolfo en La Habana. Un policía encubierto detiene a Adolfo, quien logra salvarse con agilidad mental. p. 34

7. *Una coacción perfecta* {1958} Partidarios de Fidel lanzan un torpe intento de golpe de Estado en La Habana. Enfrentado a la ruina política, Fidel desaprueba el ataque y pide la colaboración de los comunistas. Batista envía su Ejército al oriente cubano para acabar con la rebelión de Castro, pero los campesinos se unen a Fidel, quien ahora cuenta con el respaldo de Estados Unidos. p. 38

8. *Tomar el control* {1958-59} Adolfo abandona su casa, pasa a la clandestinidad y se convierte en "Félix". Los comunistas se unen a la batalla en su etapa final. El Ejército cubano se niega a seguir las órdenes de Batista, quien asediado huye a República Dominicana. Los comandantes de Castro toman el control de la isla y nace un nuevo régimen. p. 42

9. *Una fuerza imparable* {1959} Fidel socializa rápidamente la economía y desmonta la prensa libre de Cuba. Riverito pierde sus ingresos y su profesión. Adolfo recobra su identidad y trata de obtener apoyo para su padre. Sin embargo, los comunistas no son todavía parte oficial del régimen de Castro y los padres de Adolfo tocan fondo. p. 46

10. *"¡Maldita sea! Señor, ¡esto es comunismo!"* {1959} Emi y otros compañeros de la oposición a Batista hablan secretamente de la guerra contra la nueva tiranía. La vieja se prepara para ir a Estados Unidos junto con Riverito y reestablecerse. Adolfo se enfurece tanto contra sus padres que Riverito teme la presencia de su hijo menor. *p. 50*

11. *Fuera de la revolución* {1959} Adolfo viaja a Budapest como diplomático del nuevo régimen cubano. Emi lleva a sus padres al aeropuerto para volar a Estados Unidos. Emi es testigo de la primera purga brutal de Castro, lo que convierte a él y a sus más cercanos compañeros en contrarrevolucionarios. *p. 53*

12. *Personaje de la ópera* {1959} Desde Budapest, Adolfo escribe cartas a sus padres en Estados Unidos acerca del paraíso socialista que se construye en Cuba. Emi visita a sus padres en su modesto departamento. "El viejo" trabaja como camarero de hotel. Emi realiza una visita al FBI y le dice a un oficial que está preocupado por el régimen de Castro. *p. 55*

13. *Guerra civil* {1960} En mayo de 1960, a insistencia de sus padres, Emi se encuentra con Adolfo durante una visita que este último hace a La Habana durante un congreso juvenil. El almuerzo cristaliza el antagonismo en apogeo de los hermanos. Desde ese momento cada uno buscará la destrucción del otro. *p. 59*

14. *Resignación* {1960} Emi es convocado a las montañas del centro de Cuba por su camarada Plinio Prieto, quien entrena allí a una fuerza guerrillera anticastrista. Plinio pide a Emi que vaya a Estados Unidos y gestione el suministro de armas. Emi planea el viaje y lo encubre ante sus empleadores, su nueva esposa Pelén y la madre de esta, la doctora S., una colega de Emi. *p. 63*

15. *Nombres para el escenario* {1960} Emi viaja a Washington y tiene su primera reunión sustancial con funcionarios de la CIA. Toma el seudónimo de "Brand", personaje de Ibsen; mientras su jefe de la CIA se presenta como "J. B.", personaje de Job escrito para el escenario de Broadway. *p. 65*

16. *Clandestino* {1960} En una próxima reunión, J. B. le dice a Brand que los operativos de la CIA en Cuba han rescatado a Plinio, quien escapó de una redada castrista y ahora está en Estados Unidos. Este episodio sitúa la operación de los cubanos bajo el control de la CIA. *p. 68*

17. *El Extraterrestre* {1960} Brand se infiltra en Cuba clandestinamente para continuar la misión de la CIA. Su homólogo estadounidense en La Habana es un hombre de notable habilidad que puede pasar por cubano, pero es un norteamericano con un falso optimismo. La gente de la CIA parece creer que Castro está en desventaja. Emi piensa lo contrario. *p. 71*

18. *Aficionados* {1960} Brand llega a una reunión con el jefe de un grupo de resistencia cubano que está recibiendo ayuda sustancial de la CIA. Pero el hombre lo espera en otra parte de la ciudad. Brand acepta que lo lleve un novato en el trabajo de inteligencia, y ambos casi caen en una trampa de la Policía de Castro. *p. 73*

19. *La amenaza roja* {1960} Brand planea atacar la sede del Partido Comunista en la avenida Carlos III, en el centro de La Habana. Su propósito es matar a los principales líderes del Partido. Planea dirigir el ataque personalmente. Si Adolfo se encontrara allí, Emi podría matarlo. *p. 75*

20. *Un hombre diferente* {1960} Un compañero de Brand organiza un encuentro con su esposa Pelén. Sabe que Pelén no puede soportar la

Índice

actividad de Emi y que ha llegado a un punto de ruptura. Brand reflexiona tristemente que, aunque su esposa es "capaz de hacer feliz a cualquier hombre", él "no es cualquier hombre". *p. 77*

21. *Diletante* {1960} A través de los norteamericanos, Brand conoce a un caballero al que llama Ricardo. Es rico, mundano y está dispuesto a ayudar. Brand está encantado de trabajar con él, hasta que lo observa actuando como un burgués al que casi todos odiarían. *p. 78*

22. *La vida de un héroe* {1960} Brand y Plinio concuerdan una nueva operación, pero Plinio es traicionado y capturado antes de llegar al campamento. Encarcelado y sometido a juicio, Plinio es un héroe hasta el final. Brand se queda sin su colaborador crucial y debe hacer otro viaje clandestino a Estados Unidos. *p. 80*

23. *Un trote a Key West* {1960} Desesperado, Brand le pide a su suegra que lo ayude a salir de Cuba. Irá en el yate de un médico y tendrá que nadar un poco más que un kilómetro y medio hasta él. Nada en aguas agitadas y casi no lo logra, pero el recuerdo de sus tres hijos lo anima. *p. 83*

24. *Advertencias* {1960} En Washington, Brand advierte a J. B. que la CIA se dirige al desastre en Cuba. Un severo J. B. le responde que la invasión estadounidense será en grande. A pesar de sus dudas, Brand resuelve seguir. Antes de regresar a Cuba, recibe una siniestra advertencia de su suegra. *p. 88*

25. *¿Qué tan difícil puede ser?* {1961} Adolfo regresa de Budapest llamado por sus jefes del Partido Comunista y hace planes para que su novia Galina, una joven rusa que parece ser su pareja perfecta, lo acompañe. No obstante, las autoridades soviéticas no dan permiso a Galina para que abandone el Bloque Oriental y Adolfo regresa a Cuba solo. *p. 92*

Hermanos de vez en cuando

26. *Democracia revolucionaria* {1961} Adolfo regresa a su país, que se prepara para una invasión de Estados Unidos. Las diferencias políticas dentro del régimen están en su apogeo. Un supuesto camarada intriga contra Adolfo y su amigo más cercano, César. *p. 93*

27. *Consejos paternos* {1961} En sus esfuerzos por que Galina vaya a Cuba, Adolfo recibe un consejo personal del principal comunista de Cuba, Aníbal Escalante. *p. 96*

28. *El salto* {1961} Brand vuelve a entrar en Cuba, esta vez saltando en paracaídas, junto a dos operadores de radio y un alijo de armas. Trabajará con las fuerzas guerrilleras en dos áreas. Su nuevo socio en la decisiva región del centro de Cuba es Ernesto, un rico terrateniente que se ha unido a la lucha de la CIA contra Castro. Brand viaja a La Habana después de dejar las armas al cuidado de Ernesto. *p. 98*

29. *Estado de terror* {1961} El socio de Brand en La Habana, el experto en demoliciones Efrén Rodríguez, es atrapado por agentes de la Seguridad del Estado. Desesperado por armar a su segundo equipo guerrillero en el oeste de Cuba, Brand le dice a Ernesto que prepare las armas de la CIA, enterradas en su granja, para transportarlas. Ernesto le dice a Brand que las armas han sido destruidas por la humedad. *p. 101*

30. *La orquesta completa* {1961} En abril, un sábado por la mañana, un bombardeo despierta a Brand en La Habana. Solo puede ser el primer ataque de la CIA. Sorprendentemente, los norteamericanos han actuado sin informar a la resistencia anticastrista. Brand presiente la fatalidad. *p. 103*

31. *Un día glorioso* {1961} Adolfo y sus amigos de la Juventud Rebelde están entusiasmados con los bombardeos de la CIA y el advenimiento de la guerra. Por fin tendrán la oportunidad de pelear, que habían perdido con

Índice

el fácil acceso al poder de Fidel. Sin embargo, la batalla política dentro de sus propias filas es bastante letal. *p. 104*

32. *Una regla cardinal* {1961} Brand, desesperado por contactar con los estadounidenses, recorre La Habana en busca de los miembros de su equipo. Parece que Ernesto niega de nuevo la ayuda que Brand necesita. En medio de la inminente tragedia, estalla una oscura comedia. *p. 107*

33. *Coronación* {1961} Fidel declara abiertamente que Cuba ha hecho una revolución socialista bajo las narices de los yanquis. Los cuadros socialistas olvidan sus rivalidades durante unos minutos, mientras todos los cubanos se preparan alegremente para luchar bajo su Napoleón. *p. 110*

34. *Indispensable* {1961} Después de que los líderes norteamericanos cancelaran los ataques aéreos que apoyarían el avance de los invasores, la fuerza cubana de la CIA es destruida por masas de resueltos soldados pro-Castro. En medio de su enorme triunfo, Castro revela un repugnante y mezquino disgusto por uno de sus más bravos comandantes. *p. 111*

35. *Una noche soportable* {1961} Mientras trabaja para revivir a su equipo fracturado, Brand es arrestado por agentes de la Seguridad del Estado, a quienes un soplón ha llevado a la casa segura en la que Brand descansa. Desaparece la identidad clandestina de Brand y renace Emi. Frente a un equipo de interrogadores liderado por el jefe de contrainteligencia de Fidel, Emi se las arregla para dar una conferencia sobre la Revolución rusa. *p. 115*

36. *El yogui* {1961} Después de ser interrogado por otro agente que lo aturde con una analogía astuta, Emi es llevado a una instalación especial donde continúa distrayendo y enfureciendo a sus captores. Como la Seguridad de Estado controla lo que come, las raciones mínimas

Hermanos de vez en cuando

combinadas con el terrible calor del verano en su "cabañita" hacen que Emi pierda unos veinte kilos en treinta días. *p. 120*

37. *Peligro* {1961} Los interrogadores ponen fin a sus sesiones y le advierten a Emi que se tendrá que enfrentar a un pelotón de fusilamiento, aunque no pueden predecir lo que Emi declarará en el juicio. *p. 126*

38. *Incertidumbre* {1961} La situación de los Rivero es el retrato de una familia en circunstancias extremas: los padres desesperados por salvar al hijo mayor que enfrenta su destino de manera gallarda y el hijo menor que trabaja con igual ímpetu para acabar con todos. *p. 127*

39. *La Academia del Odio* {1961} En el juicio, Emi no se declara ni inocente ni culpable; se abstiene. Siendo la fortuna un término relativo, Emi tiene la suerte de ser sentenciado a treinta años de privación de libertad. *p. 130*

40. *Ciudad gloriosa* {1961} La madre de Emi lo visita en la prisión de la Isla de Pinos, su nuevo cuartel. Acto seguido regresa a La Habana, donde le muestra la aún portentosa metrópoli a Galina, quien ha llegado de Budapest para estar con Adolfo. La vieja prefiere la compañía de la chica rusa a la de su hijo menor. *p. 135*

41. *¿Cuánto por las lentejas?* {1961} Adolfo va con un camarada a una reunión de Aníbal Escalante y Fidel. Observan cómo los dos hombres más poderosos de Cuba se pierden en los recuerdos de la cocina clásica española. *p. 137*

42. *Rehabilitación* {1961} Mientras sus compañeros de Juventud Rebelde reciben grandes tareas, Adolfo acepta una trivial. Aníbal le informa que trabajará en la reeducación de menores contrarrevolucionarios en prisión.

La vida de Adolfo con Galina se torna tan difícil que él se refugia en su trabajo en la prisión. *p. 140*

43. *Besar a una jirafa* {años sesenta} La vida de Emi en prisión es un acto de resistencia contra el régimen. Rechaza todas las propuestas de rehabilitación y es capaz de contrarrestar el aburrimiento forzado que sus carceleros han diseñado como un mecanismo para destruir el espíritu. *p. 144*

44. *Patas arriba* {1962} Adolfo es rescatado de su inmundo destino por un viejo comunista que lo pone discretamente en un trabajo que se ajusta a sus talentos. Entre tanto, Fidel abre una gran ofensiva política contra Aníbal y la jerarquía comunista. Mientras los líderes del viejo Partido bajan, Adolfo y su compañero César suben. *p. 149*

45. *La granja* {1962} Fidel entrega a Juventud Rebelde una granja para que la desarrolle como modelo de productividad. Los estudiantes de agronomía informan a Adolfo y a un camarada que las condiciones productivas de la granja son pésimas. Cuando los líderes de Juventud Rebelde informan a Fidel, él les replica que espera milagros de esa granja. *p. 155*

46. *Bajo el hongo* {1962} Juventud Rebelde y toda Cuba se enfrentan a la Crisis de los Misiles, la cual Adolfo convierte en una oportunidad romántica. *p. 157*

47. *Rōnin* {1963} Con la rápida resolución de la Crisis de los Misiles, los líderes de Juventud Rebelde vuelven a sus rivalidades políticas. Adolfo y César, que ganaron en estatus cuando cayó el antiguo Partido, enfrentan ahora el tratamiento que su independencia les ha costado. *p. 160*

48. *Un hombre en la muchedumbre* {años sesenta} En Isla de Pinos, Emi se hace amigo de un prisionero inusual que es rechazado y temido por casi todos los demás. *p. 162*

49. *Renato* {1964-65} Con su economía socialista en caída, Fidel introduce cautelosamente un programa de trabajos forzados para los presos políticos. Emi y su camarada Alfredo Izaguirre, en protesta, se niegan a cooperar. Son puestos en confinamiento solitario, donde Emi encuentra consuelo en un insólito compañero. *p. 164*

50. *¿Hasta cuándo los impíos...?* {1966} Las condiciones en solitario empeoran al punto que Emi y otros prisioneros comienzan una huelga de hambre. Después de cuarenta días, los guardias llevan a los huelguistas a un hospital de la prisión donde son alimentados por tubos en la nariz. Mientras tanto, los miles de prisioneros de Isla de Pinos logran acabar con el programa de trabajos forzados y se comienza a cerrar el enorme presidio. *p. 169*

51. *Más cerca de la raza* {1966} En una nueva prisión, Emi recibe una visita sorpresa de su exesposa Lizbet, a quien no ve desde su divorcio trece años atrás. *p. 173*

52. *La casa encantada* {años sesenta} Adolfo y sus compañeros afrontan una crisis de fe en torno a Castro, la revolución y el comunismo. *p. 174*

53. *Un clima muy saludable* {1966-68} El principal secuaz de Fidel, su hermano Raúl, provoca una nueva crisis al acusar a Aníbal y a un viejo remanente comunista de tramar una conspiración. Denomina al grupo de conspiradores como la "microfracción". Adolfo y César, entre muchos otros, son deshonrados y removidos de sus cargos por ser considerados miembros de esa microfracción. *p. 178*

54. *Zaratustra* {1968} Adolfo muestra un documento de ochenta páginas a Kiko Arocha, un amigo suyo y de César. Es una devastadora crítica al comunismo cubano que presentan al Partido a través de canales cerrados. Rápidamente causa estragos. Uno de sus autores muere misteriosamente. Kiko es enviado a un campo de trabajos y todos los intelectuales que participaron en su confección reciben el castigo de trabajar como simples obreros. *p. 182*

55. *Proletarios* {1968-69} Adolfo es formalmente expulsado del Partido Comunista y se le prohíbe cualquier otro papel en la política. A partir de ahora, se le asignará un trabajo manual. *p. 185*

56. *Caballerosidad* {1969-70} Emi es visitado en prisión por un exvicepresidente de Cuba y amigo de los padres de Emi. El visitante insta a Emi a cooperar con los oficiales de Castro para obtener una pronta liberación. Emi se niega por principios. Los agentes de la CIA le dicen a la madre de Emi que su hijo quiere permanecer en prisión. La vieja les dice: "Lo que quiere es no ser un traidor". *p. 186*

57. *Destino* {1970} Una década después de su almuerzo en La Habana, los hermanos se reúnen cuando Adolfo visita a Emi en la prisión a petición de Riverito. El hermano menor ha ido a satisfacer el último deseo de su padre, pero es superado por la afinidad que encuentra en Emi. Hasta ahora Adolfo no ha lamentado el encarcelamiento de Emi, pero esta visita lo llena de dolor. *p. 189*

58. *Laurel y Hardy* {años setenta} Adolfo gana un hijo y pierde un camarada. La decisión de oponerse abiertamente al régimen castrista empuja a Adolfo a romper las relaciones con su mejor amigo César. Una década más tarde Kiko Arocha se encuentra accidentalmente con César, quien ahora es un hombre al que apenas reconoce. *p. 191*

Hermanos de vez en cuando

59. *El amor que te pertenece* {1978} Emi recibe en prisión una carta de su hija de veinte años, a la que vio por última vez cuando ella tenía tres. *p. 194*

60. *Una patada en el trasero* {1979} Gracias a la apertura de las relaciones entre Cuba y Estados Unidos, Adolfo recibe la visita de su madre, a quien no ve desde los años sesenta. Descubre que la anciana todavía puede motivarlo a actuar de una manera que sus mejores amigos no han logrado. *p. 196*

61. *Se cierra el círculo* {1979} Emi obtiene una liberación anticipada de prisión después de una estancia de dieciocho años y medio. Sale inmaculado, sin hacer la más mínima concesión a sus carceleros. Antes de que Emi deje Cuba, los hermanos se reúnen y terminan una conversación que habían comenzado un cuarto de siglo antes. *p. 198*

62. *Sofisticación* {1979} En Washington, los oficiales de la CIA de quienes Emi esperaba obtener una cálida bienvenida se desesperan por deshacerse de él. Para los oficiales del gobierno de Carter, ese hombre es un malvado viajero del tiempo que representa una política norteamericana no solo anticuada sino peligrosa. *p. 201*

63. *Una ciudad con muletas* {1980} Seis meses después de que Emi sale de prisión, Adolfo ingresa en ella. El régimen ha ordenado su arresto por el delito de pedir permiso para salir del país. La repentina aparición de agentes de la Seguridad en el apartamento de Adolfo tiene un fuerte olor a comedia. Como Marx señaló, todos los hechos históricos aparecen dos veces: primero como tragedia, segundo como farsa. *p. 202*

64. *¿Quién quiere irse a Estados Unidos?* {1980-82} El encarcelamiento de Adolfo marca un episodio que conduce a una de las migraciones más notables de la historia. Este giro del destino lleva a Adolfo a una vocación

Índice

inesperada. Como prisionero, ayudará a crear el movimiento por los derechos humanos en la Cuba de Castro. *p. 207*

65. *En el Partenón* {1982} En la prisión del Combinado del Este, Adolfo comienza a trabajar con Ricardo Bofill, un excomunista con un historial como el de Adolfo, también acusado en el asunto de la microfracción. Bofill desarrolla una nueva forma de protesta con tácticas contrarias a las habituales. Adolfo pronto se da cuenta de la genialidad del nuevo enfoque. Después de dos años en la cárcel, es liberado repentinamente. *p. 213*

66. *Siempre joven* {1983} En Miami, Emi acompaña a la vieja en sus últimos días de vida. Como siempre, su madre está luchando por sus hijos. "¡Saca a Adolfito de Cuba!", le dice repetidamente a Emi. Después de una operación crucial, al despertar de la anestesia, la vieja le dice a Emi que entre a Cuba clandestinamente, agarre a su hermano y lo lleve a Estados Unidos con él. *p. 218*

67. *Una línea de coro* {años ochenta} Desde la prisión del Combinado del Este, Bofill envía historias de abusos a Adolfo, quien les da forma y las envía a Emi en Washington. Las historias son luego transmitidas hacia Cuba por la nueva emisora Radio Martí. Bofill es liberado de la prisión y busca asilo en la embajada francesa. Adolfo es arrestado de nuevo. Bajo un brutal interrogatorio, denuncia a Bofill. *p. 220*

68. *El mejor pie adelante* {1987} Los guardias sacan a Adolfo de su celda y lo llevan en una dirección inusual. ¿Lo están llevando a la muerte? No, en absoluto; se le invita a una reunión extraordinaria. Adolfo sale de la prisión casi como un héroe. Pero le duele el corazón por haber denunciado a su camarada. Bofill le dice a Adolfo que olvide aquel incidente. Su movimiento se ha convertido en un éxito rotundo. *p. 226*

Hermanos de vez en cuando

69. *Adiós, Casablanca* {1988} Por supuesto que el régimen de Castro no dejará cortésmente ir a sus enemigos. Lanza una masiva campaña de desprestigio que promete un daño real a Bofill, Adolfo y los demás. Un diplomático soviético se acerca a los disidentes y Adolfo escribe una carta a Gorbachov. Por fin Adolfo recibe asilo en Francia, y Bofill va a Estados Unidos, donde Reagan lo recibe. *p. 231*

70. *El tren sellado* {1988} Para su cuarto encuentro con Emi en veintiocho años, Adolfo llega a París en un vuelo transatlántico, mientras Emi dice que viaja en un "tren sellado". Los hermanos resuelven su conflicto totalmente. En palabras de Karen Blixen: "La misericordia y la verdad se han encontrado, y la rectitud y la felicidad se han besado". *p. 237*

Epílogo. *Los estadounidenses* {1989-2018} En Washington, Emi y Adolfo conocen al autor de este libro, quien seguirá siendo amigo de ellos de por vida. Los hermanos realizan su versión del sueño estadounidense. Liberados del régimen de Castro, despliegan un activismo que es a la vez maduro y juvenil, y su propia historia familiar es contada por escrito. *p. 242*